KB268228

저항과 자유의 서사

이 호 규

국학자료원

나는 꿈꾼다.

시대에 저항하고 인간에 반항하며 자유를 찾아 떠도는 나를 꿈꾼다. 그렇지 못한 나를 깨닫는 것, 그것이 나의 현실인식이다. 그 깨달음에서 또 다시 꿈꾸는 내가 나온다. 그 꿈을 실현시키는 나를 꿈꾸고 그 꿈이 현실이 되는 날을 또한 꿈꾼다. 꿈꾸며 실천한다. 하고자 한다. 그런 나를 사랑하고 그렇지 못한 나를 볼 때 슬퍼지며 내가 미워진다. 미워하며 사랑한다.

나는 간절히 원한다. 숲에서 시작한 바람이 바다 파도 겨드랑이를 타고 올라온 바닷바람과 강물 등 굽이에서 만나 어우러져 하늘로 솟아오르고 대지를 가로질러 도시 사타구니 휘젓고 다니며 하나가 되듯 너와 나, 서로 다른 우리가 어우러져 새로운 우리를 만들어나가는 세상을 원한다.

소설은 저잣거리에서 생겨난 변두리, 주변의 언어이며 해체하고 전복하는 저항의 언어, 반항의 언어이다. 별 볼일 없는 '우리들'의 이야기고 한숨이고 소망이고 유토피아를 향한 자유의 몸짓이다. 소설은 내 꿈과 소망의 대상이고 매개이고 지향이고 실재이다.

나는 1960년대 생이다. 무허가 판자촌이 우리 집 뒷산 쪽으로 하늘까지 닿아 있던 동네에서 연탄재로 동네 싸움을 벌이며 지독한 지도 모른 채 일상 언어로 동네 골목을 울려대던 아, 그 지독한 욕지거리에 묻혀 60년대를 보냈고 까까머리에 검정색 일본 제국주의식 교복을 입고서, 삼촌이 베트남에서 보낸, 야자수와 아오자이를 입은 이국적 여인이 그려진 엽서를 보면서, 라디오에서 들려오는 뜻 모를 팝송에 빠져서, 대학에 다니던 누나의 긴 생머리와 통나팔 청바지, <바보들의 행진>이 나에게 들이밀던 그들의 청춘을 부러워하며 70년대 10대를 보냈다. 분노와 눈물과 열정으로 80년대 20대를 보냈고 박사 과정을 밟으며 이상과 현실, 변한 나와 변하지 않으려 안달하는 나를 보면서 고민하고 공부하고 아내와 아이를 가진 힘겨운 일상인으로 90년대 30대를 보냈다. 박사 논문을 시작하면서 지금까지 내 문학의 중심은 80년대의 분노와 열정, 90년대의 고민과 한숨이 짙게 배인 공부로 60년대와 70년대를 바라보는 것이었다.

세 번째의 책을 세상에 내놓는다. 두 번째 저서인 『'탈향'에서 '한살림 통일'로—이호철 소설론의 지평』을 출간한 게 2005년 9월이니 2년도 채 되지 않은 지금 또 한 권의 책을 꾸며서 내놓는 게 이른 감이 없지 않다. 그럼에도 지난 2000년 이후 발표한 논문 중에서 박사 논문과 첫 번째 저서인 『1960년대 소설 연구』의 주제와 이어지는 6, 70년대 소설에 대한 저간의 논문들과 시대는 달라도 동일한 문제의식과 주제를 담고 있는 논문들을 모아서 박사 논문 발표 이후 지금까지 이어지는 나의 연구를 정리하고 앞으로 더 발전된 연구를 위한 발판, 넘어가는 고갯마루로 삼아보고자 용기를 내어 한 권의 책으로 엮어내게 되었다. 책을 내기로 작정하고 논문을 선별하고 정리하면서 지난 논문들 몇몇은 파일로 옮기는 과정에서 교정 수준 정도였지만 수정을 하였다. 그 논문들에 담긴 입장이나 주제의식은 변하지 않았음을 스스로 확인하면서 문장도 손보고 문맥을 위해 새로이 대상 작품을 보면서 인용부분을 정리하기도 했다. 전체 논문을 다 그렇게 다시 검토하고 정리하지 못해 아쉬움이 좀 남지만 최근 1, 2년 사이에 발표한 논문들은 의도적으로 교정을 넘어서는 수정은 하지 않았다.

여기서 이번 책의 제목을 왜 '저항과 자유의 서사'로 정하였는지 말해야겠다. 10대 후반 내가 정확하게 인식하고 있지 못했으면서도 6, 70년대 한국 소설에 빠져 들었던 가장 큰 이유는 내가 체험하고 살아가는 동시대의 사람들이, 그 사람들이 살아가는 세상이, 그들이 꾸며가는 삶이, 그 치열한 인생이 너무나 생생히 내 눈앞에 펼쳐지는 감동을 받았기 때문이었다. 그리고 무엇보다 먼 세대의 지식인이 아니라 비록 한참 연배가 높을지라도 같은 땅에서 같은 하늘을 보고 같은 물을 마시며 살아가는 똑똑하고 문학적 재능이 출중한 지식인들이 소설을 통해서 나에게 얘기를 하고 난 그 얘기를 읽고 있다는 생생한 소통의 전율 때문이었다. 그들이 솔직하게 당당하게 어쩔 땐 부끄럽게 그러나 간절하게 치열하게 나에게 얘기하는 것, 그것은 나도 감각적으로 체험적으로 또한 인식적으로 이해할 수 있고 깨달을 수 있고 삶에 대한 진지한 화두로 삼을 수 있는 저항과 자유, 바로 그것이었다. 고등학교 시절부터 지금까지 내가 붙잡고 있는 것, 삶의 이유와 가치와 희망은 바로 시대와 저항과 자유이다. 이번 책을 내면서 내심 더욱 뿌듯한 것은 단지 6, 70년대라는 시기의 문제를 넘어서 시대와 저항과 자유라는 주제가 발표한 논문 모두에 핵심으로 자리하고 있다는 것이다. 6, 70년대 소설을 저항과 자유라는 큰 주제의 틀 속에서 연구하고 나아가 계보를 세우고 새로운 한국 현대소설사를 정리해내는 것이 나의 가장 큰 연구 주제라고 할 수 있다. 그 작업의 한 지점을 일단 이 책으로 보이게 되어 기쁘다.

2000년 이후 발표한 논문 중에서 '6, 70년대 소설 연구'라는 큰 흐름을 이루는 논문들을 한데 모으고, 동시대 작가와 작품에 대한 실천비평 중에서 역시 저항과 자유라는 주제에 묶일 수 있는 평론을 따로 묶어 함께 펴내게 되었다. 이는 앞으로 당연히 6, 70년대 소설에 대한 연구를 지속적으로 해나감과 동시에 동시대 작가들에 대한 연구 역시 열심히 해나갈 것임을 분명히 하고자 하는 속셈이 깔려 있다. 지켜봐

주시기 바란다.

앞 선 두 권의 저서에서 다루었던 작가들의 이름과 함께 이번 책에서 다루고 있는 작가들의 이름을 새삼 불러본다. 이호철, 최인훈, 김승옥, 최상규, 이청준, 서기원, 이범선, 한무숙, 손창섭, 박태순, 이제하, 황석영, 조세희. 비록 그들의 6, 70년대 소설을 대상으로 이만큼의 성과를 내었고 책도 내게 되었으나 여전히 내가 생각하고 있는 '한국 현대소설 연구'라는 보물함을 채우기엔 턱없이 부족하다. 김승옥, 최인훈의 다루지 못한 작품들이 항상 날 긴장하게 만들고, 황석영, 이제하 또한 그러하다. 거기다 아직 연구하지 못한, 지난 시절 날 흥분시키고 사색하게 만들고 분노하게 만들던, 저항과 자유의 삶에 대해 성찰하게 만들던 6, 70년대 작가와 작품들이 얼마나 많은지. 기대와 걱정과 흥분이 날 기분 좋게 한다. 앞으로 몇 년 뒤 좀 더 체계적이며 질적으로 더 나은 연구 성과를 책으로 다시 세상에 내놓을 수 있도록 노력할 것이다.

완연히 봄은 지났으나 아직 여름이라고 하기엔 이른 계절, 난 요맘때가 사실 좋다. 나무 밑동과 줄기는 점점 굵어지고 푸른 잎들은 자기 몸 속에서 연두빛 새 잎을 세상 밖으로 밀어낸다. 그 푸르름의 성찬이 벌어지는 계절이기 때문이다. 하나의 색이 얼마나 다양하게 빛날 수 있는지, 그것이 얼마나 사람에게 편함을 주고 힘을 주는지 깨닫게 되는 계절이기 때문이다. 이 계절을 좋아하게 된 것도 역시 고등학교 때부터였다. 어느 날 뒷산 쪽으로 나 있는 교실 창을 통해 푸르름의 그 마음 편한 다양함을 발견한 그때부터 화려한 꽃들이 지고 난 후 옅게 짙게 투명하게 밝게 어우러져 출렁거리는 푸르름의 계절을 사랑하게 되었던 것이다. 이 계절에 책을 내게 되어 참으로 기쁘다.

돌아가신 어머님이 새삼 그립고, 내 사랑하는 가족들과 평생지기 친구들의 일상이 언제나 건강하고 평안하길 다시 간절히 바라며, 2002년 젊은 나이에 다른 세상으로 떠나간 소설가이자 내 친구, 채영주가 저 세상에서 건강하게 행복하게 지내고 있기를 바란다.

그리고 부산으로 다시 내려온 이후 맺게 된 귀한 인연에 감사한다. 밝고 바른 사람의 모습을 언제나 오래오래 머릿속에 그리고 가슴 속에 품고서 살아간다.

2007년 5월 20일

|차 례|

제 1 부

제 1 부

전쟁, 실존적 허무, 실재적 극복

― 서기원 1950~60년대 초기 소설 연구 ―

1. 들어가며

1950년대 후반까지의 한국은 광포하고 비극적인 전쟁의 상황에서 벗어나지 못했다. 그 상황은 민중들로 하여금 한국 사회의 현재가 앞을 예측하기 힘들게 하는 상황이라는 것, 무의 단계, 폐허 위에 자리하게 되었다는 의식을 갖게 하였다. 즉 한국전쟁은 개인의 한계를 넘어선 재난이었고, 불의의 타격이었다. 그 '불의의 타격이 일으키는 효과는 경악과 비명이며 현실에의 저주와 패배주의며 관념으로의 피신과 안이한 허무주의와의 결속'[1]이었다. 그것이 1950년대 문학의 전반적인 특징이었다.

'전후의 현실 속에서 겪게 되는 인간의 좌절과 방황을 추적'[2]한 작가로 평가되는 서기원은 1956년 단편 「암사지도」가 『현대문학』에 실림으로써 문단에 등단하였다. 이후 「음모가족」(1958, 『현대문학』 11월호), 「오늘과 내일」(1959, 『사상계』 10월호) 등을 발표하였고 1960년에는 「오늘과 내일」로 제5회 현대문학 신인상을 수상하기도 하였다. 1960년대 들어

---

1) 김병익 「60년대 문학의 위치」, 『사상계』, 1969.12(『韓國現代'小說'理論資料集』, 국학자료원, 78권 414쪽)
2) 권영민, 『한국현대문학사』, 민음사, 1993, 197쪽 참조.

서면서 이호철과 더불어 왕성한 활동을 하는 대표적 작가로 인정받는다. 그 해 한 해에 「이 성숙한 밤의 포옹」(『사상계』 6월호)을 비롯, 「변신」 등 다섯 편의 작품을 쏟아 놓는다. 그 중 「이 성숙한 밤의 포옹」은 이듬 해 그에게 제5회 동인문학상 후보작 수상의 영예를 안긴 작품이다.

김윤식은 「앓는 세대의 문학」(1969.10 『현대문학』)에서 전후세대 작가들로 손창섭, 장용학, 추식, 서기원, 이호철 등을 들면서 그들 전후세대 작가들은 60년대 들어 꺼져버리든지 변신을 할 수밖에 없었는데, 그 중에서 서기원, 이호철을 성공적 변신을 한 작가로 꼽는다.[3]

그의 문단 등단작인 「암사지도」를 비롯하여 1960년대 초기에 발표한 대표적인 작품들은 전쟁 당시나 전후 현실을 시공간적 배경으로 전쟁 상황과 전후 사회의 혼란 속에서 정체성을 잃고 헤매는 청년들의 고뇌와 갈등을 현실감 있게 그리고 있다.

전쟁이 가져 온 정신적 공황 상태와 현실적인 생존의 고통, 허무적 세계관 등 전후 세대 작가들의 특징을 고스란히 보여주면서도 그러한 특징 속에 드러나 있는 현실과의 끊임없는 소통, 그것을 통한 새로운 삶에 대한 의지와 극복에 대한 소망 등은 서기원으로 하여금 장용학 등 다른 전후 세대 작가들처럼 60년대 이후 '꺼져버리지' 않고 더욱 현실과 역사에 대한 비판적 작품을 생산하게 한 근본적 요인이 된다고 할 수 있다. 본 논문은 서기원의 1950년대 초기작부터 1960년대 대표적인 단편들을 통해 그러한 특징을 분석해내고자 한다.

---

3) 김윤식은 이 글에서 전후세대의 문학을 전쟁에 대한 체험의 문학, 전쟁의 비정 속에서 젊은이들이 어떻게 죽어갔는가에 대한 증언의 문학, 전쟁을 겪은 젊은이가 현실에 돌아왔을 때 그 상처로 인해 어떻게 패배하고 혹은 극복해냈는가라는 치유의 문학으로 분류하면서 이러한 전후세대의 의식구조는 개별적인 것도, 보편적인 것도 아닌 다분히 집합적인 개념이라 할 수 있다고 평했다. 따라서 60년대로 접어들면서 '그들을 비호해주던 역사 쪽이 물러나자' 참담한 자기갈등이 요청되었던 것으로 본다.

2. 전쟁과 청춘 ─ 몰락과 적응

그의 작품 속에 등장하는 젊은이들은 절망의 바닥에 닿아 있다. 그들은 삶의 의미를 잃어 버렸다고 생각하며, 절망의 바닥에서 다시 오를 수 있는 희망을 다시 가질 수 있을 것인가에 대해 회의적이다. 그들이 그런 절망의 바닥에 처하게 된 가장 직접적인 이유는 바로 전쟁이다. 전쟁은 기존의 모든 것을 변화시켜 버렸는데, 문제는 그 변화가 건설적인 것이 아니라 파괴적인 것, 따라서 그것은 절망으로 이어지고 그 절망은 실존적 허무를 낳는다는 것이다.

「암사지도」의 형남은 전쟁 중에 군대에 있다가 용케 살아남아 제대를 했으나 갈 곳도 할 일도 없는 처지이다. 전쟁 전 미술대 생이었던 형남은 같은 중대에서 일 년 남짓 함께 지냈던, 전쟁 전 법대생이었던 상덕의 거처에 얹혀살면서 극장 광고판을 그리면서 생계를 이어간다. 이제 그에게 '미술대학에 다닐 때의 야망과 제작의 의욕과 스스로가 도취되던 휘황한 이미지는 죄다 어디로 사라져 버리고, 이젠 귓전을 스치는 박격포탄 소리와 정우의 단장(斷腸)의 비명, 그리고 여인의 나체와 욕지기나는 간판화의 원색(原色)'만이 남아있다. 상덕은 형남보다 더욱 절망의 바닥에 꼬꾸라져 있는 인물이다. 상덕은 겨우 집 하나 가진 게 전부이고 일심 중학관에 일주에 사흘 출강하며 근근이 살아간다. 그러던 그가 어느 날 극장 앞에서 오갈 데 없는 윤주를 만나 동거하게 된 것이다. 하지만 그나마 있던 일자리마저 실직하게 되자 그에게는 자학과 냉소와 동거녀 윤주를 상대로 한 가학만이 남아 있다.

다른 작품의 주인공들 역시 이들과 마찬가지이다. 「음모가족」의 주인공 돈식은 공과 대학을 중퇴한 제대 군인으로, 여전히 과거의 영화에 집착하며 허세를 부려대며 고집을 피우는 늙은 부친과 기독교에 빠져

광신도가 되어 결혼은 아예 생각조차 하지 않으며 집안일에 대해서도 무관심과 냉정함으로 일관하며 부친과 마찬가지로 돈식의 아내를 경멸하는 여동생, 생활고로 인해 매일 불평을 달고 사는 아내와의 관계 속에서 하루하루 고통스런 삶을 이어간다.

「반공일」에 나오는 K라는 인물이나 R 또한 마찬가지다. K는 군대 전우였던 '나'의 집에 얹혀사는 신세다. 그런 K가 이년 만에 회사로 나를 찾아왔다. 바로 그날 아침 R이 남루한 차림으로 찾아와 '나'는 R에게 봉급을 가불해서 이천 원을 줘서 보냈던 참이었다. 그런데 그것도 모르고 K는 R이 자기에게 와 있으라고 하니, 이젠 나의 집에서 나가겠다는 거짓말을 한다. K와 내가 찾아든 선술집에서 우연히 R을 만나지만, R은 제대로 얘기도 나누지 않은 채 도망가듯 떠나버린다. 함께 집으로 돌아오는 길에 K는 우연히 만난 병사들을 붙잡고 주정을 부린다. 그는 '너희들 인민하고 싸워 본 일 있니?'라고 하면서, 전쟁 때 다친 상처자국을 내보이며, '세상 만났다구 까불지 마. 너희들 선배는 몽땅 죽었거나, 이쯤 됐다. 할 말 있어?'라고 소리친다. 그러나 거기에 대한 병사들의 반응은 싸늘하다. 상이군인인 K나 R 모두 전쟁의 상처를 지닌 채 현실에서 적응하지 못하고 살아간다. 친구 집에 얹혀살고 친구에게 와서 용돈을 받아가는 처지일 뿐이다.

그들은 전쟁을 통해 모든 것을 잃어버린 인물들이다. 삶에 대한 희망도, 의욕도 이제는 없다. 달라진 세상은 그들에게 아무런 관심도 없다. 그들은 전쟁의 소모품으로, 다시 세상에 돌아온 순간, 다시 세상과 연결될 수 있는 그 아무 것도 남아 있지 않았던 것이다. 「음모가족」의 돈식은 군대를 수단을 써서 가지 않은 대학 동기가 직장의 상사로서 자기에게 인간적 모욕을 가해올 때, '그런 놈 대신 전쟁터에서 피를 흘린 나를 부려먹을 권리가 놈들에게 있느냐?'라고 외치며 '기총 소리처럼 빨

라진 심장의 고동을 의식하며 닥치는 대로 마구 쳐부수고 싶은' 광포한 파괴충동에 사로잡힌다. 하지만 그래봤자 그에게 남는 건 '담배 연기를 내뿜으며 혀가 뻣뻣해지도록 흥분한 자신을 비웃기 고작'일 뿐이다.

「이 성숙한 밤의 포옹」의 선구 역시 스스로를 내팽개치며 자학과 위악 속에서 무기력하게 살아간다. 탈영한 '나'가 막가는 심정으로 찾아든 사창가에서 만난 선구는 쫓기고 있는 나를 흔쾌히 자기 숙소에 숨겨준다. 하지만 탈영병인 나의 시각에서 볼 때도 선구의 방은 '쓰레기통'에 다름 아니다. 선구의 방에서 무엇보다도 나를 당황케 한 것은 침대 아래 꽉 들어차 있는 술병들이었는데, 하나같이 액체가 들어차 있는 것이었다. 그것은 다름 아니라 선구의 오줌이었던 것이다. 그러한 작태에 대해 선구는 나에게 이렇게 대꾸한다.

> 「이게 유일한 나의 저항 같은 것인지도 모르지. 그밖엔 반항할래야 대상이 없어. 무얼 어떻게 하겠다는 세상인가. 누구에게 무얼 어떻게 반항하고 새로운 주장을 내세울 수 있단 말인가. 일선에선 동족끼리 죽이고, 도시에선 식욕과 성욕과 그리고는 허영밖엔 남지 않았어, 오줌이라도 이런 데 누지 않는다면 다른 측들과 다른 점이 무엇이 있나.」[4]

일선에선 동족끼리 죽이고, 도시에선 식욕과 성욕, 허영밖에 남지 않았다고 말하면서 오줌누는 것이 자신의 유일한 저항이라고 항변하는 선구의 모습에서 전후 젊은이들의 막막한 현실감과 허무, 절망의식이 집약적으로 드러난다. 사랑하는 여인 상희가 아프다는 소식에 앞뒤 돌아보지 않고 탈영을 감행한 '나'가 자신을 패배자로 여기는 것 역시 선구의 위악에 가려진 절망적 인식과 다르지 않다. '나는 내가 도망병이기 때문에 패배한 것이 아니라 상희의 집에 들어가지 못함으로 하여

---

4) 『吳尙源/徐其源』, <現代韓國文學全集 7>, 新丘文化社, 1981, 383쪽.

끝내 패배한 낭비자(浪費者)인 것이다'라고 속으로 되뇌이는 나의 그 절망적 인식은 실존적 하무에 기인한 듯 보이지만, 그것은 결국 현실에서 삶의 의미를 찾지 못하는 선구와 마찬가지로 전쟁이 낳은 가슴 시린 후유증을 앓는 젊은 세대의 자화상인 것이다.

> 나는 말할 나위도 없이, 대열에서 이탈하게 된 동기가 무엇이었는지 한시라도 잊고 있는 것은 아니었다. 용서해 다오. 너를 만날 자격을 잃었다. 너를 만나기 위해서 무엇인지 지금, 이 내 몸에서는 찾을 길 없는 다른 가치가 있어야 하며, 또 그렇지도 못하다면 지금껏 내 잃어버린 까마득한 원형(原形) 속에서 되찾아 지녀야 할 무엇이 기어이 있어야 할 듯하다.[5]

그러나 그들의 희생에 대해 사회는 냉담하다. 그들은 육체적으로 뿐만 아니라 이미 세상 속에 스스로 편입될 의욕조차 없다. 육체만이 아니라 마음이, 영혼이 파괴되었기 때문이다. 전쟁에서 살아남기 위해서는 인간적인 미덕을 버려야만 한다. 살육과 파괴가 오히려 정당화되는 상황 속에서 마모되는 인간성은 다시 회복하기 어려운 것이다. 밥 먹다가 마치 귀찮은 파리 죽이듯 포로를 죽이고, 그 포로의 피가 묻은 손으로 다시 주먹밥을 먹어대는 김 상사가 있고, 그런 장면을 보아도 의분을 느끼지 못하는, 지치고 감각이 마비되어버린 사병들이 있는 곳(「이 성숙한 밤의 포옹」)이 바로 전쟁터인 것이다. 황폐해진 영혼과 망가진 육체로 돌아온 세상은 그들을 모른다는 듯 외면하고 그들은 소외될 수밖에 없는 것이다.

---

5) 위의 책, 「이 성숙한 밤의 포옹」, 378쪽

3. 청춘은 홀로 존재하지 않는다.

　서기원의 일련의 소설들은 이렇게 전쟁 상황에서 부서지고, 갈등하고 절망하는 젊은이들의 비극을 냉정하게 그리고 있다. 그런데 서기원의 소설이 주목에 값하는 것은 단지 이러한 젊은이들의 황폐한 내부의 보고에 그치고만 있지는 않다는 점에 있다.

　그들의 삶이 황폐하고 희망이 없는 것은 그들이 처해 있는 사회가 그들의 삶을 감싸 안을 수 있지 못하기 때문이다. 그들이 다시 돌아온 사회는 그들에게 무관심할 뿐 아니라, 무관심할 수밖에 없는 혼탁하고 음울한 세상이다. 서기원 소설의 뛰어난 점은 전쟁 상황 속에 처한 젊은이들, 혹은 전쟁을 겪고 사회에 복귀한 젊은이들의 방황과 갈등을 추상적으로 그리거나 존재론적으로 탐색하는 것이 아니라 구체적인 사회적 관계 속에서 천착하고 있다는 점이다.

> 　김 노인의 눈에서는 귀기(鬼氣)가 번득이고 있었다. 돈식은 불길한 예감에 떨리었다. 아버지 눈에서 퍼지는 귀기가 어쩌면 아버지의 죽음이 멀지 않은 것 같은, 아니면 아버지의 강인한 생명력의 표현처럼 번갈아 생각되는 것이다. 어쨌든 약효에 의지할 수밖에 없는 아버지의 건강에 속수무책인 자신에게 증오를 되씹어보는 것이나, 한편 아버지가 돌아가시기 전에 산을 팔아야 되겠다는 생각이 부리나케 그를 사로잡는 것이다. 돌아가신 뒤 아버지를 배반할 수는 도저히 없었다. 차라리 생존시 아버지의 붉은 눈앞에서 배반해야 옳았다. 돈식은 자신을 합리화시키려고 애썼다.[6]

　소설 「음모가족」에서 집안의 현실에 대해서 깊은 절망과 슬픔을 지니고 있는 돈식의 아버지에게 남아있는 것은 옛 추억과 선산뿐이다. 그

---

6) 위의 책, 「음모가족」, 358쪽

런데 선산을 팔라는 시골에서의 연락은 옛 추억까지 훼손할 정도로 충격적이다. 고향에서 산을 팔라는 연락을 보낸 산지기에게 대한 분노를 한숨으로 토해내는 아버지의 모습에서 돈식은 귀기와 더불어 정신적 몰락이 아니라 생물학적 몰락의 징조를 본다. 제대 후 한 집안 가장으로서의 막중한 책임 앞에 허덕대는 돈식 뿐만 아니라 그의 아버지 또한 몰락하는 무리일 뿐이다.

전쟁은 전쟁에 참가한 젊은 지식인들에게 가장 큰 정신적 타격을 가했지만, 일반인들 역시 그 전쟁의 폭풍에서 벗어날 수는 없다. 「암사지대」에 나오는 인물, 상덕과 내연 관계에 있는 윤주는 오갈 데 없는 여자로, 그녀 역시 삶의 희망이나 의지 같은 것은 찾아보기 어렵다. 「음모가족」에 등장하는 가족들 역시 화목한 가정의 모습을 잃은 지 오래다. 그들 사이에는 반목과 갈등만이 존재하며, 그들 각자 스스로도 올바른 삶을 꾸리고 있다고 생각하지 않는다. 알 수 없는 허무와 타인에 대한 질시와 스스로에 대한 모멸만이 가득하다. 「이 성숙한 밤의 포옹」에서 탈주병 '나'뿐만 아니라 그가 탈주한 뒤 만나는 사람들, 선구나 창녀 진숙 모두 지리멸렬한 삶을 이어가기는 마찬가지다. 술병에 오줌을 누고 그것을 방안에 늘어놓는 것을 '유일한 나의 저항'이라고 내뱉는 선구에게서 삶에 대한 건강한 의욕이나 희망을 찾기는 어렵다.

> 늙은이도 학생도 궁상스런 가정주부들도 간혹 입술을 진하게 칠한 젊은 여인들도 도무지 내가 기대했던 눈이 아니었다. 젊은 여자는 언제나 신선한 유혹과 호기가 번지어 있어야 했는데 이제 그들은 염치 좋은 탐욕만을 드러내 뵈며 흡사 무엇을 물색하는 눈으로 사방을 두리번거리는 것이었다. 아귀떼의 식욕과 녹슨 양철 조각 같은 욕망만이 그들의 메마른 안저(眼底)에 가라앉아 있었다.[7]

7) 위의 책, 「이 성숙한 밤의 포옹」, 377쪽

싸움터에서는 피 흘리며 죽어가는 젊은이들이 있는데, 도시에서는 전혀 낯선 얼굴들이 무관심하게 서로를 지나쳐가는 이율배반적 풍경 앞에서 신기해하는 탈영병 '나'에게 비친 도시의 모습은 그렇다고 전쟁터에 비해 활기가 있고 생명이 있으며 희망이 있는 곳도 아니다. '하나같이 굳어 버린 얼굴에 초점을 잃은 시선으로 비실비실 지나쳐'갈 뿐이다. 전쟁터에 의미 없는 젊은이들의 죽음이 있다면 도시에서는 권태로움 속에 탐욕과 식욕, 성욕만이 가득 차 있을 뿐이다.

참혹한 현실 앞에서 고통 받는 인간 군상들의 적나라한 삶이 비극적으로 그려지고 있는 작품이 「야화」이다. 위압적이고 권태로운 직장 생활에서도 의욕을 갖지 못하고 '내가 할 일은 이게 아닌데'라고 항상 되뇌는 지온은 아내가 낳은 애마저 자기 애가 아니라는 생각에 사로잡혀 있는 인물이다. 오늘도 그는 아들 준식이 아파 눈치껏 일찍 퇴근했음에도 불구하고 집으로 바로 가지 못하고 결국 늦게서야 집으로 발을 옮긴다. 그는 아들 준식이보다 개 진구가 오히려 더 사랑스럽다.

아내가 옆 집 딸 옥남이의 부탁으로 이웃집에 간 사이에 앓고 있는 준식을 보며 그는 순간 살의를 느낀다. 하지만 지온은 '그것은 절대로 갓난애에 대한 살의(殺意)가 아니었다고 생각했다.'

> 하지만 네가 자라서 만약 나보다도 나은 생활을 가질 기대가 없는 것이라면 눈이 뜨기 전에 그 눈을 흙으로 덮어버리는 편이 현명할는지도 모른다고 지온은 생각했다.[8]

이러한 지온의 심정은 단지 그의 아들이 아닐 지도 모른다는 의심에서 생겨난 불만 때문만은 아니다. 그것은 삶이 그에게 가져다준 무기력

---

8) 위의 책, 「夜話」, 404쪽

과 권태, 고통과 절망 때문이다. 그렇기 때문에 그는 어릴 때 죽은 동생에게조차 오히려 '일찍 죽어 도리어 잘했다고 위로의 말을 되씹곤'하는 것이다.

비참한 삶이 단지 지온에게만 해당하는 것도, 또한 지온의 관념 속에서만 존재하는 것만도 아니라는 것을 보여주는 것이 바로 이웃집 옥남이 네에서 벌어진 비극이다. 옥남이 엄마는 네 번째 아이를 출산하게 된다. 지온의 아내가 옥남을 따라 이웃집에 간 것도 옥남이 엄마의 출산을 도와주려 간 것이다. 옥남이 아빠는 채석장에 일하러 가고 아직 집에 오지 않은 상태이다. 생존 자체가 어려운 옥남이 엄마는 결국 네 번째 낳은 아이를 스스로 죽여서 땅에 파묻고 만다. 그 파묻힌 아이를 지온의 개, 진구가 끄집어내어 개 집안에서 뜯어먹은 잔해가 발견되고, 그 끔찍한 광경에 지온과 그의 아내는 할 말을 잃어버린다.

하지만 상황을 더욱 비극적으로 만드는 것은 옥남의 엄마와 그의 남편의 행동이다. 지온에게서 애기 시체의 잔해를 넘겨받은 옥남의 어머니는 죽은 아이를 버린 것이 아니라 자기가 죽여서 버린 것이라고 악에 받친 소리를 질러댄다. 먹고 살 수가 없어서 죽여 버렸다는 옥남 어머니의 절규 앞에 지온은 동정을 느낀다. '먹고 살 수 없어'라는 '그 단순한 이유가 굉장한 공감으로 가슴 속을 가득히 채웠다. 생명의 존엄성이 어쩌구 하는 말이 허황된 수작으로 느껴지는 것이다.' 지온이 넘겨준 진구를 시장에 갖다 팔러 가는 옥남의 아버지가 남기는 너털웃음과 아버지가 맛있는 것을 사올까 아닐까 옥신각신하는 옥남 동생들의 입씨름은 생존의 절대 명제 앞에 생명의 존엄성마저 우스꽝스러운 것이 되어버리는 세태에 대한 작가 자신의 무기력함과 대책 없음, 절망적 인식만이 도드라져 나타난다.

이러한 세상에서 살아남는 자는 전쟁의 비인간성을 그대로 습속화해서 동일화하고 있는 인물들이다. 「음모가족」에서 대학 동기인 돈식을 '의식적으로 내리누르려는' 성태가 바로 그러한 인물이다. 성태는 '학점을 제때 받지 못해 추가 시험과 교수들에 대한 아부가 널리 알려졌던' 인물이며 현재는 '회사의 중심인물로서 손바닥을 뒤집듯 직공들을 함부로 농락'하는 파렴치한 인간이며 돈식에 대한 동정은 고사하고 그를 괴롭히는 인물이다.

그리고 「이 성숙한 밤의 포옹」에서 탈영병 '나'의 혼미해진 기억 속에서 전쟁터에서 죽어간 전우들의 주검과 더불어 나타나는 소대장의 모습은 전우들의 죽음을 더욱 비참하게 만드는 것이다. 죽은 전우들의 시체조차 애도하지 못하게 하는 소대장의 행위는 소대원들의 죽음을 유예시킴으로써 자신의 공명심을 채우기 위한 약삭빠른 비인간적 처세에 불과했던 것이다. 결국 '나'는 상희가 아프다는 소식 하나만으로 탈영한 것이 아니었던 것이다. 전우들의 무참한 희생, 소대장 같은 족속의 비인간적 행위가 그에게 절망을 불러 일으켰던 것이다. 그렇게 탈주한 그에게 바깥세상 즉 도시의 일상과 일상인들의 모습 역시 자신과 다를 바 없는 절망과 허무, 권태와 위악, 본능적 욕구에 매몰된 삶의 모습이었던 것이다.

결국 주인공뿐만이 전쟁으로 인해 상처받고 헤매는 것이 아니라는 것, 전쟁이 우리 모두의 삶을 황폐화시키고 있음을 보여주는 것이다. 그리고 주변인들의 황폐한 삶을 보면서 주인공은 새삼 자신의 아픔을 되새기게 되고, 그 속에서 오히려 새로운 삶에 대한 의지의 싹을 틔운다. 그리고 그러한 가운데에서도 결코 희망을 잃지 않는 주인공의 의지를 보여줌으로서 패배적인 자조적 결말이나 존재론적 허무에 귀착하지 않는다.

4. 살아야 하는 이유, 암흑 속에서 길 찾기

「암사지대」의 형남은 자기 아니면 상덕의 애가 분명한 아이를 혼자 낳아 키우겠다고 떠나는 윤주를 뒤쫓아 나간다. 이미 자포자기하여 자기에 대한 모멸감만이 남아 있는 상덕과 달리, 형남은 윤주에 대한 애정과 인간적 책임감을 새삼 느끼게 되는 것이다.

「음모가족」의 돈식은 결국 아버지의 뜻과는 달리 선산을 팔고자 하지만, 그것은 아내나 여동생의 욕심과는 다르다. 비록 산을 팔기 위해 고향으로 떠나는 돈식의 모습이 건강해 보이지는 않다 하더라도, 거기엔 삶에 대한 집착이 있다. 구차한 삶이 아니라, 새로운 삶에 대한 의지가 엿보이는 것이다.

「이 성숙한 밤의 포옹」에서 여전히 위악적인 태도를 보이지만 창녀인 진숙과 동반자살에 대해 진지한 면모를 보이는 선구 역시 내심 삶에 대한 희망을 찾고자 하는 의지가 잠재되어 있었음을 보여준다. 선구나 진숙은 탈영병 '나'를 통해 삶에 대한 애착을 느끼게 되고, '나'는 그러한 그들의 모습을 통해 또한 상희를 찾아가고자 하는 의지를 다시 일으킨다. 정신을 잃은 자신을 보며 선구와 진숙이가 나누는 대화를 들으며 그는 '분노와 수치심'을 느낀다. 그때 그가 느끼는 분노와 수치심은 선구와 진숙에게 향한 것이 아니라 자신에게 향한 것이다. 전우의 주검에 대한 강박관념, 일상에 대한 무기력함, 그로 인한 자기 파멸적 살인이 빚은 도피적 삶에 대한 자기 자신의 질책이자 상희라는 구원에 대한 새로운 의지를 촉발이라고 할 수 있다. 그는 상희가 죽기 전에 상희를 찾아가 모든 것을 털어놓겠다는 다짐을 한다. 애초에 탈영을 한 것은 상희를 만나고자 한 것, 곧 상희는 어그러진 삶을 벗어나 그가 찾고자 한 진정한 가치, 올바른 삶 그 자체였던 것, 그러나 그가 주체적으로 자신을 얽어매는 전쟁의 참혹함과 비인간적 습속에서 벗어나지 못함으로써 오히려 자신의 삶을 더욱 파멸적으로 몰아가고 말았던 것, 이제 그러한 전락에서 벗어나 마지막으로 주체적인 삶을 찾고자 결심하는 것이다.

「상속자」에서도 새로운 삶에 대한, 주체적 삶에 대한 의지가 보인다. 아버지를 잃고 할아버지와 작은 아버지 네랑 같이 살고 있는, 집안의 종손인 소년 석운은 간질에 걸린 작은 아버지의 아들, 석배가 집에서 사라진 뒤 결국 물이 빠진 골짜기의 어느 바위틈에서 시체로 발견된 날, 집에서 가출을 감행한다. '이 안에 있는 물건은 모두 네 것이란다'란 할아버지의 깐깐한 목소리를 뒤로 하면서 달음질치는 소년 석운의 가출은 현실에의 순응이 아니라 과감한 주체 찾기의 탈주라고 할 수 있다. 상속을 거부하는 그의 몸짓은 기존의 관념, 일상에서 탈주하여 주체적인 삶을 찾고자 하는 신세대의 몸부림을 대변한다. 여기에 서기원 소설의 탈주가 갖는 의미가 담겨 있는 것이다.

「반공일」의 마지막 부분, 집을 떠나겠다는 친구 K를 다시 이끌고 집에 돌아와 크게 소리치며 문을 두드려대는 '나'의 모습은 처연하다. 거기엔 현실에 굴복하지 않겠다는 의지가 있다. 그들의 그런 몸짓을 관통하는 것, 그것이 바로 서기원 소설이 전후 문학의 자장 안에서 가지는 장점이라고 할 수 있는데, 바로 작가가 끝내 지녀야 한다고 믿는 인간에 대한 사랑, 인간애인 것이다.

1959년 발표된 소설 「오늘과 내일」은 전쟁 후가 아니라 전쟁 당시의 시공간을 배경으로 하여 전쟁의 비인간성을 고발하면서도 참다운 인간성 회복에 대한 작가의 강한 의지를 보여주는 작품으로, 주목할 만하다.

1951년 전쟁의 와중에 미군 전투 정보 기관인 조오 부대 소속의 박병렬은 자신의 고향 D읍의 정보 수집을 위해 파견된다. 그와 함께 파견된 김한균은 '미인 상사에의 아부가 거의 습성화된 사내'로, 병렬은 그를 경멸하고 한균은 병렬에게 '잠재적인 적의와 라이벌 의식을 품고' 있다. 병렬의 아버지는 모 은행 D읍 지점장이었다. 기실 그것은 '부려 먹기 힘든 늙은이 하나를 승격이라는 허울 좋은 이름을 달아 본점에서 멀리 쫓아 보낸 것'이었지만 아버지는 금의환향에 대한 만족감으로 기세 좋게 D읍으로 내려와 유지노릇을 단단히 하는 것이었다. 병렬은 독신 생활의 자유와 해방을 만끽하며 서울에서의 하숙 생활에 젖어 있다가 아버지의 귀향 독촉에 억지로 D읍으로 내려오게 된다. 배탈이 위장염으로 악화되어 상경을 못하던 중 6·25가 터져버렸다. 경찰서장이 부하들과 일제히 자취를 감출 때까지 피난 갈 생각을 못하던 병렬 가족에게 들이닥친 공산군 유격대는 병렬의 아버지를 즉석 인민재판을 통해 총살시켜버렸던 것이다.

> 죽은 자는 모두가 선한 것이다. 살아 있는 놈치고 악하지 않는 놈이 있느냐. 지구상의 30억, 모조리 죽어라. 한 놈도 남김없이 말끔히 죽어라. 내가 지옥의 고문 끝에 총살당하고 나면 나와 어머니와 아버지가 비로소 어떤 눈물겹도록 가까운 관계를 새로이 맺게 되겠지.[9]

세상 물정 모르고, 서울에 혼자 떨어져 생활하는 것에서조차 불편함이나 가족에 대한 그리움보다는 자유로움과 해방감을 만끽하던 병렬은 아버지의 죽음을 목격하고 전쟁에 뛰어들게 되면서 인간과 세상에 대한 희망을 잃어버리고 허무와 분노만이 남은 채로 세상과 자신에 대해 저주를 퍼붓는다. 죽은 자는 선하고 살아남은 자는 악하다는 극단적 이분법적 사고는 전쟁이 야만적 생존법칙만을 강요하는 비인간적인 극한

---

9) 위의 책, 「오늘과 내일」, 369쪽

상황임을 단적으로 보여준다.

이런 그가 변모, 아니 원래의 본성을 되찾게 되는 계기는 D읍에서 피난길에 버려진 한 노인을 만나면서이다.

> 병렬은 저 시들은 노인의 입 속에 따뜻하고 부드러운 떡을 넣어주고 싶은 생각뿐이었다.10)

추위와 굶주림에 지친 노인에게 얼어 딱딱해진 떡을 먹일 수 없다고 생각한 병렬은 위험을 무릅쓰고 불을 지펴 떡을 녹여 먹인다. 피난길에 자신을 버려두고 저들 자식 둘만 데리고 가버린 자식 내외를 찾을 수 있도록 남으로 데려가 달라는 노인의 부탁을 꼭 들어주겠다고 눈물을 흘리며 병렬은 다짐하고, 그런 노인을 버려두고 떠나자는 한균을 무시한다. 병렬이 없는 틈을 타 한균은 노인을 죽이려고 하고, 때맞춰 돌아온 병렬은 그런 한균을 총으로 쏘아죽이고 정신을 잃은 노인을 등에 업고 탈출을 시도한다. 노인을 버리고 가면 살 수 있는 가능성이 많음에도 그는 그렇게 하지 않는다. 그 순간 그에게는 '쇠붙이처럼 무거워진 노인의 몸뚱이를 선뜻 길바닥에 내던지기만 하면 적병의 추적을 벗어날 수 있을 것이라는 단순한 한 가지 생각이 미처 나지를' 않는다. 비록 노인을 살리려다가 죽는 한이 있어도 끝까지 노인을 포기하지 않는 것, 그것이 그가 인간으로서의 존엄을 지키는 유일한 길이었던 셈이다. 그가 끝내 포기할 수 없었던 것, 그것은 인간으로서의 자기였던 것이다.

하지만 우리는 그들의 선택이나 행동이 쉽게 행복한 결말에 이르거나 사회로부터 정당한 보상을 받게 될 것이라는 판단에 이르지 못한다. 서기원 소설의 결말은 열려 있으나, 그 열린 길의 끝에는 장밋빛 화원

---

10) 위의 책, 「오늘과 내일」, 370쪽

이 기다리고 있지 않을 것이라는 생각을 하게 만든다는 것이다.

「암사지도」에서 임신한 몸으로 홀로 새로운 삶을 찾아 떠나는 윤주와 그녀를 쫓아가는 형남의 앞에 화사한 앞날이 기다리고 있을 것이라는 확신을 갖기 어렵고, 「음모가족」에서 아버지를 속이고 고향의 땅을 팔러 가는 돈식의 선택이 과연 그를 잘 살게 해줄 것인지 불안하기만 하다. 돈식의 발걸음이 '비척비척' 힘없이 흔들리는 데에 그 불안의 그림자는 더욱 짙게 보인다. 「오늘과 내일」에서도 결말은 그리 밝지 못하다. 노인을 등에 업고 D읍을 탈출하려고 하는 병렬의 귓가에는 '총알의 예리한 파열음'만이 들린다. 그는 잡히고 말 것이다. 아니면 노인과 함께 결국 총에 맞아죽고 말 것이다. 거기에 서기원의 냉철한 비판적 사회의식이 담겨 있다. 그는 인간에 대한 믿음과 마찬가지로 사회에 대한 냉정한 비판의식 또한 지니고 있었던 것이다. 현실은 가혹하고 냉정하다. 그 현실이 가혹하고 냉정함을 보다 더 냉정한 시각으로 직시할 때, 극복의지가 생겨난다. 가혹한 현실에 대해 저항하지 못하고 그 힘겨움 앞에 그저 넋을 잃고 투항해 버릴 때 거기에 극복의지는 생길 수 없다. 새로운 삶에 대한 의지를 포기하지 않고 보여주면서도 가혹한 현실을 냉정하게 투시할 수 있는 작가의 시선은 그렇기 때문에 개인의 의지는 현실 앞에서 무력하다 라고 하는 허무적 발상으로 귀결되는 것이 아니라, 현실에 부딪쳐 스스로 갱생의 의지를 복원하고 희망을 찾고자 하는 힘겨운 몸부림을 보여주는 것이다. 이러한 적극적이면서도 현실에 대한 냉정한 비판적 시각을 서기원은 보여줌으로써 이후 전후 세대라는 틀에서 벗어나 독자적인 문학 세계를 구축해낼 수 있었던 것이다.

1970년대 들어서 서기원은 「마록열전(馬鹿列傳)」 연작 시리즈를 발표하여 평단의 주목을 받았으며 1983년에는 문예중앙에 연재했던 『왕조의 제단』을 출판하였다.

실존적 자유와 실재적 억압

- 이범선 단편소설론-

1. 숨겨진 보물을 찾아

1959년에 발표된 「오발탄」은 이범선이라는 작가를 세상에 알리는 기폭제 역할을 하였다. 그리고 그 작품은 이범선의 문학을 논하는 데 있어 대표작이자 전부인 듯 인식되어져 온 것 역시 사실이다. 대부분의 독자들, 학생들을 비롯한 일반인들에게 이범선은 한편으로는 다른 작가들에 비해 꽤 많이 알려진 작가일 것이다. 유현목 감독이 만든, 리얼리즘 영화의 대표작으로 거론되는 <오발탄>의 영향 때문이 아니더라도, 「오발탄」과 「학마을 사람들」 같은 작품으로 인해 이범선은 대표적인 소설가로 알려져 있음은 사실이다. 그런 연유로 이범선은 1950년대 대표적인 작가 중의 한 사람으로 평가되어져 왔다.

이범선이라는 작가와 관련된 그러한 평가와 인상 때문에 어쩌면 '오늘날 문학 독자들은 일상적인 불안감 때문에, 그 작품의 항구적인 예술적 가치는 어떻든, 강렬하고 자극적인 것, 심각한 것에 민감한 반응을 잘 보이고, 그때그때 월평(月評)과 독자의 반응이 좋은 것이면 과대 선전을 하는 저어널리즘의 병폐도 거들어서 이범선의 잔잔한 목소리를 소극적·퇴영적인 것으로 잘못 간주하기 쉽고, 반면 상당히 격렬한 목소리가 담긴 탓으로 「오발탄」이 가장 중요한 대표작처럼 여겨져 온 것이다'[1]란 지적이 나온 것일 터이다.

　　그러나 이범선은 1955년 등단 이후 70년대 후반까지 지속적으로 작품을 발표하면서 많은 작품들을 남겼다. 앞선 인용한 부분 중에서 필자는 이범선의 소설을 이야기하는 데 있어 핵심적인 사항을 도리어 발견해낸다. 그것은 이보영의 글에서조차 따로 얘기되는 일반 문학 독자들이 지니고 있는 '일상적인 불안감'이라는 것이다. 이범선은 바로 그러한 '일상적인 불안감'으로 인해 고뇌하고, 상처입고, 끝내 탈출구를 찾지 못해 좌절하는 인간 존재의 일상을 극명하게 보여준다. 그에게 있어 6·25전쟁, 분단, 전쟁 이후의 혼란한 사회상, 숱한 사회적 통념들은 일상적인 불안감을 배태하는 근원이고 불안감의 정체를 모색하게 만드는 동기이기도 하지만, 그의 지향은 그 너머에 있다. 그것은 결국 인간이란 존재하는 한, 구체적인 얽매임의 틀에서 자유로울 수 없다는 사실이다. 그의 소설을 이야기하는 데 있어 대부분의 논자들이 니힐리즘을 이야기하는 연유가 바로 거기에 있는 것이다.

　　그의 50년대 초기작이라고 할 수 있는 「사망유보」나 「피해자」, 그리고 「오발탄」, 「자살당한 개」 등에서부터 1977년에 발표된 「고장난 문」까지 그러한 작가의식은 일관되게 나타난다. 그의 소설을 이야기하는 데 있어 오발탄보다 오히려 더 대중적으로 많이 거론되는 「학마을 사람들」 역시 예외는 아니라고 본다. 거기엔 폐허를 딛고 일어서고자 하는 극복의지가 드러나 있지만, 그 의지가 안쓰러운 것은 인간 존재의 자유로움을 억압하고 구속하는 외부적 틀에서 자유로울 수 없는 일상적 주체들의 안간힘이 배어 있기 때문인 것이다.

　　이 글은 1950년대부터 1970년대까지 발표된 이범선의 작품 중 단편소설을 그러한 시점에서 재조명하고자 하는 의도에서 씌어진다. 그럼으

1) 이보영, 박동규, 「전후시대의 핵」, <한국현대문학전집 30>, 삼성출판사, 1981, 439쪽

로써 이범선의 단편 소설이 지니고 있는 함의를 밝히고, 지금까지 부각이 되지 못했던 작품들을 소개하는 계기가 되었으면 한다.

2. 안과 밖의 경계, 벗어날 수 없음

1958년 발표된 「피해자」와 1963년 발표된 「자살당한 개」, 그리고 1977년 작 「고장난 문」은 그 시기적 차이에도 불구하고 이범선의 문학이 추구하는 곳, 아니 이범선 소설이 집요하게 물고 늘어지는 문제가 무엇인지를 너무나도 잘 보여준다. 그것은 작가의 문제의식이 초기부터 일관되게 관철되고 있다는 것, 그 문제의식을 초점으로 놓지 않는 한 이범선의 소설을 헤아리기는 어렵다는 것을 분명히 하고 있는 것이다. 그것은 인간의 실존적 자유에 대한 불가능한 추구, 이카루스의 날개짓을 연상하게 만드는 몸부림이다. 그렇기에 그의 소설은 비극적이며, 인간 존재의 나약함과 그에 대한 허무함을 불러일으킨다.

그러나 그의 소설이 1950년대 유행한 실존주의적 알레고리 소설들과 구별되며, 실존적 자유에 대한 새로움으로 읽히는 것은 그러한 실존적 자유에 대한 추구와 좌절이 구체적인 실재적 조건들 소에서 이루어지고 있다는 사실이다. 그러기 때문에 그의 소설은 리얼리즘적 소설로 읽히며 특히 1950년대 소설 지평에 있어서 냉엄한 현실비판적 소설로 읽히는 것이다. 이러한 점은 그의 소설이 문단이나 학계, 대주들로부터 인정을 받게 한 중요한 것이기도 하면서 반면 그의 소설의 진면목을 헤아리는 데 걸림돌로 작용한 것은 또 아닌가 하는 생각을 갖는다. 그 이유가 1950년대뿐만 아니라 이후 이어진 그의 작품들 속에서 일관되게 천착되는 주제의식 때문이다.

「피해자」는 일인칭 주인공 시점으로 되어 있는데, 요한이라는 주인공의 자신에 대한 비판적 성찰이 담겨 있는 작품이다. 요한은 20년 만에 만난 첫사랑 양명숙으로 인해 지금까지의 자신의 삶을 냉정하게 돌아보게 된다. 그리고 지금까지의 자신의 삶이 자신의 의지대로는 살지 못했던, 그저 수동적인 삶에 불과했음을 깨닫는다.

> 그녀의 말대로 나는 아무것도 가지고 있지 못했다. 열정도 용기도, 또 지성도 신앙도, 아니 하다못해 허위나 악덕마저도 내게는 없었다. 완전한 등신이었다.
>
> —「피해자」, 14쪽[2]

이러한 자신에 대한 가차 없는 비판은 20년 전에 헤어졌던 명숙과의 만남을 계기로 이루어진다. 아니 단순하게 만남이 계기가 된 것이 아니라, 명숙의 죽음이라는 사건이 이끌어낸 것이다.

장로의 외아들로, 모태신앙을 지니고 태어난 요한은 그야말로 교회에 충실한 삶을 살아왔다. 그것이 자신의 선택에 의해서냐 아니냐에 대한 의문조차도 가져본 적 없이, 그리고 그러한 질문이 가능하지도 않은 상황에서 그저 교회, 아버지의 뜻에 충실한 삶을 살아온 것이다. 그리고 그런 삶을 사는 것이 그다지 고통으로 다가오지 않고, 당연한 것으로 여겨져 온 것은 아버지에 대한 믿음, 그리고 명숙과의 사랑이 있었기 때문이었다.

아버지는 교회장로로서 평양에서 고아원을 운영하였다. 그는 고아들에게 너무나 헌신적이었으며, '일반 사회의 사람들이 고아의 아버지라고 받들기에 아무런 부족도 없는 분'이었고 요한 자신도 그렇게 믿고 있었다. 명숙은 그 고아원에서 생활하는 고아였다. 아버지는 자신의 아

---

2) 이 글에서 인용되는 소설은 <한국현대문학전집 30>(三省출판사, 1981년 판)을 텍스트로 하였다. 이후 제목과 쪽수만 기재.

들이었던 요한과 다른 고아들을 절대 차별하지 않았다. 그런데 명숙과의 결혼을 얘기했을 때 아버지는 지체와 신분을 내세우면서 명숙과의 결혼을 반대했던 것이다.

> 그러다 마침내 나는 아버지의 그 모순된 듯하면서도, 그 자신으로서는 얼마든지 정당화할 수 있는 어처구니없는 생각을 발견하고 말았다. (중략)
> 나의 아버지는, 즉 기독교의 최장로는 실은 고아들을 사랑하고 동정한 것이 아니라 그가 믿는 소위 하나님 아버지에게 충성을 하려고 하였을 뿐이라고. 다시 말하면 그는 정말 고아들의 불쌍한 정경에 눈물을 참지 못하여 고아 사업을 하는 것이 아니라, 그런 애들을 돌보아주는 것이, 그것이 바로 주님의 뜻이라고 생각하기 때문에 괴로움을 참고 그 일을 하고 있는 것이었다.
>
> — 「피해자」, 44쪽

요한, 그가 파악하고 있는 아버지는 자신의 생을 주관하고 있다고 믿는 하나님의 뜻에 따라 사는 인물이다. 그러나 그가 믿는 하나님의 뜻이란 과연 무엇인가? 그것은 최장로, 즉 아버지 자신이 만들어낸 것에 불과한 것은 아닌가. 여기서 슬픈 모순이 생긴다. 자신이 만든 계율에 오히려 구속당하는 역설. 요한이 보기에 최장로는 하나님의 뜻을 잘못 알고 있거나, 왜곡하고 있다. 최장로는 스스로가 만든 틀에 갇혀 지내는 수인(囚人)에 불과하다. 그것은 일종의 자학에 가깝다. 그럼으로써 스스로를 기만하는 위선적인 삶을 살아가는 것이다. 자신조차 믿고 따르지 못하는 하나님의 말씀이란 얼마나 공허한 것이며, 위선적인가. 요한은 그러한 아버지가 만든 틀 속에 그 자신도 갇혀 지내왔음을 느낀다. 그것은 쇼윈도에 서있는 마네킹과도 같은 삶이었음을 깨닫는다. 그것은 자신의 의지대로 그리고 진정 하나님께서 부여하신 참 생명의 풍요로움을 깨닫는 것이기도 하다.

아버지 하나님. 그것은 정말 글자 그대로 아버지 하나님으로 내가 떼를 쓰고 울며 조를 수는 있어도, 항상 무서워서 비실비실 피하거나 또는 그 앞에서 얌전하게 고개를 수그리고 말 한 마디 할 수 없는 그런 하나님 아버지는 아니라고 나는 생각하고 있었다.

— 「피해자」, 50쪽

그러나 이러한 깨달음도 명숙과의 재회, 그리고 명수의 죽음 앞에서 찾아온 것이다. 명숙과의 결혼을 반대했던 아버지의 뜻을 요한은 결국 어기지 못했고, 그 일로 명숙은 자취를 감추고 말았던 것이다. 그런 명숙을 20년이 지난 어느 날, 우연히 동창들을 따라간 술집에서 만났던 것이다. 명숙은 술집 마담이 되어 있었고, 그런 명숙의 모습을 보면서 요한은 회한에 휩싸인다. 그 회한은 자신의 의지대로 살아오지 못한 자의 뼈아픈 뉘우침이다. 변한 명숙의 모습은 그대로 요한 자신을 비추는 거울이 된다. 여전히 틀에 박힌 생활에서 벗어나지 못하고, 그 어떤 생의 즐거움도 느끼지 못한 채 살아가고 있는 자신의 모습이 그대로 비치는 거울이 바로 명숙이다.

지나버린 세월을 이제서라도 보상받고자 하는 명숙의 애절한 호소와 애정 고백에 요한은 그러나 명숙을 쉽게 받아들이지 못한다. '요한씨는 지금까지 자기 의사대로 행한 행동이란 거의 없으시니까요'라고 질책하면서 요한의 지금까지의 삶이란 "그건 교회야요. 한국 교회, 구하기보다 벌하기에 더 열심인 한국 교회. 아니, 지금 요한씨가 한 주일에 한 번씩 나가시는 무슨 무슨 교회. 아니요. 더 자세히 말씀드리면 교회도 아니고 그 교회의 장로 아무개, 집사 아무개, 교인 중에 가장 남의 말 하기 좋아하는 아무개 아무개 그런 사람들"(65쪽)에 단지 보이기 위한 삶에 불과했다고 몰아세우는 명숙 앞에 요한은 닭들 속에서 자란, 그래서 이제는 날 수 있는 용기조차도 잃어버린 꿩이 바로 자신이라고 하면서 무기력한 모습만을 보인다.

> "…숙이는 날더러 하늘을 날아보라고 해. 너도 날 수 있는 날개가 있다고. 그러나 이미 날 수 있는 꿩으로서의 용기를 잃어버렸어. 홀쩍 의외로 쉽게 날 수가 있을지도 몰라. 그러나, 그 다음에 오는 꿩으로서의 생활은? 나는 뿌려 주는 모이를 주워 먹을 줄은 알아도 산에서 이리저리 모이를 찾아 낼 재주를 미처 못 배웠어. 나는 나의 모든 것을, 생명까지도 주인의 뜻 하나에 맡겨 두고 그 대신 사는 날까지는 담담하지만 안전한 뜰 안에서 사는 닭이야.…"
>
> — 「피해자」, 66쪽

이러한 요한의 통절한 자기반성은 어쩌면 일상에 파묻혀 살아가는 우리들 대부분이 한번씩 스스로에게 던지는 질문일 것이다. 현재의 삶이 만족스럽든 그렇지 않든, 생계조차도 불안한 삶이든, 부유하든 간에 문득 문득 우리 스스로를 돌아볼 때, 이미 날개가 퇴화해버린 그래서 하늘을 날았었다는 기억조차 잊어버린 새 장안의 새의 모습이 바로 자신이 아닌가 자문하게 되는 것이다. 이범선의 소설은 그 질문을 집요하게 천착한다. 그 질문이 우리에게 현실감으로 다가오는 것은 그 질문 자체에 이범선 소설의 초점이 맞추어져 있다기보다 인간 존재의 자유의지를 가로막는 억압과 구속의 현재적 정체가 무엇인가를 밝히고자 하는 애정한 작가의 현실의식 때문이다. 그러한 현실의식이 빠져 버리면 그 소설은 한갓 안개 속의 공허한 메아리에 불과할 뿐이다.

> "그녀는 죽었습니다. 죽은 것입니다. 죽음은 절대적인 행위올시다. 그렇게 다시는 돌이킬 수 없는 막다른 골목으로 몰아넣은 사람이 바로 당신들이란 말입니다. 당신들 한국 교회의 목사, 장로, 그리고 말 많은 교인들이란 말입니다."(중략)
>
> "(생략) 그녀를 이렇게 만든 것은 바로 당신들이라는 것을. 그녀는 피해자

입니다. 그리고 그를 죽인 하수인은 접니다. 당신들의 사주를 받은 어리석은 등신 요한입니다. 아니, 하수인인 동시에 저도 역시 그녀와 마찬가지로 피해자입니다. 그리고 또 당신들도, 한국의 목사, 장로, 그리고 기독교인 모두 다 실은 피해자인지도 모릅니다. 반세기도 더 전에 한가하던 우리 조상들이 마을 어귀 느티나무 밑에 앉아서 허리에 차고 다니던 장도로 심심풀이로 깎아 세운 기독이란 목상의 피해자입니다.”

—「피해자」, 75 — 76쪽

「피해자」는 얼핏 보면 한국 교회의 위선을 질타하는 소설처럼 보이지만, 거기엔 무엇보다 인간 존재의 자유의지를 갈구하는 작가의식이 본류로 흐르고 있다. 우리가 주의 깊게 봐야 할 것은 요한을 둘러싸고 있는 억압적 조건, 즉 권위적이며 위선적인 교회와 교인들, 스스로는 사회적 편견에 사로잡혀 있으면서도 그것을 깨닫지 못한 채 기독교 교리를 절대적인 것인 양 자신을 그 틀에 가둔 채 웅크리고 살아가는 사람들, 개인의 삶을 재단하고 평가하고 구속하는 기독교 교리와 또 다른 사회적 통념들에서 결코 자유로울 수 없는 미약한 인간의 모습이다. 죽음을 택할 수밖에 없었던 명숙이나 명숙의 주검 앞에서 오열하는 요한의 모습은 스스로를 억압하는 틀을 스스로 만들고 자신을 거기에 가둠으로써 오히려 안락감을 느끼고, 그 틀 안에서 웅크린 채 타인과 자신을 경계 짓고, 타자를 배제하고 오히려 타자를 억압하는 사람들에 대한 작가의 비판, 그리고 그들로 인해 고통 받는 이들에 대한 공감과 동정의 징표라고 할 수 있다. 실재하는 억압과 구속, 사회적 모순과 통념에 대한 비판, 그 속에서 고통 받고 좌절하는 소외된 소수의 비극적 현실에 대한 냉정한 보고, 그 밑에는 바로 인간 존재의 실존적 자유에 대한, 다른 어떤 작가보다도 치열하고도 집요한 작가의 지향이 놓여 있는 것이다.

「자살당한 개」는 그 소재면에서 피해자와는 사뭇 다른 작품으로 보이지만, 동일한 주제의식을 갖고 있고, 무엇보다도 소설적 구조가 매우 흡사하다. 전쟁으로 인해 왼쪽 다리를 절단할 수밖에 없었던 영철은 사랑하는 애인조차 떠나보낼 수밖에 없다. 애인이었던 정난이가 결혼을 앞두고 마지막 결단을 기다리는 편지를 보냈음에도 영철은 외면할 수밖에 없다. 그는 집에서 키우는 개, 죤과 자신을 동일시하며 자괴감에 빠져 있다. 죤은 어린 조카의 실수로 한쪽 다리가 병신이 된 개다. 그는 그 몸에도 불구하고 암캐를 쫓아다니는 죤을 보며 다른 남자와 결혼하는 연인을 그저 떠나보내고 마는 자신보다 오히려 용감하고 솔직하다고 느낀다. 그러다가 일종의 보상심리로 암캐에게 죤을 보내지만, 죤이 암캐를 쫓아가는 것을 포기하자, 그만 죤을 목 졸라 죽이고 만다.

영철의 간단없는 자의식의 추이를 따라가는 이 소설은 피해자와는 또 다른 사회적 모순으로 인한 장애와 그 장애가 불러오는 사회적 편견 속에서 의지를 상실한 채, 좌절하고 마는 인간의 모습을 그리고 있다. 그 장애의 직접적 원인은 6·25전쟁이다. 영철에게 전쟁은 거창한 논리를 지닌 것도 아니고, 역사적 의미를 지닌 것도 아니다. 자신의 의지와는 상관없이 이루어진 전쟁에 또한 선택의 여지없이 군인이 되어 참가했다가 왼쪽 다리를 잃어버리고 만 것이다. 그에게 전쟁은 왼쪽 다리의 상실, 그 이상도 이하도 아니다. 한 개인에게 그렇게 전쟁은 구체적으로 다가온다. 영철이 다리를 절단 당한 뒤 병실에 누워 자신의 다리 한쪽이 없어졌음을 실감하지 못하는 장면은 영철의 받아들일 수 없는 상실감이 여실히 드러나는 부분이다.

> 자꾸만 왼쪽 발의 발가락들이 쑤시는 것이었다. 그는 하나하나 그 발가락을 움직여 보았다. 까불까불 제대로 움직이는 것이다. 그러나 정작 쑤셔서 주물러 보려고 하면 발가락은 간 곳도 없었다.
>
> —「자살당한 개」, 145쪽

「피해자」에서의 교회나 「자살당한 개」의 불구는 기실 핵심적인 사안이 아니다. 한국 교회를 왜곡하고 있다거나, 혹은 전쟁으로 인한 불구가 과연 극복하지 못할 치명적 상처이냐 아니냐 따지는 것은 이 소설들에서는 그렇게 긴요한 논의들이 아니다. 그렇게 접근했을 때, 「자살당한 개」의 영철은 너무나 무력하고 소심하며, 지나치게 염세적이기 때문이다. 문제는 한 개인의 자유의지, 선택을 넘어서는 강력한 억압적 외적 조건, 그 상황 속에서 살아가야 하는 무수한 개개인들의 숨겨진 고통의 드러냄에 이 소설의 의도가 놓여 있다는 것을 분명히 하는 것이다.

이범선은 70년대 후반 「고장난 문」을 통해 자신의 문학적 화살이 어디를 겨냥하고 있었는지 여실하게 보여준다. 「고장난 문」은 살인용의자로 몰린 한 사내에 대한 수사관의 취조라는 기본 구조를 가지고 있으면서 왜 사내가 살인용의자로 몰리게 되었는지, 정말 죽음의 원인이 무엇인지 추적해간다.

열여덟 먹은 만덕이는 시골에 내려와 화실을 꾸미고 작업을 하던 '선생님'의 시중을 들고 있었는데, 그 선생의 살인용의자로 검거가 된다. 만덕의 이야기로는 어느 날, 선생이 화실 안에서 밖에 있던 만덕을 불러 문이 잠겼으니 밖에서 열어달라는 얘기를 들었다고 했다. 그런데 무엇이 잘 못 되었는지, 문은 안에서도 밖에서도 열리지 않았고, 문 수리공마저 제대로 연락이 되질 않아 선생은 무척 화가 나 있었다는 것이다. 만덕은 며칠씩 화실에서 나오지도 않고 작업을 하기도 했고, 또 화실 안에 시설이 다 갖추어져 있는 데다, 음식까지 있어서 문이 열리지 않는다고 해서 평소와는 달리 화를 내는 선생이 이상하더라는 것이다. 다음 날 목수를 데리고 문을 따 화실로 들어가 보니 선생은 이미 죽어 있었다는 것이다. 그런 만덕의 진술은 받아들여지지 않는다.

이 '선생'의 죽음의 원인은 무엇인가. 자신이 언제든지 드나들 수 있을 때는 며칠이고 그 안에 있어도 아무렇지도 않던 화실이 어느 날, 자신이 마음대로 드나들 수 없다고 느낀 순간, 견딜 수 없는 감옥 아닌 감옥이 되어버린 것이다. 선생의 직접적 사인은 말하자면 폐쇄공포증 같은 것이라고 할 수 있을 것이다. 폐쇄공포증이란 자신의 의지가 차단되어버린 상태 혹은 상황에 대한 두려움이 이상적(異常的)으로 증폭되어 생명까지도 위협하는 차원이 되어버리는 심리상태라고 할 수 있을 것인데, 선생의 죽음은 그가 그러한 극심한 공포를 견디지 못했음을 보여준다. 곧 자유의지의 박탈, 그것은 인간에게 있어 죽음과도 같은 것이다. 만덕을 비롯한 주변 사람들은 화장실도 안에 있고, 먹을 것도 있고, 창문이 있어 바람도 통하고, 아무런 문제가 없는 화실에서 왜 선생이 난리를 치는지 이해하지 못한다. 그러나 그러한 물질적인 조건들은 자신이 갇혀져 있다고 느끼는 인간에게는 아무런 위안도, 희망도 되지 못한다. 이러한 인식은 「피해자」의 요한이 갖는 의식과 매우 흡사하다. 주어진 틀 안에서 '뿌려 주는 모이를 주워 먹을 줄'만 알고, 그 삶이 주는 안정감에 길들여져 버린 자신의 삶을 통렬히 반성하는 요한, 「고장난 문」의 선생이 죽음으로써 거부했던 것은 바로 요한이 명숙을 다시 만나면서 깨닫게 된, 아니 모른 척 외면했던 자유의지가 박탈된 삶, 박제된 삶, 바로 그것이었던 것이다.

이범선 문학의 핵심은 바로 그러한 저항에 있다. 개인의 자유의지를 억압하고 박탈하며 구속하고 절망하게 만드는 사회적 모순과 억압에 그의 소설의 주인공들은 고뇌하고 절망하며 요한이 명숙의 주검을 안고 외치듯이 '절대적 행위'인 죽음으로써 저항하는 것이다. 그 저항이 깨어질 때 그의 소설은 진정 리얼리티를 획득하게 된다.

3. 삶은 고통, 그것을 직시할 때 고통은 삶의 이유가 된다

자유의지를 향한 인간의 순수한 열망이 실재 사회의 구체적 모순과 맞부딪치면서 보다 생생한 현실감을 지니는 작품들이 그의 대표작으로 알려져 있는 「학마을 사람들」, 「사망유보」, 「오발탄」, 그리고 「살모사」라고 할 수 있다. 그러나 이들 작품 역시 앞서 살펴 본 작품들과 동일한 주제의식을 갖고 있다. 앞의 작품들에 비해 각각의 인물들이 비극적인 상황에 처하게 된 외적 조건이 구체적으로 드러나 있기는 하지만, 초점이 맞추어져 있는 것은 그러한 외적 상황에 대한 천착이나 실재적 해결 방식에 대한 모색이라기보다 내적 성찰, 존재와 생활의 그 힘겨운 관계에 대한 인물의 내적 고뇌에 있다. 실존적 존재에 대한 근본적인 사유와 현실 세계에서의 행위의 정당성에 대한 질문이 이범선 소설의 가장 중요한 핵심이다.

이런 점에서 필자는 대중적으로 가장 많이 알려져 있는 작품 중 하나인 「학마을 사람들」은 다시 읽혀져야 한다고 생각한다. 「학마을 사람들」은 할아버지와 손자 대에 이어 나타나는 애정의 문제를 하나의 축으로 하면서 일제 식민지 시대에서부터 6·25전쟁이라는 민족적 비극을 이 땅의 순진한 민중들이 어떻게 겪었으며 어떻게 극복해 내고 있는가를 보여주는 작품이다. 이 작품 역시 초점은 일제 식민지 상황이나 6·25전쟁이라는 민족적 비극에 대한 천착이나 극복에 대한 거시적 방법론의 모색이 아니다. 그러기에 이범선 소설은 서정적인 느낌을 자아낸다. 그 서정적 느낌은 소설 속에 살아있는 인물들의 내면 풍경에 초점이 맞추어져 있기 때문이다. 거기엔 그 어떤 상황에 상관없이 고통을 운명적으로 받아들이고 그 고통스러움이 곧 삶이라는 것을 체험적으로 알아버린 이들의 삶 자체가 수묵화처럼 그려져 있다. 그런 면에서 이범선의 다른 작품들, 특히 「오발탄」 같은 작품에 비해서는 삶에 대한 낙천적 관점이 담긴 작품으로, 나아가 한민족의 끈질긴 생명력, 공동체 의식 등이 형상화된 작품으로 읽혀져 왔다.

그러나 그것만으로 「학마을 사람들」이 설명된다면 그것은 오히려 이범선 소설에 있어서 예외적인 작품이 될 수밖에 없다. 물론 한 작가의 작품들이 다 동일한 주제의식을 담고 있어야 한다거나 또는 견강부회식으로 한 작가의 여러 작품들을 하나의 주제하에 묶어 설명하고자 하는 것은 분명히 경계해야 할 오류라고 할 것이다. 하지만 「학마을 사람들」은 예외적인 작품이 아니며 그것은 오히려 이범선 소설을 이해하는 데 관건이 된다고 보며 「학마을 사람들」을 다시 읽어내는 데 필수적인 사항이라고 생각한다.

「학마을 사람들」의 가장 핵심적인 구도는 학과 마을의 필연적인 운명적 상관성이다. 학은 마을 사람들의 보호를 받아야 하는 존재이지만, 오히려 마을의 운명을 가늠하는 잣대이자 마을의 운명 그 자체다. 그 운명은 마을 사람들의 능력 밖에 있다. 학이 찾아오고 그 마을에서 새끼를 낳고 그러고는 자란 새끼들을 데리고 내년을 기약하며 날아가고, 그러한 일이 반복되는 동안에는 마을엔 풍요와 화평이 넘쳐난다. 그러나 학을 오게 하고 또한 가게 하는 것은 마을 사람들이 할 수 있는 일이 아니다. 그거 마을 사람들은 학이 오기만을 고대할 수 있을 뿐이고, 학이 머무는 동안 학을 소중히 여기기만 할 수 있을 뿐이다.

학이 오지 않던 어느 해, 가뭄이 심해도 어떻게 해 볼 수가 없이 오직 다시 학이 와주기만을 기다리던 마을.

그러던 어느 날 기다리던 비 대신 기막힌 소문이 날아 들어왔다. 왜놈들이 이 나라를 빼앗고 들어왔다는 것이었다.

—「학마을 사람들」, 80쪽

마을 나아가 한민족 전체에게 학은 곧 운명이다. 학이 오지 않는 해, 왜놈들에게 나라를 빼앗기고, '근 이십 가구나 되던 마을이 겨우 일곱 집만이'남을 정도로 마을이 몰락할 때까지 오랜 세월 오지 않던 학이 다시 찾아왔을 때, 우리나라는 독립이 된다. 그리고 이후 해마다 찾아와 마을에 다시 풍요를 불러와 주었던 학의 새끼가 죽는 불길한 일이 발생하자, 6·25전쟁이 발발한다. 이렇게 학의 출현과 마을 나아가 한민족의 운명은 짝을 맞추듯이 들어맞는다. 그렇기에 전쟁으로 인해 온 마을이 쑥대밭이 되고, 학이 깃들던 나무마저 불에 타버렸을 때, 그래도 살아가야 하는 남은 자들이 할 수 있는 일은 다시 학을 기다리는 일이고 다시 학을 오게 하기 위해서는 학이 둥지를 만들 수 있는 나무를 다시 키우는 것, 이장이 죽으면서 남긴 마지막 말이 "학, 학나무를, 학나무를…"인 것은 바로 그러한 연유에 기인하는 것이다. 애송나무는 마을 사람들, 그들이 할 수 있는 유일한 일인 것이다.

이 소설의 또 다른 기둥을 형성하고 있는 애정관계 또한 이런 관점에서 이해할 수 있다. 이장(억쇠)은 젊은 시절 탄실이라는 사랑하는 연인을 다른 사람에게 시집을 보내야만 했던 아픈 상처가 있다. 그의 손자인 덕이, 그리고 봉네, 바우 간의 삼각관계를 눈치 챈 이장은 손자까지 사랑하는 사람과 헤어지게 할 수는 없다는 생각에 바우의 아픔을 짐작하면서도 덕이와 봉네를 짝지워준다. 누구를 좋아하고 사랑하게 되는 것 역시 인간의 능력을 넘어서는 것, 그 사랑이 맺어지지 못하고 상처를 입는 것은 오히려 인간의 뜻에 의한 것, 이장의 선택은 하늘의 뜻에 따르는 것, 그것은 자유의지의 실현이다.

그러나 그 선택이 결국 바우로 하여금 마을을 떠나게 만들었고 마을을 쑥대밭으로 만드는 장본인으로 변하게 한다. 인간의 비극은 바로 거기서 발생한다. 그 어떤 하늘의 뜻도 모든 인간들에게 공평하게 그리고 정당하게 내려지지 않으며 인간들 역시 똑같은 의미로 받아들이지 않으며 그럴 수도 없다는 것이다.

이 소설이 그러한 인간간의 갈등이 전면화 되지 않고, 집단적 동일감을 바탕으로 한민족의 끈질긴 생명력이라는 의미로 읽혀진 것은 이 소설의 기본 갈등이 인간 대 인간이 아니라 하늘의 뜻 혹은 집단적 운명 대 집단의 구도를 취하고 있기 때문이다. 그러한 구도를 취할 때 하늘의 뜻은 쉽게 읽혀질 수 있으며, 집단적 극복 방안 혹은 태도, 신념 역시 무리 없이 얻어질 수 있다.

그러나 식민지 시대를 현미경에 갖다대고 들여다보았을 땐 거기에 무엇이 숨겨져 있을 것인가. 6·25전쟁 그리고 분단 이후 남한 사회를 현미경에 들이밀고 두 눈을 갖다대었을 때 거기엔 무시무시한 인간들 간의 갈등이 놓여져 있는 것이다. 거기엔 자신들이 만든 모순에 가득 찬 논리와 체제를 하늘의 뜻인 양 믿으며 타자들을 억압하는 무리와 이미 유기체적으로 활발히 재생산활동을 해 나가는 그 모순 덩어리의 논리와 체제가 있고, 하늘의 뜻이 무엇인가를 몰라 끊임없이 질문하고 그러는 가운데 고통당하고 좌절하고 목숨까지 버려야 하는 인간들이 있다. 「사망유보」, 「오발탄」, 그리고 「살모사」는 바로 6·25전쟁 그리고 이후 남한사회를 현미경에 갖다대었을 때 보이는 생생한 삶에 대한 미시적 보고서다.

「사망유보」에 나오는 철은 결핵을 앓고 있다. 그는 자신의 건강이 점점 위험한 수준으로 악화되고 있음을 느끼지만, 어떻게 할 수가 없다. 학교에다 대놓고 말하고 치료를 받을 수도 없고, 그럴 만한 여유 역시 없다. 동료인 박 선생의 경우를 보면서 그는 더욱 움츠린다. 박 선생 역시 결핵을 앓고 있다. 그는 견디다 못해 장기 결근을 한다. 채 낫지 않은 몸을 이끌고 출근한 박 선생에겐 이미 있을 자리도, 가르칠

학생도 없다. 새 선생이 그 사이에 충원이 되어버렸던 것이다. 박 선생은 며칠을 버티다 결국 죽고 만다. 박 선생의 경우를 보면서 철은 어떻게든 버티고자 하지만 결국 그 역시 죽음을 맞고 만다.

소설의 제목 '사망유보'는 한 개인에게 세상은 얼마나 냉정한 것인지를 단적으로 보여주는 말이다. 철은 죽으면서 아내에게 내일까지는 자기가 죽었다는 말을 다른 사람에게 하지 말 것을 당부한다. 그 이유는 곗돈 탈 차례가 되었는데, 자기가 죽었다는 말을 듣게 되면 그 곗돈을 타지 못하게 될까봐 자신의 사망을 유보하고자 한 것이다.

세상이 얼마나 개인들에게 냉혹한 것인지, 철의 기억을 통해 보여지는 삽화는 철로 하여금 자신의 죽음을 유보하게 만드는 요인이 되지만 나아가 세상이 얼마나 개인들에게 냉혹한 것인지 보여준다. 그것은 박 선생의 죽음을 둘러싼 사건 한 가지와 전쟁 중 열차에서 겪었던 사건 두 가지이다. 박 선생이 죽자 사람들은 조의금 형식으로 돈을 얼마간 거둔다. 그의 집을 안다는 이유로 조문 대표가 된 철이 조의금 봉투를 받아 그 안을 보니 조의금 대신에 차용 증서가 들어 있다. 박 선생 생전에 그에게 돈을 빌려주었던 누군가가 조의금을 빌려준 돈 대신으로 챙겨가고 대신 차용증서를 넣어둔 것이다. 거기엔 생존 논리, 누군가를 짓밟아서라도 살아남아야 한다는 논리 이외엔 존재하지 않는다. 열차 사건도 그러한 극단적 생존 경쟁의 단면을 보여주는 사건이다. 이미 세상은 다함께 살 수 있다, 다함께 살아야 한다는 집단 논리는 존재하지 않는다. 거시적으로 그리고 이상적으로는 그런 논리가 가능할지 모르나, 그것은 미시적 인간관계로 파고들면 너무나 쉽게 힘을 잃어버린다. 생존하느냐 도태하느냐의 두 갈래 길이 있을 뿐이며, 그것을 선택할 수 있는 힘이 개인의 의지에 달려 있는 것만은 아니다. 개인의 의지에 상관없이 이미 두 가지 길 중에 하나가 개인에게 배정이 되어 버린다. 그 선택을 자신의 의지대로 바꿀 수 있는 자는 역설적으로 자신의 의지를 포기하고 세상의 논리대로 자신을 맞추어가는 자들이다.

— 「오발탄」, 130쪽

양심적이지만 무능력한 형, 철호 앞에서 동생 영호가 내뱉는 말이다. 전쟁으로 인한 분단, 북에서 지주로 살던 집안은 남으로 무일푼으로 내려와 극심한 가난에 시달린다. 어머니는 충격으로 정신이상증세에 시달리고, 동생 영호는 제대 후 백수건달 노릇을 하고 있으며, 여동생 명숙은 미군을 상대로 하는 창녀가 되어 있다. 그들을 그렇게 만든 가장 직접적 요인은 기실 전쟁이라고 할 수 있는데, 이미 전쟁은 끝났고 따라서 전쟁은 이미 저 뒤로 물러나 있다. 전쟁을 붙잡고 늘어지기에는 현실성이 떨어진다. 이범선은 그걸 잘 알고 있는 작가이다. 전쟁이 남긴 후유증, 분단이라는 상황을 전제로 한 변화된 남한 사회, 전쟁이라는 거시적 장애 요인이 배경으로 물러나고 또 다른 생존 경쟁의 논리가 산포적(散布的)으로 횡행하는 사회 속에서 개인이 살아남을 수 있는 최선의 길은 스스로를 철저히 개별화시키면서 아울러 다수의 논리에 스스로를 편입시키고 스스로를 다수화하는 것이다. 이러한 이율배반적 처세가 결국은 살아남을 수 있는 전략, 전술이 되고 있는 것이다. 거기엔 도태되는 자의 무능력만이 도드라질 뿐이다. 누구도 책임질 수 없고 책임지려 하지 않는다. 이미 운명 공동체란 말은 의미가 상실되어 버렸다.

「학마을 사람들」의 후일의 비극이 바로 「사망유보」이고 「오발탄」이다. 그게 현실을 직시한 작가의 행보일 수밖에 없었던 것이다. 이범선 문학이 지니고 있는 진실이란 바로 거기에서 온다. 「사망유보」의 철 역시 냉정한 사회 현실 앞에서 숨을 거두고, 「오발탄」의 철호 또한 동생 영호는 권총강도로 구속되고, 아내마저 아이를 낳다가 죽게 되자, 무리한 이 뽑기로 피를 흘리며 쓰러지고 만다. 약삭빠르게 체제의 논리, 기득권의 논리와 그 계층에 편입되지 못하면 힘겨운 일상을 살아가거나 도태될 수밖에 없다. 그러한 사회에서는 속물적이고 세속적인 삶의 모습만이 구체적으로 다가올 뿐이며, 믿어진다. 그것은 가시적이며 생생하기 때문이며 즉각적으로 감각되어지기 때문이다.

전쟁 이후 개인주의와 배타적 생존 경쟁의 논리가 새로운 삶의 지침으로 자리 잡기 시작하는 1950~60년대의 냉정한 보고서를 써 내려간 이범선의 문학 저류엔 그러나 여전히 자유에 대한 의지가 생생히 살아 있으며, 또한 그러한 개인의 실존적 자유를 보장할 수 있는 실재적 조건에 대한 모색, 즉 사회적 억압의 근원적 요인을 공동의 운명으로 이해하고 공동에게 책임을 묻고자 하며, 그러한 질문 속에서 해결책을 찾아내고자 하는 작가의식이 지속적으로 추구된다. 분명하게 드러나지는 않지만, 「살모사」에서 그러한 작가의 힘겨운 노력을 본다. 「살모사」는 우리 모두에게 책임을 묻는 작품이다. 그것은 달리 말하면 우리 모두에게 해결의 힘이 있음을 각성시키는 것, 바로 그것이다.

'살모사'는 남 궁이라는 아이의 어릴 적 별명이었다. 어릴 적부터 너무나 잔인하고 악착스러우며 지독했던 그는 비극적인 내력을 지니고 있는 인물이다. 그의 어머니를 처녀 적부터 짝사랑했던 집안의 하인이 밤에 남편을 죽이고 남편인 양 어머니와 관계를 가져서 생긴 아이였던 것이다. 그런 살모사는 전쟁이 나자 공산당원이 되어 마을에 나타나 온 마을을 피냄새 진동하는 지옥으로 만들어버렸던 것이다. 그리고 급기야

는 자신의 생부마저 죽음으로 몰아넣고 자신의 어머니마저 다른 사람
들과 함께 죽게 만들어 버리고 마는 것이다.

<blockquote>

그런데 나는 그 살모사를 종로 네거리에서 분명히 본 것이었다.

그날부터 나는 사람이 두서너 명만 모인 곳이면 반드시 그들의 얼굴을 살피는 버릇이 생겨 버렸다. 혹 거기 살모사가 끼어 있지나 않나 하는 생각에서다.

그렇다고 나는 결코 살모사가 보고 싶은 것은 아니다. 아니 도리어 그를 또 만나지나 않을까 하는 불안이 자꾸만 그렇게 주변을 살피게 하는 것이다. 그런데 요즈음은 그런 불안이 거의 병적인 데까지 이르러 버렸다.

(중략)

이대로는 정말 잠시도 안정하고 앉아 있을 수가 없다. 이래서는 안 되겠다고 나는 눈을 비빈다. 내일은 무슨 일이 있어도 이 편에서 먼저 살모사를 찾아 나서야겠다고 생각한다. 기어이 그를 찾아내어서 그 정체를 밝혀야겠다. 멱살을 쥐고 따져야겠다.

"너는 정말 살모사인가. 너는 정말 살모사인가!"

―「살모사」, 196쪽

</blockquote>

살모사는 그저 한 끔찍한 인간에 불과한 것이 아니다. 자신의 생부, 생모마저 아무 양심에 거리낌 없이 죽일 수 있는 잔인한 심성을 지닌 살모사는 바로 우리 자신일 수 있는 것이다. 그러한 우리들이 우리의 역사를 피비린내 나는 지옥으로 만들었으며, 이 세상을 서로 물고 뜯는 아귀다툼으로 만들어버렸던 것이다. 우리 주변에 언제든지 나타나 순식간에 피를 몰고 올 수 있는 그런 살모사들이 우리 주변에 횡행하고 있는 것이다. 그리고 우리가 자유의지를 상실할 때, 인간의 뜻을 하늘의 뜻으로 착각할 때, 그리고 그것을 진리 인양 신봉하고 그것이 창이 되고 총이 되어 타인들을 억압할 때 우리 자신이 바로 살모사가 되는 것이다. 서로가 살모사가 되어서 부모를 죽이고 타인들을 죽이는 지옥도

가 이범선이 바라본 현실이다. 그러나 그러한 현실 인식은 이범선이라는 작가가 누구보다 현실의 고통을 직시한 결과인 것이다. 그는 고통을 있는 그대로 드러내고 힘겨워했지만, 그 고통을 새로운 힘으로 만들고자 하는 희망 자체를 포기하지는 않았다.

'나'는 소설의 마지막에서 기어이 살모사를 찾아 따질 것을 다짐한다. 고통의 진원을 찾아 나서겠다는 의지는 우리에게 자신을 되돌아볼 것을 요구하는 의지이다. 마지막 말, '너는 정말 살모사인가'는 바로 우리에게 작가가 던지는 외면할 수 없는 질문이다. 그것은 현실의 고통 속에서 진정한 삶의 자유를 희망했던 작가의 피어린 고백이요, 질문이기 때문이다. 우리는 그 질문 앞에서 절대 자유로울 수 없으며, 그 질문 앞에서 자유로울 수 없는 한 진정한 자유를 얻을 수도 없다.

연꽃이 아름다운 이유

- 한무숙 評傳 -

1. 병마로 얼룩진 어린 시절

아카시아가 피어 있었다. 아름다운 5월의 백주(白晝)-주일 학교에서의 귀도(歸途)였다. 중국인 공동묘지를 지나치려 할 때 시야에 들어온 광경-풍유한 화교(華僑)의 장의(葬儀)였으리라. 호화로운 주단(綢緞)이 함부로 깔려 있었다고 기억한다. 역시 강렬한 햇빛을 되받아 번득이는 붉은 주단이 덮인 관 앞에 엎드린 사람들 속에서 곡성(哭聲)이 낭자했다.

여덟 살의 어림으로서는 이해할 수 없는 무서운 아주 무서운 광경이었다.

볕이 내리쪼이는 백주(白晝)와 극채색의 악마적인 번득임과 어른들의 낭자한 곡성(나는 그때까지 어른이 우는 것을 본 일이 없었다.)이 상징하는 죽음, 그것은 한동안 어린 나의 몽마(夢魔)가 되었다.

-「병상에서」

이 장면을 그림으로, 마치 영화의 한 장면처럼 떠올리려 해보았다. 그것은 그렇게 어렵지 않은 듯 했다. 묘사가 강렬하여 그 풍경이 고스란히, 분위기까지도 떠올랐기 때문이었다. 하얀 햇살과 붉은 주단의 대비는 참으로 생생하게 어느 날 한 아이가 보았던 풍경을 선명하게 되살려준다. 그런데 문제는 그러한 광경에 있다기보다 그러한 광경이 그처럼 선명히 기억에 남아 있다는 사실, 그리고 무엇보다 그 광경에서 죽음의 기미를 알아차린 여덟 살 소녀의 무서운 감수성에 있다.

하얀 대낮의 햇살과 붉은 주단의 어울림이 무서움으로 다가왔던 아이, 어쩌면 그 강렬한 대비로 인해 막연한 흥분을 느끼는 것이 일반적일지도 모를 일인데 오히려 그 속에서 악마적인 번득임을 알아챈 아이, 마침내 어른들의 곡성으로 인해 죽음의 자장 안에 깊숙이 발을 들여놓게 된 아이. 그 조숙하다 못해 공포스러운 감수성을 지녔던 한 여자 아이가 바로 우리 시대에 여성의 귀감으로, 작가로서 뚜렷한 자국을 남겼던 한무숙이었다.

어린 날 그가 맞닥뜨렸던 죽음의 상징을 서두에서 이야기하는 것은 그의 공포스러운 감수성, 그 현실에서의 발현 양태의 숙명에 대해서 이야기하고자 함이었다. 그의 감수성이 죽음과 만났던 것은 그의 운명이었고, 천형(天刑)이었고 또한 천혜(天惠)이었다. 그래, 어쩌면 행과 불행은 다른 모습을 하고 있는 듯 하지만 실은 쌍둥이일지도 모를 일이다. 우리는 불행으로 인하여 얼마나 많은 것들을 얻게 되는 것이며, 또한 행운으로 인해 많은 것들을 놓치게 되는 것인가. 그가 겪었던 한낮의 죽음은 어릴 때 한동안 몽마(夢魔)로 자리할 만큼 강렬한 인상에만 그치는 것이 아니었다. 그 이후 죽음은 어느덧 그녀 곁에 머물고 있었고, 내내 그의 곁을 떠나지 않았다. 그녀는 죽음의 자장 안에서 삶을 바라보았고, 그 안에서 지혜로움과 삶의 이치를 깨달았다. 그리고 그는 소설을 썼다. 그의 소설은 죽음에의 성찰이 빚어낸 삶의 진지한 물음과 그 나름의 해답 찾기이며 같은 길을 가는 자들에게 내미는 잘 정리된 비밀노트와 같다.

한무숙은 1918년 10월 25일 아버지 韓錫命, 어머니 張叔命 사이에 둘째딸로, 외가인 종로구 통의동에서 출생하였다.

흔히들 출생에 관한 태몽 이야기를 하는데, 나에 관한 한 어머니가 태몽 이야기를 하시는 것을 들은 일이 없다. …중략… 그러나 하여튼 40여 년 전 어느 맑은 가을날, 나는 이 세상의 빛을 보았다. 첫국밥 미역을 씻는 우물가에, 감국이 곱게 피어 흐드러져 있었다고 들었다.

―「태몽 없는 연년생」

그렇게 태어난 한무숙에게는 정숙이라는 언니와 그 위에 경행이라는 오빠가 있었으나, 여기엔 사연이 있었다. 그의 어머니는 결혼하고 '조모처럼 늙은 시어머니와 어머니(한무숙의 외조모)와 동갑인 큰 동서를 뫼시고 맵자하게 살림을 살았다.' 그런데 큰 동서는 이미 그때 청상과부의 몸이었기에 낳는 첫아들은 순국한 형에게 바칠 수밖에 없었던 것이다. 그의 어머니가 첫 딸을 잃은 후 갖게 된 첫 아들, 경행(복의 아명)은 큰 동서의 아들로 자라났던 것이다. 시어머니의 자애와 큰 동서의 사랑 속에서 살았지만 자기가 낳은 아들의 어미로 불리지 못했던 것은 여인에게 있어 가슴깊이 새겨진 아픔이었을 터이다. 한무숙은 그 것을 알고 있었다. '경행이를 큰댁에 바친 사실을 모르는 사람들은 "한 과장 댁처럼 팔자 좋은 사람은 없다"고들 하였다(「신부처럼 곱게만 사신 어머니」)'라고 어머니를 회고하면서 적고 있다. 어여쁘고 조신한 어머니의 마음속에 감추어진, 드러낼 수 없는 아픔을 딸은 느끼고 있었던 것이다.

그러한 공감은 한국의 전통적 사회 체제 속에서 같은 며느리, 어머니의 길을 걸어갔던 그 동일한 여정에서 체득되어진 것은 아니었을까 싶다. 아들에 대한 전통적인 집안의 집착, 그것은 며느리로서의 한 여자에게도 고스란히 이어졌을 터이다. 그러한 집착을 인정하고 안하고의 문제가 아니라 그러한 분위기가 대를 이어 두 여인을 동일하게 감싸 돌았다는 것, 거기에서 그는 전통을 감지하고 한국 사회의 속내를 인식하였으며, 한국 사회에서 여성이 어머니로, 한 집안의 구성원인 며느리로 살아가는 의미를 통찰하였으며, 자식에 대한 사랑을 통해 인간에 대한 이해를 넓혔을 것이라는 점에 우리는 주목할 필요가 있다.

그의 어머니는 '다시는 아들을 얻지 못했다(정숙과 영숙(아명)이후−필자 주). 묘숙, 말숙 두 딸을 더 얻었을 뿐 이내 '자기 몫'을 가지지 못했던 것이다(「신부처럼…」)'. 당당하고 확실하게 '자기 몫'을 가지지 못했던 그의 부모님에게 그의 첫 아들, 호기의 출생은 감격 그 자체였다. 즉 '호기의 출생은 친가에서보다 외가에서 더 흥분되고 감격스러운 사건'이었다. 그의 부모님은 큰댁에 바친 외아들 이후 27년 만에 아들이 태어나는 것을 보았던 것이다.

> "아들이다아−"
> "응, 아들이라구? 정말 아들이야?"
> 하신 두 분의 음성은 거의 절규였고, 이 아마도 생애 단 한번의 절규로 두 분의 목청은 터져버린 것이다.
> 하여 아우 본 놈과 세 모자녀가 떠나는 날에는 두 분의 눈은 붉어 있었다. 지난밤을 잠 못 이루시고 새신 것이 분명했다.
> "딸이 낳은 자식도 내 핏줄인데 아들 많은 집에 꼭 이 아이를 보내야 하나?"
> 하시는 외조부님의 말씀에는 절절한 진정이 깃들어 있었다.
> −「호기−삼천만의 한 사람」

한 평생 가슴에 담아두었던 아픔이 터져 나오는 순간이었다. 그러한 부모님의 모습을 보면서 딸은 참으로 많은 것을 헤아렸을 터이다. 열여덟 어린 나이에 한씨 집안에 시집을 가서 평생 기품과 어여쁨을 지녔던 한무숙의 어머님은 전형적인 서울 여인으로, 남편을 따라 경상도 지역을 돌아다니면서도 사투리를 배우지 않았고 아이들에게도 서울 말씨를 고집할 정도로, 자신이 믿고 있는, 생활로 삼고 있는 격식이나 정통을 고집하였다. 몸가짐 하나, 음식, 의복 모두에 정성을 기울였고 격식에 충실하고자 했던, 남편의 말이라면 계명같이 지키는 전통적인 양반 집안의 안사람이었다.

쉰아홉 때 객혈로 쓰러진 남편의 병상을 일곱 달이나 지키면서 남편이 세상을 떠나는 날, "점잖은 분이 먼 길을 떠나시는데 어찌 웃옷 없이 가시려오"하며 남편에게 새 두루마기를 입혔다는 일화는 그의 어머니의 됨됨이와 남편에 대한 한 아내의 지극한 사랑과 정성, 존경을 그대로 보여준다.

그의 아버지, 한석명은 22세에 경남 사천 군수로 부임한 바 있는 청빈 근면한 관료였다. 그런 아버지는 유독 술을 즐겼는데, '평소 근엄 과묵한 분이 약주가 돌면 재미있는 분으로 변모되고 끊임없이 계속되는 옛이야기, 당시(唐詩), 고사(故事) 등등'을 딸에게 들려주기를 좋아하는 분이었다. 그런 지아비의 술상을 마련하는 데 기쁨을 느끼는 이가 또한 어머니였다. 「안주상을 차리는 정성」이란 수필을 보면, 사시사철 지아비의 술안주를 정성과 사랑으로 마련했던 어머니에 대한 추억과 안주들의 목록과 요리과정이 소상하게 기록되어 있다. 이 한 편의 수필은 그대로 세상에 내놓아도 훌륭한 요리책이 되지 않을까 싶다. 성악에도 소질이 있었고 그림에도 특출난 재능을 보였던, 공부 잘하는 여자아이가 커서 문학에 결국 정착을 하게 된 것은 아버님의 술시중 또한 영향을 미쳤음에 분명하다.

소도서관이란 말을 들을 만큼 집에는 장서가 많았다. 나는 아직 열도 오르지 않는 오전과 열이 내린 뒤의 잠 오지 않는 밤을, 고도한 지식인이셨던 아버지가 아끼시던 고전들과 문학에의 뜨거운 열정을 버리고 법과를 택해야 했던 오빠의 젊음의 아픈 유물 같은 책들에 묻혀 살았다. 그러므로 나의 병상 생활은 남독과 탐독의 생활이기도 했다. 나의 순백했던 영혼은 병고와 사색과 탐독으로 풍요해 간 동시에 같은 것들로 해서 그늘지고 금가고 얼룩져 갔다.

—「불씨」

'병고와 사색과 탐독', 이것만큼 그가 문학에 닻을 내리게 된 그 모든 것을 설명해주는 단어는 없을 것이며, 그의 삶을 압축해 보여주는 것 또한 달리 없을 것이다. 한 자아로서의 삶의 출발은 그에게 있어서는 곧 병마와의 기나긴 동행의 출발이기도 했다.

부산 봉래 보통학교에 입학하는 해, 9월 3일에서야 처음 학교에 간다. 소학교에 입학하는 것부터 그는 병으로 인해 다른 아이들보다 거의 반년이나 늦었던 것이다. 이미 한 학기나 늦은데다가 비록 영리하여 주위들은 옛이야기나 책 내용을 곧잘 종알대곤 했으나 글자 한 자 모르고 들어간 학교라 처음 얼마간은 수업 시간에 멍청히 앉아 있을 수밖에 없었다. 이때 그는 그림과 관계된 잊을 수 없는 기억 한 편을 갖게 되는데, 도화 시간(미술시간)에 그린 그림이 잘못된 그림의 표본으로 칠판에 걸리게 된 것이다. 그 사건은 다음해 다른 선생님에게 재능을 인정받아 만국 아동 전람회에서 상을 받았던 일보다 소학교 도화 시간에 관련된 기억으로는 더 짙게 기억에 남아 있었다.

그는 2학년 때도 그랬고 6학년 졸업할 때까지 제대로 학교에 나간 학년이 없었다. 3학년 봄에는 디프테리아를 앓아 12시간을 가사(假死) 상태에 빠졌다가 기적적으로 살아나기도 했고 4학년 가을에는 열병을, 5학년 1학기엔 그 열병으로 휴학할 수밖에 없었다. 간신히 올라간 6학년 그해 4월에는 뇌막염으로 인해 혼수상태에 빠져 대수술을 열흘 간격으로 두 번이나 받았다. 이때 왼쪽 귀의 청각을 영원히 잃어버리고 말았다. 다시 학교에 간 건은 그해 11월 9일이었다.

그렇게 병마와 처절하게 싸운 소학교 시절이었음에도 불구하고 그는 이듬해 2월 부산 고등 여학교에 입학하게 된다. 34명의 한국인 수험생 중 유일한 합격생이었다. 이 시절 그는 그와 그림을 연결해 준 일본인 교사, 아라이 선생(荒井畿久代)을 만난다. 아라이 선생은 '고운 자태가

찬바람을 느끼게 조차하는 단아함을 가져 접근키 어려운 기품을 지닌 여성(「불씨」)'이었다. 아라이 선생은 아버지를 설득하여 무숙을 그림에 열중하게 만들었다. 무숙에 대한 애정이 무숙을 통해 자기의 꿈을 이루어보겠다는, 일종의 대리만족을 위한 소유욕적인 측면도 있었겠으나 그녀의 마음을 사로잡은, 가능성을 꿈꾸게 한 무숙의 재능이 무엇보다 큰 이유가 되었을 것이다.

그러나 4학년이 끝나고 본격적으로 미술 대학 진학을 위해 준비하던 시절, 병마는 결국 미술에 대한 그녀의 꿈을 송두리째 빼앗고 말았다.

얼마 전 필자는 작가의 부군을 뵙기 위하여 명륜동 댁으로 방문한 적이 있었다. 올해 여든을 훌쩍 넘기신 김진홍 선생은 불편하신 몸임에도 필자를 집안 구석구석 안내하며 작가의 자취를 소개해주셨다. 유품들을 하나하나 지적하며 그에 얽힌 내력을 일러주시는 그 말씀 속에는 먼저 다른 세상으로 간 아내에 대한 지극한 애정이 넘쳐나는 듯 했다. 부부의 연이란 것이 여간 엄청난 것이 아니라는 생각은 불교 신자가 아닌 필자도 평소 하고 있는 것이었지만 그 어른의 모습을 보면서 먼저 가신 작가와 남겨진 이 어른의 부부의 연이란 대체 무엇이었을까, 나와 내 아내도 저러한 부부의 연을 맺고 있는 것일까, 그렇게 우린 살고 있는 것일까 하는 생각이 들었다.

각설하고, 집안 곳곳에 작가가 남긴 그림이 여러 점 걸려 있었는데, 비록 문학으로 큰 이름을 남겼지만 그림에 대한 작가의 영원한 그리움은 평생 작가의 마음에 여울졌던 것이 아닌가 하는 생각을 하였다. 지금 작가가 그 꿈 많던 시절, 병마로 인해 대학 진학을 포기할 수밖에 없었던 그 절망을 생각하매 한 소녀가 겪었을 마음고생이 절로 느껴진다. 비록 그 시련이 삶과 죽음에 대한 남다른 통찰을 가져왔고 그로 인해 우리가 뛰어난 작가를 갖게 되었음에 문학도로서 감사하는 마음이 없는 것은 아니지만 한 소녀가 감당해야 했던 좌절의 시간, 그 무게의 쓰라림은 안타까울 따름이다.

졸업반인 5학년, 일본 하코네에 갔던 수학여행에서 만난 소나기로 무숙은 그날 밤 중환자로 병원에 입원해야 했다. 급성 폐렴이었다. 그때 이후 4년이라는 긴 기간 동안 무숙은 병고를 치러야 했다. 그 기간 동안 무숙은 인생의 허무를 배웠고 사색의 공간에서 꿈을 꾸었다. 그것은 영혼을 혹사하는 잔인한 여정이었다.

그 사이 어머니와 예전부터 친분이 있던 김말봉 선생의 제안으로 김말봉 선생의 <동아일보> 연재소설 『밀림』의 삽화를 242회에 걸쳐 그리기도 하였다. 그리고 여학교 졸업 후 화가 노수현(盧壽鉉)으로부터 동양화를 배우며 그림에 대한 뜻을 계속 잇고자 했으나 거듭되는 병마로 인해 이루지 못했다.

> 물론 결혼 후에도 그림에 대한 열망이 아주 사라진 것은 아니었습니다. 오히려 그것을 못하게 되니까 열망이 더 커져서 나중에는 일종의 한같은 것으로 응어리지더군요. 내가 글을 쓰게 된 동기도 어쩌면 거기에서 오는 어떤 분풀이 비슷한 감정 때문이 아니었던가 여겨져요. 너무 억울해서 글을 쓴 거지요.
> ―「나의 인생, 나의 문학」

병마가 무숙의 미술 대학 진학 계획을 중도에 포기하게 만들긴 했지만 그림에 대한 열정 자체를 꺾지는 못했다. 정작 그림 공부에 대한 열정을 안으로 삭이며 가슴에 묻어 두어야만 했던 결정적인 계기는 오랜 병마의 터널을 벗어난 뒤 찾아온 결혼이었다.

2. 결혼, 그리고 소설가로서의 출발

> 어린 마음에 천직으로 새겼던 그림을 버리게 된 것은 열여덟 살 때 가슴을 앓은 까닭이고 소설을 쓰게 된 것은 아주 묵은 집안에 출가를 하여 눌러 사는 동안에 행복하게 곱게만 자라던 소녀 시절엔 상상조차 못했던 설움이 쌓여 갔기 때문이다. 언제나 모자라는 마음, 못다한 심정에 겨워 새어나온 독백이 버릇이었던 것 같다.
>
> —「'그림 소녀'의 독백이」

1940년 무숙은 김진홍과 결혼한다. 그 결혼은 갑자기 찾아왔는데 무숙의 선택이나 의사와는 관계가 없이 양쪽 집안 어른들의 일방적인 정약으로 이루어진 것이었다. 그 전 해 무숙은 김말봉 선생의 소개로 영국에 유학갈 수 있는 기회가 있었다. 당시 한국에 와서 여성 교육에 힘쓰고 있던 영국 선교사 부인이 무숙을 보고 마음에 들어 영국 유학을 시키고자 하였던 것이다. 무숙 역시 그 제안을 받아들이고 싶었으나 그 뜻은 이루어질 수 없었다. '생명 자체의 몸부림 같은 열망'을 가지고 있었으나 부모님을 거역할 수는 없었던 것이다.

30년 만에 만난 옛 친구들이 술자리에서 정한 결혼 약속, 무숙은 결혼을 면할 핑계를 찾아 다녔지만 결혼 그 자체에 대해 거부할 마음을 먹을 수는 없었다. 무숙이 결혼 당사자였음에도 정작 결혼 절차는 무숙을 제외하고 일사천리로 이루어졌다. 3월 중순 창경원에서 양쪽 집안은 만났고 바로 그 다음 날 사주단자가 오갔다. 그리고 4월 29일이 혼인날로 정해졌다. 무숙은 그저 모든 것이 귀찮고 싫고 억울했다. 신랑 얼굴조차 정확하게 떠오르지 않았다.

시댁은 매월당 김시습의 대종손으로 유풍(儒風)이 뿌리 깊게 박혀있는, 범절 높은 층층시하였다. 시어머님은 4년째 중환으로 누워 있는 상태였다. ‘묵은 집안의 인습의 무거움과 낙탁한 대가의 어둡고 침울한 분위기와 상봉하솔의 생계의 어려움과 거듭되는 불은이 변질시켜 버린 잔인하다고 밖에 보이지 않는 인심의 시달림 속에서 고달픈 신역의 나날이 시작’되었던 것이다.

그때 남편, 김진홍은 만 20세가 못되어 경성고상(서울 상대 전신)을 졸업하고 금융 조합 이사 시험에 합경, 20세 약관으로 광주군 군지암 금융을 맡을 정도의 수재였다. 그는 효성 깊고 머리 좋고 유능하고 성실한 사람이었다. 그러나 결혼 후 4, 5년 동안 그가 집안에서 웃는 것을 본 적이 없다고 작가 스스로 술회할 정도로 지나치게 과묵한 사람이기도 했다. 아마도 그것은 급격한 가세의 영락 탓인 듯 하였다. 얼굴도 잘 모른 채 만난 남편, 게다가 무뚝뚝한 남편, 그 남편과의 사이에 번듯하고 아기자기한 신접살림조차 허락되지 않았다. 시어머니의 간병 때문이었다. 신혼여행조차도 그저 인천에서 하룻밤 보낸 것이 전부였다.

그때 거듭되는 사업 실패로 선영인 연천으로 시아버님이 낙향해 있었기 때문에 신혼여행에서 돌아온 한무숙은 거기서 시어머님의 간병을 하게 된다. 신장을 앓고 있는 데다 위장까지 나빠 있었던 시어머님은 몸이 너무 부어 요강도 쓸 수 없어 대야에 뒤를 받아내야 했는데, 한 시간 간격으로 설사를 하는 것이었다. 무숙은 자신의 두 손을 대야전 위에 얹고 그 위에 시어머님을 앉혀 뒤를 보게 했는데, 시어머님이 힘을 주실 때 마다 손가락이 끊어지는 듯 하였다. 그러한 힘겨운 간병 속에서 남편은 경기도 광주에서 가끔 다녀갈 뿐이었다.

당시 시댁이 있었던 연천군 통현리 건제동에는 전기도 들어오지 않았다. 아침이면 남포를 닦고 심지를 자르고 등잔에 기름을 채우는 것이 일이었다. 그러나 아궁이에 불때는 일에 비하면 그것은 아무 것도 아니었다. 그때 무숙의 ‘절실한 소망은 불이 꺼지지 않고 훨훨 타 주는 것’

이었다. 시아버님은 가세가 기울어 전과 같지 않은 생활이었음에도 옛날 그대로 삼시 전지 외에 아침 여섯 시경에는 꼭 자릿조반을 드셨고 점심과 저녁사이에 주안, 밤이 깊어서는 밤참을 드셨다. 하여 어린 새댁은 병구완에, 부엌일에, 음식 시중에 하루하루 힘겨운 나날을 보낼 수밖에 없었다.

더욱 딱한 것은, 단하나의 며느리로 집안일을 도맡아 하고 있었지만 남편이 차남으로, 일단 살림을 낸 것으로 되어 있었기 때문에 무숙에게는 자기만의 방이 없었다. 아프거나 힘들 때조차 쉴 공간, 아니 시간조차 허락되지 않았다.

그러는 동안 첫 아이를 가지게 되었다. 입덧이 심해 잠시 친정으로 갈 수 있게 되었으나 채 몸을 추스르기도 전에 시어머님이 위독하다는 연락을 받고 다시 연천으로 가야 했다. 만삭의 몸에 병구완은 힘겹기만 했다. 어느 날 밤 상을 든 채 툇마루에서 나가떨어지는 일이 발생하자, 그 다음 날 시아버님이 남편이 있는 곤지암의 사택으로 같이 가게 하였다.

병약한 데다 이미 산달이 다 된 몸에 사택에서의 생활 역시 힘겨울 따름이었다. 시댁에서는 해산을 할 처지도, 그런 배려도 없었기 때문에 혼자 부산 친정으로 가서 첫 딸 영기를 낳았다. 그런데 아이는 태어난 지 닷새 만에야 눈을 뜨고 우는 바람에 닷새 동안 온 식구의 애간장을 태웠다. 겨우 안도의 한숨을 돌리자 산모는 산욕역로 또 한번 고비를 넘겨야 했다. 출산한 지 겨우 한다, 몸이 회복되기도 전에 연천으로 다시 가야 했다. 시어머님이 위독하다는 연락 때문이었다. 말로 다 할 수 없는 고통의 석 달을 더 보낸 뒤 시어머님은 돌아가셨다.

그래도 나는 열심히 살았다. 무슨 목표를 향해서가 아니다. 행보에의 의지
라든가 희망 같은 것은 아예 없었다.

　　오히려 나는 철저하게 내 불행을 완성시키기 위하여 자학에 열정을 쏟음으
로써 냉소적인 역설의 독이 가득 찬 처절한 삶을 살고 있었다.
　　　　　　　　　　　　　　　　　　　　　　　　　　　　　－「불씨」

　　그것은 오기일 수도 있었고, 힘겨운 삶에 대한 저항과도 같은 것이
었으며, 자기 존재에 대한 포기할 수 없는 자존심, 살아있음에 대한 처
절한 이유 찾기였다. 힘겨운 삶이 너무 억울해서, 서글퍼서 무숙은 하
고 싶은 말이 많았다. 그 말들이 차곡차곡 영혼 깊은 곳에 쌓여져갔다.
그것은 그리고 사그라지지 않은 불씨로 조금씩 빛을 발하기 시작했다.
그 불씨는 ‘인간답게 살고 싶다’는 한 여인의 절규였다. 그 불씨는 어
느 날 우연히 세상을 향해 빛을 드러내기 시작했다.

　　생활 자체가 틈을 낼 수 없을 정도로 힘들고, 고단하여 따로 무슨 생
각을 한다거나 세상에 대해 관심을 가진다거나 하는 따위가 어렵기도
했지만 가부장제적 질서가 엄격히 살아있는 집안에서 아녀자가 바깥 세
상일에 대해 관심을 가진다는 것, 이를테면 잡지를 읽는다거나 신문을
읽는 것은 아예 엄두조차 낼 수 없는 일이었다. 한무숙, 그녀가 신문을
읽을 수 있는 경우라곤 이미 휴기가 되어버린 신문, 그것도 아무도 보
지 않는 화장실에서였다. 거기서 보게 되는 신문이란 이미 잘라져 있는
데다 어두컴컴한 곳에서 보는 것이라 그 내용을 종잡을 수 없었다.

　　어느 날, 그녀는 ‘그곳’에서 찢어진 잡지를 우연히 보게 되었다. 거
기에는 장편소설 모집 광고가 실려 있었다. 1,500매 분량, 마감은 두
달 남짓 남아 있었다. 이미 산산이 부서져 버린 그림에의 욕망, 그에
대한 보상 심리였을까. 쓰고 싶다는 욕망을 주체할 수가 없었다. 그때
마침 고랑포로 전근을 가게 된 남편을 따라 시댁을 떠나게 되었다. 그
때 첫 딸은 9개월이었는데, 이미 둘째가 들어서 입덧을 하고 있었다.

그 와중에 '임진강 낭떠러지 위에 산장처럼 지어진 이사 사택'으로 이사를 하였다. 그리고 출장 가는 남편에서 원고지를 사 달라고 부탁하였다. 남편은 전시라 종이가 귀해 겨우 구했다면서 50장의 질 나쁜 원고지를 사주었다. 모자라는 원고지는 시험지에다 일일이 칸을 쳐 조합에서 빌린 등사기로 밀었다. 그때 시아버님이 와 있은 데다, 남편의 내종 누님의 남편과 두 자식까지 와 있어 그들의 뒷수발을 해야 했고 더욱이 시아버님께 글 쓰는 것을 보일 는 없었기에 파김치가 다 된 몸으로 밤이 되어서야 그것도 앉을 힘이 없어 모로 누워 종이를 벽에 대고 연필로 써 내려갔다. 그렇게 한 달 동한 매달림 끝에 그 작품은 「신시대」사로 보내졌고, 마침내 『등불드는 여인』은 당선 소식을 안겨 주었다. 그때가 1942년 4월이었다.

올해 초 그러니까 2000년 1월 1일자로 이 『등불드는 여인』은 60년 만에 다시 세상의 빛을 보게 되었다. 김진홍 선생이 당시의 원고를 찾아내 영인본으로 제작해서 세상에 내놓았기 때문이다. 필자가 찾아뵈었을 당시 김진홍 선생은 오랜 동안 사람들이 『등불드는 여인』의 작품 자체를 보지 못함으로 인해 그 작품의 존재, 그리고 당선 여부 등에 대해 의구심을 가져 온 데 대해 조금은 섭섭한 마을을 가졌었다고 속내를 비치면서 이제야 그 모든 의심을 씻어줄 수 있게 되었다고, 누렇게 변색된 당시의 원고와 영인본된 책을 보여 주시면서 흐뭇해 하셨다. 필자도 그 영인본을 한 권 얻었는데, 펼쳐보니 일어로 되어 있는 것이 아니겠는가. 전혀 예상을 못했던 일이라 조금은 놀라웠고, 필자의 일어 실력이 그 소설을 읽을 만한 정도의 수준이 되지 못하기 때문에 마치 그림의 떡을 대한 듯 당혹스럽기도 하였다. 그래서 원제목이 『灯を持つ女』로 되어 있다. 한무숙재단이 일본의 櫂歌書房과 공동으로 올해 발행하였다. 이 작품으로 한무숙은 문인의 길에 한 발자국을 내딛게 된 셈이었다.

해방이 되어 7년 동안의 시골 생활을 마치고 서울로 올라오게 되었다. 그러나 해방 정국의 혼란, 극심한 물자의 결핍, 치솟는 물가로 생활은 여전히 힘들었다. 그때 한무숙은 넷째 아이를 임신하고 있었다. 41년 장녀 영기, 42년 장남 호기, 44년 차남 용기에 이어 넷째 현기를 가지고 있었던 것이다. 시댁의 선영인 경기도 연천은 강 하나를 사이하여 이북 땅이 되어 있었고 시아버님을 비롯, 38선을 넘어 온 식객들을 합쳐 식구가 항상 열이 넘었다. 결국 임신부였던 한무숙은 쓰러져 40도가 넘는 고열에 시달리기 시작했다. 그 누구도 병구완 해 줄 사람이 없는 처지였다. 오히려 아픈 몸임에도 식구들, 어린 자식들 수발에 병은 더 심해졌다. 더욱이 학질에 걸린 것으로 밝혀지자 어른들은 대수롭지 않게 여겼다. 학질은 이겨내야 하는 것, 따라서 누워 있으면 병에 진다고 여기던 때라, 변변히 조리도 할 수가 없었다.

산모가 그 지경이니 태중의 아이 역시 온전할 수 없었다. 출산을 해야 하는데 그 상태의 산모를 받아주는 병원은 없었다. 난산 끝에 아이가 태어났고 다행히 산모와 아기 다 죽음의 고비는 넘겼다. 그러나 산모는 여전히 건강이 좋지 않은 상태였고 설상가상으로 집안 형편은 점점 복잡하고 어려워 갔다. 하루하루가 생존을 위한 처절한 투쟁의 연속이었다. 그러한 상황에서 글을 쓴다는 것은 그저 생각뿐이었다. 그러나 그 생각조차 포기할 수는 없었다.

1948년 국제신보사 장편 소설 모집에 『역사는 흐른다』가 당선됨으로써 문인의 길에 당당하게 들어서게 되었고 한평생 그 길을 걸어갔던 것이다. 『역사는 흐른다』는 원제목이 염상섭의 『삼대』와 같았던 관계로 당시 국제신보의 주간으로 있던 송지영의 권고에 따라 바꾼 제목이었다. 1949년 국제신보가 폐간되자 『역사는 흐른다』는 태양신문에 연재되었다.

문단의 후배인 이문구는 이 작품에 대해 '우리 민족사에서 수난의 파장이 컸던 저 조선 왕조의 석양 무렵부터 해방 어간에 이르기까지, 조씨 일문의 3대에 걸친 영욕과 현대사의 우여곡절이 안팎을 이루어, 또는 참되고 또는 헛되고, 또는 덕되고, 또는 욕되고 하면서 더러는 애매하게 다치고, 더러는 우연하게 고치기도 하며 살아갔던 민중 연대기적인 작품'이라고 평하면서, 무엇보다도 '민족적 체취와 체온이 살아 있는 민족어와 전통 문장의 향기를 만끽하는 즐거움으로 하여, 긴장미와 속도감 있게 전개되는 사건의 추이에 이루 호흡을 맞추기가 어려울 만큼이나 깊었다'라고 소감을 이야기했다.[1]

이후 한무숙은 거의 매년 수편의 작품들을 발표하며 왕성한 창작 활동을 하게 된다.

3. 본격적 문단 활동, 찬란한 연꽃의 개화

『역사는 흐른다』는 한무숙에게 진정한 문학의 길을 보여 주었고, 이후 그녀는 「정의사」(1948), 「램프」(1948), 「내일 없는 사람들」(1949), 「수국」(1949), 「대구로 가는 길」(1951), 「심노인」(1952), 「명옥이」(1953), 「얼굴」(1954), 「월운」(1955), 「돌」(1955) 등을 발표하면서 작가로서의 위치를 확고히 하게 된다.

1957년 <문학예술>에 발표한 「감정이 있는 심연」으로 1957년도 자유문학상을 수상한다. 이 작품은 '현실이라는 한 과정 속에서 '나'라는 인물이 어떻게 미래적 상황에 대처해 나갈 수 있으며 그러한 과제

---

1) 이문구, 「민족사의 숨결로 승화된 언어」, 『한무숙 문학연구』, 을유문화사, 1996

를 어떻게 수용, 해결해야 하는가를 작가는 깊은 의미의 복선 속에 숨겨서 내보이고 있는'[2]것으로 평가되는데, 이 「감정이 있는 심연」이 발표된 전후에 씌어진 소설들, 「명옥이」, 『빛의 계단』(1960), 「축제와 운명의 장소」(1962), 「유수암」(1963) 등이 모두 한무숙의 대표작으로 손꼽히는 작품들이다. 이때 한무숙은 '반드시 이상적인 인간들이 아니고 신의 영역에서 악마의 영역까지 차지하고 있다는 인간 본성'이 관심의 대상이었고 따라서 '사람의 심리를 파헤치는 데에 관심이 쏠렸고' 그 결과가 바로 「감정이 있는 심연」이었다.

그러한 것은 한무숙의 개인적 상황에서 연유한 바 큰 것이었다.

> 어려서 병약했던 까닭에 내 자신의 무게 이상으로 고임과 위함을 받았던 나는 결혼 후 비로소 자기가 아무것도 아닌 사람이라는 것을 알았다. 착각에 사로잡혀 있었던 나는 비로소 눈을 뜬 것이다. 그때부터 어리석고 어딘가 빠진 듯한 못난 사람에게 애정이 쏠렸다. 그래선지 나의 작중 주인공들은 대개가 어리석고 결점과 모순투성이의 치우(痴愚)로 사는 사람들이다.
>
> ―「어리석고 못난 인간 본성을 추구하며」

그러한 깨달음과 『역사는 흐른다』로 문단과 실질적인 교유를 가지기 전까지 외부와의 접촉이 없었던 까닭에 그러한 인물의 설정과 심리에 대한 천착으로 집중되었던 것이다.

「감정이 있는 심연」은 한무숙이 청량리 뇌병원을 갔을 때 거기서 우연히 보게 된 한 소녀, 침대를 놔두고 땅바닥에서 자면서 나 같이 죄 많은 게 어떻게 침대에서 자느냐고 하던 소녀, 죄악망상증에 빠져 있던 소녀가 모티브가 되어 하룻밤 사이에 쓴 소설이었다. 한무숙은 그 소녀의 죄를 섹스에서 찾았다. 이 작품에서 섹스는 이중적으로 다루어

---

2) 박정만, 「나의 인생, 나의 문학」, 위의 책

진다. 그렇기 때문에 한무숙의 작품에는 절망과 구원이라는 이질적인 면이 동시에 공존하고 있다는 평을 받는다. 이러한 측면이 한무숙 소설의 깊이를 더하는 특징이라고 할 수 있을 것이다. 단순한 선악의 이항 대립적 구도를 넘어서는 것, 인간 본질에 대한 깊이 있는 이해와 통찰력이 바로 한무숙 문학의 본질이며 강점인 것이다.

「감정이 있는 심연」의 모티브를 작가 스스로 한 소녀의 죄의식을 섹스에서 찾았다고 밝히고 있듯이 그의 대표적인 작품들은 여성의 성과 사랑이라는 주제를 담고 있는 경우가 많다. 「명옥이」나 「월운」, 「돌」, 「축제와 운명의 장소」 등이 그러한 주제를 담고 있는 작품들이며 이후의 작품인 「생인손」이나 「이사종의 아내」 등도 소외된 여성의 욕망을 다룬 것들이라 할 것이다. 이러한 특성은 한 연구자에 의해 '여성의 성과 사랑은 한무숙의 소설들에서 여성에게 위기적인 계기이면서 긍정되어야 할 대상으로 등장한다. 특히 여성의 성과 사랑에 대한 작가의 이중 가치적인 태도는 기존의 연구에서 개방적인 성의식을 보여 주었다는 평가와 봉건 윤리 의식을 수호했다는 평가가 공존하는 결과를 낳았다고 할 수 있다'[3]라고 올바르게 지적되었다.

1960년에는 한국일보에 『빛의 계단』을 연재하게 된다. 여기에는 신석초 선생의 삼고초려가 있었다. 어느 비 오는 날, 신석초는 한무숙을 찾아가 신문 연재를 부탁한다. 그러나 한무숙은 매일 써야 하는 부담감과 '아기자기 재미있는 글도 쓸 자신이 없어'정중히 거절한다. 그런데 그 이튿날 신석초는 다시 찾아온다. 그리고 그 다음날도 또 찾아와 한 시간쯤 앉았다가 돌아간다. 그리고 또 그 다음날도. 결국 한무숙은 연재를 수락하고 말았다. 그리하여 『빛의 계단』의 임형인과 경전은 세상에 태어나게 되었던 것이다. 『빛의 계단』은 '해방 후의 사회적 혼란

---

3) 정재원, 『한무숙 단편소설 연구』, 연세대 석사논문

속에서 방황하는 한 지식인의 삶'을 다루고 있는데, '끝없는 어둠의 심연에서 빛을 찾아 나서는 주인공 임형인의 삶은 우리 시대의 고뇌와 한계, 그리고 그 극복의 생존 방식을 보여'[4]주고 있다 하겠다.

한무숙은 이후 1962년부터 1985년까지 국제 펜클럽 한국 본부 이사를 맡아 하면서 외국에까지 나가 활발한 강연 활동과 각종 학술 대회에 한국 대표로 참가하게 된다. 그러는 동안 꾸준히 작품을 발표하는데 1962년에 「축제와 운명의 장소」, 1963년에 「유수암」, 1964년에는 <여상>에 『석류나무집 이야기』를 연재하기에 이른다.

「축제와 운명의 장소」는 불치병에 걸렸으나 자신은 알지 못한 채 쓸쓸히 죽음을 맞이하는 전옥희라는 중년 여인의 삶을 다루고 있는 작품이다. 현실 감각이 결여되어 있는, 약간은 허영기가 있는 전옥희 여사가 마지막 부분에 가서 자신의 삶이 허식과 굴욕에 찬 실패작이었음을 스스로 인정하는 부분은 한 여인의 비극적인 생을 또렷이 보여준다.

제목 '축제와 운명의 장소'는 릴케의 『젊은 시인에게의 편지』에 나오는 구절로, '성이란 그것이 어떠한 운명적인 것이 연결된다 하더라도 그 자체가 축제와 같은 것'이라는 생각이 깔려 있음을 작가는 「나의 문단 40년 회고」에서 밝히고 있다. '여성에게 성이 축제의 장소인 것은 육체적이고 본능적인, 생물학적인 여성으로 욕망을 표출하는 쾌락의 장소이기 때문이며 동시에 운명의 장소인 것은 문화적이고 정신적인, 사회적인 여성성으로 남성과의 만남으로 사회적인 자아가 결정되어 버리는 장소이기 때문이다.'[5]

이 작품에 대해 유종호는 한무숙의 소설 중 '죽음이라는 원형적 주제를 통해서 삶의 의미를 묻고 있는 작품이 많이 있지만 그 가운데서

---

4) 김시태, 「빛과 어둠의 형이상(形而上)」, 『한무숙 문학연구』
5) 정재원, 위의 글

집약적 성격이 두드러기기 때문'에 한무숙 단편 중에서 대표작이라 할 만하다고 평하고 있다. 유종호는 이 작품에는 '한 번의 승부밖에 없는 관능과 환희의 절정이 이내 운명적인 선택이 되고 그것은 곧 굴욕과 궁핍에 찬 삶으로 이어진다는 암시에서 우리가 읽게 되는 것은 특정 여인의 삶이 아니라 여성 일반의 삶'이며, 이는 곧 '남성 우월주의적 남성 중심 사회에서 겪게 되는 여성 일반의 길'이기도 하다고 해설하고 있다. 이러한 모습은 '전통 사회에서 여성들이 담당했던 하나의 거역할 수 없는 필연'이기도 하였는바, '과도기적 시대의 특정 여성을 주인공으로 했음에도 불구하고 전통적 여성의 삶에 대한 사실적 충실성을 얻고 있다'고 날카롭게 지적한다.

1963년 발표된 「유수암」은 작가 스스로 한 대담에서 가장 애착이 가는 작품이라고 밝히고 있는 작품이다. 「유수암」은 화류계에서 명성을 떨치던 왕년의 명기 진경의 오늘을 작가가 애정 어린 시선으로 묘파하고 있는 작품이다. 비록 기생의 몸이지만 순정을 바친 한 남자에 대한 변치 않는 기다림을 간직하고 있는 진경, 그녀의 지나온 세월과 몰락한 오늘의 모습은 삶을 관조하는 작가의 깊은 시선을 느끼게 한다.

이 「유수암」은 작가가 우연히 만나게 된 기생을 모델로 해서 씌어졌다. 한무숙은 언젠가 남편과 함께 동래 온천에 놀러가 연회에 참석하게 되었다. 거기서 그녀는 젊은 기생들 틈에 끼어 있는 늙은 기생을 보게 되었다. 늙었지만 창을 참 잘하던 그 기생의 모습에서 한무숙은 소설의 모티브를 찾게 되었다. 한무숙은 그 자리 이후 아는 이의 소개로 한 기생을 알게 되었고, 그녀를 통해 기생들의 삶에 대해 자세히 알게 되었다. 그때 소개로 만난 기생, 어느 유명한 정치가의 첩이었다는 김숙이 소설 속의 진경이 되고, 동래 온천에서 만났던 늙은 기생이 홍화가 되었던 것이다.

　이 「유수암」은 '성을 금기시했던 전통적인 성 관념에서 탈피하여 성의 문제를 긍정적인 측면으로 부각시키면서 성은 죄악이 아니라 인간이 지닌 가장 원초적인 순수 쾌락이라는 개방적인 성의식을 제시'[6]한 작품으로 평가받는다.

　가장 왕성한 창작 활동과 대외 활동, 1960년대는 한무숙에게 절정의 시기였다. 발표하는 작품들마다 주목받았고, 한국을 대표하는 여성 문학인으로 세계적으로도 이름이 알려졌다. 그러나 오르막 다음엔 내리막이던가. 1970년 한무숙은 그녀 생애 최대의 비극을 맞이한다. 그것은 한 인간이 겪을 수 있는 최대치의 슬픔이요 상처였다. 미국에 의학도로서 유학을 가 있던 둘째 아들, 용기가 전문의 시험을 보러 가던 도중 교통사고로 사망한 것이었다. 용기는 의학도이면서 1967년에는 국립극장에서 첼로 독주회를 열만큼 예술적 재능도 지닌 수재였다. 그런 아들의 사망은 한무숙에게는 말로 다 할 수 없는 아픔이었다. 아들의 사망 소식은 그녀에게 절망으로 이어졌고 그 절망은 그녀에게 시력을 빼앗아 버렸다. 일시적이긴 했지만 그녀가 얼마나 상심했었던 가를 극단적으로 보여주는 사건이었다. 시력이 회복된 다음에도 그녀는 척추 골절로 오랜 동안 투병 생활을 해야 했다. 참으로 고통의 세월이었다. 그 슬픔이, 그 절망이 글로 되어 나온 것이 1971년 발표된 「우리 사이 모든 것이」이다. 아들을 그리워하는 모정이 절절하게 표현되어 있어서 읽는 이조차 숙연하게 만드는 작품이라 할 수 있다.

　아들을 잃은 슬픔, 일시적 실명, 그리고 다시 찾아온 병마로 인한 고통은 그녀에게 한 차원 높은 삶에 대한 인식을 가져다준다. 그것은 절망을 딛고 일어날 수 있는 구원, 생의 긍정성에 대한 통찰이었다, 그녀는 다시 일어선다. 1973년 자신의 지나온 일생을 담담하게 그리면서도

---

6) 강난경, 『한무숙 연구』, 숙명여대 석사논문

역경을 딛고 일어서는 강인한 의지를 여과 없이 그려낸 「불꽃」으로 제 5회 신사임당상을 수상한다. 그리고 1974년에는 이스라엘 예루살렘에서 열린 국제 펜대회에 한국 대표로 참가하고 1976년에는 부군과 함께 부부 서화전을 열기도 한다.

1978년에는 오랜 공백을 깨고 『어둠에 갇힌 불꽃들』이란 중편을 내놓으며 다시 세간의 주목을 받는다. 『어둠에 갇힌 불꽃들』은 한무숙이 고통을 딛고 발표한 작품이라는 의미 외에 시각장애인의 세계라는 당시로서는 다소 특이한 소재를 다룬 작품이라는 측면에서 주목을 끌었다. 그러나 단순히 소재의 특이성만으로 이 작품을 평가하는 것은 오히려 이 작품의 의미를 평가절하, 축소하는 것이 될 것이다. '인간은 불행이나 고통 앞에서 패배하고 마는 존재가 아니다. 불행의 고통 속에서 행복의 절실함을 알아내는 힘을 가지고 있다. 이것이 바로 인간이 구원받는 조건이다'.[7] 이러한 작품의 진지한 주제의식은 한무숙의 문학이 보여주는 진정성이라 할 것이다.

> 내 감성이 무디어진 것이 아니고 그만큼 더 사람을 사랑하게 된 것이라면 얼마나 좋을까? 어쨌든 나는 내 작중 인물의 어리석고 못나고 버림받은 가엾고 딱한 사람들의 그 비참과 불행과 우행(愚行)을 통하여 그들이 결국은 그 고뇌와 비참으로 터득한 어떤 예지로써 스스로삶 자체의 순교자가 되기를 바라는 것이다.
> —「어리석고 못난 인간 본성을 추구하며」

한무숙 문학의 일관된 주제의식이 집중적으로 드러난 작품이 『어둠에 갇힌 불꽃들』이라할 것이다. 진수의 삶에 대한 깨달음과 그의 죽음, 정례의 우행과 뉘우침, 그리고 병호의 결단 그 모든 것이 한무숙 문학

---

7) 구중서, 「한무숙의 문학세계」, 『한무숙 문학 연구』

의 진정성을 보여준다.

이후 그녀는 문단 내외적으로 활발한 활동을 펴나간다. 「이사종의 아내」(1978), 「생인손」(1981) 등 거의 매년 작품을 발표하고 1980년에는 한국 여류 문학인회 회장에 선임된다. 「이사종의 아내」는 유몽인의 『於于野談』에 실려 있는 황진이에 대한 일화를 모티브로 하여 황진이와 동거를 했던 이사종이란 남자의 본처의 속내를 편지 형식으로 드러낸 소설이다. 이 소설은 여성 문제를 본격적으로 드러냈다는 주제적 의미 외에도 전통 서간체 양식과 문체를 복원했다는 점에서 한무숙의 작가적 역량을 가늠케 하는 작품이다.

1984년에는 말년의 대작, 『만남』을 <한국문학>에 분재한다. 한무숙은 고령에, 병약한 몸임에도 그 작품을 위해 직접 강진으로 내려가 자료 수집을 하는 열의를 보이기도 했다. 『만남』은 1986년 상, 하 두 권으로 출판되었다.

> 얼마 전부터 나는 우리 것에 대한 집착이 점점 커 가는 것을 억제할 수 없게 되었다. 우리 것이라 함은 내 것에 대한 재발견과 회복 — 좀 거창한 말이지만 우리만의 특성, 우리만의 의식 세계, 우리만의 관심, 우리만의 역사에 대한 애정과 집착이다.
> <한국문학>에 연재한 장편 『만남』은 그런 절절한 심정에서 씌어진 것이다.
> ―「어리석고 못난 인간 본성을 추구하며」

여기서 우리는 한무숙 문학의 세계성을 본다. 우리만의 것에 대한 새로운 자각, 그 소설화에 대한 열망은 한무숙 문학이 또 한 번 더 높은 차원으로 승화하고 있음을 느끼게 한다. 더구나 그것이 오랜 세월 동안 한무숙의 문학적 저장고에서 숙성되었던 것이었음을 볼 때, 거기에 대한 작가의 어떤 숙명, 절실함을 보게 된다.

한무숙이 천주교 순교자들의 얘기를 들은 것은 열 살을 겨우 넘긴 어린 나이였다. 경술국치 이전에 동경 유학을 했다가 나라를 잃고 나서는 바람같이 떠돌아 다녔던 둘째 아버지에게서였다. 평소와는 달리 엄숙한 얼굴로 둘째 아버지는 순교자들의 장렬한 치명 현장을 들려주었고 어린 무숙은 전율했다. 그 뒤 몇 해가 지난 후 한무숙은 일본인이 쓴 조선 천주교 순교자들에 관한 글을 읽는다. 우리 순교자들에 대한 일인의 찬양과 존경, 그것은 한무숙에게 새로운 충격이었다. 한무숙은 한말 천주교 순교자들이 '죽음으로써 그들의 신앙을 증거 했던 것에 머물지 않고 민족의 고귀성과 우수성마저 증명'한 것이라고 믿고, 천주교에 입교한 후 순교에 관한 소설을 꼭 쓰리라 마음먹는다. 그리고 어느 학술 심포지움에서 다산 정약용을 만난 순간, 그를 주인공으로 한 소설을 쓸 것을 결심하고 자료 수집에 나선다. 정약용에 관한 것이라면 뭐든지 구해 읽고 만나고 수집하였다. 그리고 천주교사에 관한 것, 당시의 정치, 사회에 관한 글들까지. 그 과정은 너무나 고통스러웠다. 한무숙은 몇 번이나 쓰러졌다. 그렇게 해서 『만남』은 씌어졌다. '인간과 인간의 만남, 인간과 운명의 만남, 인간과 궁극적 의미의 만남이 있다. 궁극적 의미의 풍요는 곧 구원에 연결될 수 있다'는 구중서의 지적은 한무숙의 개인적 의도를 넘어 『만남』이 성취한 지평을 정확하게 보여준다.

노년에도 이렇듯 왕성한 창작욕을 불태웠던 한무숙은 1986년 대한민국 예술원 회원이 되었고 같은 해 10월에는 대한민국 문화 훈장 서훈, 11월에는 대한민국 문학상 대상을 수상한다. 1989년에는 제30회 3·1 문화상(예술 대상)을 수상한다. 작가로서의 원숙한 역량의 분출과 함께 한국 문학을 위한 그 동안의 역할과 정성이 보답을 받는 시기였다. 진흙 속에서 찬연히 피어나 세상의 모든 것을 정화시키는 연꽃처럼 그렇게 피워 올린 예술혼의 값진 승리였다.

4. 꺼지지 않는 영혼의 불꽃, 시들지 않는 연꽃

인간이란 비참과 위대의 풀 수 없는 혼합, 모순, 끊임없는 갈등과 분열 속에 허우적거리는 극적 존재라고 갈파한 파스칼의 말을 되새기며, 그 비참을 아는 까닭에 인간은 위대하다고 한 그 '위대한' 명구를 나는 아직도 처음 읽었을 때와 같은 신선하고 순수한 감동으로 찬탄하고 있다. 나의 감동의 원천과 관심의 향방은 나이를 먹어도 그리 크게 달라지지는 않은 것 같다.

만사에 허약하면서도 고집이 있어 여지껏 독자에 영합한 일도, 시류를 탄 글을 쓴 일도 없다. 아마 앞으로도 그렇게 외롭게 나의 길을 걸어갈 것이다….

한무숙 선생이 마지막으로 쓴, 1992년 12월 26일 <동아일보>에 보낸 글의 마지막 부분이다. 이 마지막에 한무숙이라는 한 작가의 문학관과 인생관, 진흙탕에 피면서도 결코 오염되지 않고 세상에 선함만 간직한 채 찬연히 피어나는 연꽃과도 같은 절개와 신념이 고스란히 드러나 있다.

인간이 선한가 악한가라는 이분법적인 질문은 이제 필자에게 있어서도 그리 소용이 있어 보이지 않는다. 악함을 인정하는 것 그래서 더욱 선한 부분이 소중함을 깨우치는 것, 그리고 그 선함을 강건함에 있어서 부닥치는 그 수많은 갈등, 패배와 좌절, 감당할 수 없을 만큼 커다란 슬픔, 그 모든 것을 겸허하게 받아들이는 것, 그게 인간이 무엇인가를 체득하는 길이 아닐까 싶다.

사는 것은 하나의 명제나 정의가 아닐 것이라는 생각이다. 그리고 인간이라는 것, 그리 대단한 영물, 만물의 영장이라는 생각도 그리 옳은 것은 아닌 것 같다. 그것이 스스로를 존중하는 자중자애의 마음에서 나온 것이라면 혹 모르겠지만 말이다. 스스로를 존중하는 것도 타자를 존중하는 마음에서부터 나오는 것이리라. 스스로를 상대적으로 대단하다고 여길 때 슬픔은, 고통은, 힘겨운 모든 일들은 끔찍한 것, 자기 정체성과는 상관이 없는, 아니 없어야 하는 부정의 대상이 될 터이다. 그러나 어찌 그런 것들이 '나'의 모습이 아니라고 할 것인가. 그것들이 내가 지니고 있는 소중한 가치를 피워 올리는 질 좋은 양분임에랴. 자신뿐만 아니라 인간 모두를 그렇게 바라보는 데서 인간의 진면목은 조금 그 비밀을 드러내 보여줄 것이다.

언젠가 TV에서 한 유명한 한의사가 나와서 한 말이 기억난다. 자기에게 하늘이 인간에게 내려주신 것 중에서 가장 귀한 것을 고르라면 두 말 없이 대(竹)와 연(蓮)을 고르겠다는 것이었다. 진흙탕에서 피면서도 인간의 몸에 가장 좋은 것만을 몸에 지니고서 세상에 나오는 연꽃, 그래서 심청이도 용궁에서 연꽃을 타고 다시 세상으로 돌아왔던가. 그래서 석가모니도 연꽃 속에 앉아 세상을 자비의 눈으로 굽어보는가.

필자는 불교 신자가 아니다. 어찌 연꽃의 아름다움을 불교 신자만이 경모할 것인가. 천주의 뜻에 따라 순결한 삶을 살았던 한무숙 선생에게서 연꽃을 떠올림은 불교신자도 그렇다고 천주교도도 아닌 필자에게는 그 모든 것을 넘어서 너무나 자연스러운 것이었다.

세상을 달리 한 아내의 그 모든 유품들, 자잘한 엽서 한 장, 메모 한 쪽지까지 정성스레 모아 놓은 방을 필자에게 보여 주시며 그저 쌓아놓기만 했다고 미안한 듯, 부끄러운 듯, 그리워하는 표정으로 말씀하시던 김진홍 선생의 얼굴이 생각난다. 번듯한 한무숙 기념관을 마련하고 싶다는 그 분의 소망, 아내에 대한 사랑이 이루어지기를 빌어본다. 그것은 한 지어미에 대한 지아비의 소망이 실현되는 것뿐만 아니라 우리 한국 문학에 있어서도 귀한 선물이 될 것이기 때문이다.

한무숙 소설의 멜로드라마적 성격 연구

─『석류나무집 이야기』의 사랑의 형태와 의미를 중심으로─

1. 문제 제기

1918년 출생, 1942년 「등불 드는 여인」으로 등단하여 이후 50여 년 동안 다양한 주제의 뛰어난 소설 작품들을 통해 존재와 죽음의 의미, 한국에서의 여성의 삶과 존재 가치를 끈질기게 천착하였던 한무숙은 특히 사회적 관계와 사랑의 함수 관계를 여성의 섬세한 내면 심리를 통해 드러낸 바 있다. 그의 중·단편들은 다양한 계층의 남녀들이 겪는 애증의 쌍곡선이 사회라는 매개변수 속에서 어떻게 규정되고 변화해가며 어떤 결말을 맺는지 잘 보여주고 있다.

『석류나무집 이야기』는 1964년 『여상』에 연재되었던 한무숙의 장편소설이다. 1960년대는 한무숙이 가장 왕성하게, 그리고 뛰어난 작품들을 연이어 발표했던 시기였다. 「축제와 운명의 장소」(1962), 「유수암」(1963)에 이어 잡지에 연재되었던 작품이 『석류나무집 이야기』로, 인간에 대한 깊이 있는 이해로 사랑의 의미를 감각적 심리서술로 풀어낸 수작이라 할 수 있다.[1]

하지만, 1960년대 다른 작품들에 비해 『석류나무집 이야기』는 그렇

---

[1] 한무숙의 삶과 문학에 대한 평전으로는 졸고 「연꽃이 아름다운 이유 ─ 한무숙 평전」(『한무숙 문학세계』, 새미, 2000년)참조

게 연구대상으로 주목을 받지 못했다. 1960년대 주목받는 단편이나 중편들과 함께 '한국의 역사가 진행해온 신·구 생활양식의 교체를 배경으로 삼아 개인들이 제각기 겪는 갈등과 운명과의 고투를 그려낸다'[2]라고 간단하게 언급되어 있는 경우를 제외하고 본격적인 작품론은 전무한 실정이다. 이러한 결과는 잡지에 연재된 장편소설이라는 매체적, 장르적 특성뿐만 아니라, 2대에 거친 애증을 중심으로 풀어나간 통속적 멜로물이라는 평가 때문이 아닐까 추측해본다. 여기서 추측이란 말은 쓴 것은 그러한 관점에서 분석하고 있는 작품론도 사실은 없기 때문이다.

이러한 결과는 이 작품이 지니고 있는 대중서사적 특성, 곧 멜로드라마적 서사양식이 갖고 있는 부정적 영향 즉 통속적 멜로물이라는 시각이 본격문학적 관점에서의 분석뿐만 아니라 이 소설이 갖고 있는 멜로드라마적 특성에 주목하는 연구 역시 이루어지지 못하게 한 것으로 볼 수 있을 것이다.

'한국의 대중적인 서사 양식, 그 중에서도 멜로드라마적 서사 양식은 제대로 검증된 적이 드물다. 그 이유는 대략 두 가지로 정리할 수 있다. 첫째, 멜로드라마를 즐겼던 대부분의 관객이 여성을 비롯한 사회 주변부 세력이었다는 점이 멜로드라마에 대한 학문적 접근을 차단했다. 둘째, 서구의 영향으로 우리 내부의 흐름을 부정적으로 바라보기 시작한 근데 이후, 서구적인 것이 곧 현대적인 것이라는 관점이 성립하기 시작했다. 이에 따라 한국적인 것은 폄하의 대상이 되면서 신파극과 멜로드라마에 대한 부정적인 관점 또한 강화되었다. 특히 신극과 신파극을 각기 사실주의극과 대중적인 통속극으로 분리시켜 평가하면서 신파극 혹은 멜로드라마에 대한 편견은 더욱 심화되었다.'[3] 이러한 인식은

2) 정재원, 「총론 – 한무숙 문학세계 연구」(위의 책, 20쪽)
3) 윤석진, 『한국 멜로드라마의 근대적 상상력』, 푸른사상, 2004, 12쪽

해방 이후 지금에 이르기까지 문학연구 현장에서 이루어져 왔다고 할 수 있을 것이다. 한무숙의 소설 연구에 있어서도 지금까지 대부분의 연구는 한무숙 개인의 특이한 경력과 환경이 작품 속에 어떻게 반영되고 있고 그 의미는 무엇인지에 천착하거나 여성의 삶과 성 의식에 드러나는 죽음과 허무 의식, 혹은 '자기 욕망에서 소외된 여성의 왜곡된 욕망과 심리'[4]를 분석하는 데 초점이 맞추어져 왔다. 또한 '한국의 역사가 진행해온 신·구 생활양식의 교체를 배경으로 삼아 개인들이 겪는 갈등과 운명과의 고투를 형상화한 중·장편 소설'[5]을 여류 작가적 관점에서 주목하고 그 특성을 읽어내고자 하는 경향이 있어왔다. 『석류나무집 이야기』 역시 그러한 부류의 소설로 간단하게 언급되어 왔을 뿐이다.

1960년대는 한국 전쟁이 끝난 뒤의 혼란기를 거치면서 정치, 경제, 사회, 문화면에서 많은 변화를 겪었던 시대였다. 이와 같은 격동적 변화의 시기에 대중문화는 매스미디어를 통해 전파되면서 많은 청중을 갖게 되었는데, 그 가운데 가장 대표적인 장르가 멜로드라마였다. 즉 매체를 떠나 장르론의 관점에서 보았을 때 대중들이 즐겼던 대부분의 이야기 양식이 멜로드라마적인 특징을 보여주고 있다는 점이다.[6] 『석류나무집 이야기』는 인물 배치와 사건, 갈등에서 멜로드라마적 특성을 구현하면서도 새로운 시대에 새롭게 맞서는 젊은 세대들의 고난과 극복, 희망을 그려내고 있는 작품이라고 할 수 있다.

본 글은 『석류나무집 이야기』에서 드러나는 사랑의 형태 혹은 관계 및 그 의미가 어떤 구성을 통해 어떻게 드러나고 있는지를 분석함으로

---

4) 정재원, 「총론 ― 한무숙 문학세계 연구」, 『한무숙 문학세계』, 이호규 외 지음, 새미, 2000, 16쪽
5) 정재원. 위의 글, 20쪽
6) 윤석진, 위의 책, 13 ― 115쪽 참조, 특히 멜로드라마에 대한 대중들의 선호도에 관한 각주6) 참조 바람

써 오히려 이 작품이 갖고 있는 대중성, 멜로드라마적 성격을 분명히 드러내고 전쟁 이후 젊은 세대들의 사랑이 어떻게 전 세대와 차별성을 보이고 있는지, 그러한 젊은 세대의 사랑을 통해 작가가 보이고자 하는 것은 무엇인지 살펴보고자 한다.

우선 지적할 수 있는 것은 무엇보다 이 소설에 등장하는 젊은 세대는 건강하고 밝으며 따라서 희망적이라는 것이다. 그 건강성과 밝음은 윗세대들과의 단절에서 기인하는 것은 아니다. 그것이 무엇보다 이 소설이 가지고 있는 장점이라고 할 수 있다. 윗세대의 비극적 사랑과는 달리 그들만의 새로운 사랑을 찾아나가지만, 윗세대를 전면적으로 부정하거나 무시하지 않는다. 그들은 과거를 돌아보기보다는 미래지향적이다. 『석류나무집 이야기』는 1960년대 신세대들의 건강한 사랑 혹은 연애가 섬세한 심리묘사와 더불어 윗세대의 비극적 사랑과 대치되면서 새로운 세대의 건강한 미래 지향적 사고가 그려지고 있다.

이러한 주제가 대중적 구성방식, 공간과 운명의 교차 혹은 동일화, 선남선녀적 주인공들이 빚어내는 상대적 연애 혹은 결합, 즉 능력과 미모를 겸비한 주인공들이 빚어내는 만남과 운명의 우연성, 앞 세대의 비극적 역사가 빚어낸 역경을 극복하고 이루는 해피엔딩을 통해 선명하게 드러나고 있다.[7] 이러한 서사가 공간적 배경인 석류나무집과 중첩

---

7) 「멜로드라마와 신파」(유지나, 『멜로드라마란 무엇인가』, 민음사, 1999)에서 유지나는 한국영화에서 멜로드라마의 형성을 첫째 일본의 신파로부터 유래한 한국 신파극과의 연계성, 둘째 신파를 우리 고유의 민족 정서인 한(恨)의 정서에 토대를 둔 채 받아들인 것으로 보는, 한국 영화의 신파성에 대한 주체적이고 본질적인 인식 셋째 한국 전쟁 후 들어온 할리우드 영화의 한 장르로 보는 것 등 세 가지 인식이 있어왔는데, 어느 한쪽의 영향만이 지배적이라고 단정을 내리는 것은 무리라고 본다. 하지만 한국 멜로드라마의 형성에 있어 신파성의 역할을 강조하는데, 1920년대와 1930년대의 대표적인 신파 영화의 시놉시스를 통해 재구성한 신파성의 공통점에서 시대를 넘어서서 장르적 측면에서 1. 남녀 주인공의 연애담이 내러티브 욕망

되면서 설득력을 지니고 있는 점은 이 소설의 최대 강점이기도 하다. 이러한 요소들이 한무숙 특유의 가볍지 않은 심리묘사와 단아하면서도 기품 있는 문체와 신세대를 바라보는 작가의 애정이 빚어낸 주제를 드러내는 데 효과적으로 작용하고 있다.

하지만 이 소설의 인물들의 운명적 관계가 예외적인 것, 비현실적이라는 느낌을 지우지는 못한다. 따라서 그들 젊은 세대가 만들어내는 새로운 사랑 자체가 공감을 형성하고 있다 하더라도 그것은 멜로드라마적 서사가 갖는 한계로 남을 수밖에 없다. 이제 그것에 대해 본격적으로 살펴봐야 할 것이다.

2. 공간과 운명의 폐쇄성

고운 집이었다. 저만큼 쌍횟자를 아로새긴 나지막한 담이 있고, 그 담을 뚫어 아담한 일각문(一角門)이 서 있다. 안채는 그리로 들어가야 있는 모양이고

을 주도한다 2. 주인공의 사랑과 삶은 어느 한쪽의 잘못된 행위 혹은 주변의 음모, 신분 차이, 인습 문제 등으로 문제 상황이나 갈등에 처한다. 3. 갈등이나 문제 상황에서 주인공의 비극적 정서의 고양이 강조되면서 관객의 감정 이입을 강하게 유도한다. 4. 주인공은 문제를 극복하고 해피 엔딩이나 비극적 결말을 맺는다. 등의 공통 항목에 주목해볼 수 있을 것이다. 윤석진은 위의 글에서 1960년대 한국 멜로드라마는 서구 멜로드라마처럼 해피엔딩이기보다는 대부분이 비관적이거나 판단유보적인 결말로 맺음 되는 것이 많다고 지적한다. 또한 서구 멜로드라마에서는 절대적인 선과 절대적인 악을 표명하면서 극단적인 인간형의 대립을 통해 권선징악을 추구함에 비해 우리 한국 멜로드라마는 그렇지 않다는 것이다. 이렇게 볼 때, 『석류나무집 이야기』 역시 한국적 멜로드라마적 특성을 보이고 있음을 알 수 있는데, 단지 결말이 비극적이나 판단유보적이지 않는 특성을 보이는데 이는 작가가 지니고 있는 젊은 세대에 대한 희망에서 연유하는 것이라고 할 수 있고, 이 점이 이 소설의 본질적 주제이다. 즉 이러한 주제를 대중에게 보다 선명하게 전달하기 위해 멜로드라마적 서사방식을 동원하고 있음을 밝히는 것이 이 논문의 목적이라고 할 수 있다.

눈에 보이는 건물은 사랑채인 것 같았다. 외지(外地)에서 낳아 자란 송영호는 한국 가옥의 규모를 모른다. 그러나 이 우아한 건물 앞에서 이제까지의 번거로움을 잠시 잊는 심정이었다.

안채는 얼마쯤인지 모르나 그리 굉장한 집은 아니면서 무게가 있다. 고른 개왓골의 흐름, 정연한 부연(附椽), 날아갈 듯 휘어 치켜진 추녀의 조화, 닫힌 채의 분합문인 완자(卍字) 문살, 그리고 누마루에 돌린 난간, 이런 것들이 왠지 음악(音樂)을 느끼게 하는 것이다.

댓돌에는 회색 자연석을 이어 깔았는데, 화강석 신돌에는 고무신 한 켤레 보이지 않았다.

정원은 시중에 이런 곳이 있었을까 싶을 만큼 넉넉하다. 누마루 바로 밑이 연못이 되어 있고, 가운데 분수 설비가 되어 있었으나 물은 솟지 않고, 연못 위에 비스듬히 뻗은 낮은 전나무 잎이 이끼 빛으로 곱다. 담 밑은 이끼 낀 돌로 싸올려 나무들을 심고, 가운데는 온통 푸른 잔딘데, 차가 들어간 쪽과 반대 쪽으로 디딤돌이 동안을 띄어 줄을 짓고 중간쯤에 구름같이 피어 흐드러진 장미를 이고 활 모양의 문이 서 있다.[8]

이 소설의 중심은 제목 그대로 석류나무집이라는 공간이다. 소설 앞부분에 제시되는 집에 대한 묘사는 이 소설에서 석류나무집이라는 공간이 어떤 의미를 지니고 있는 지를 분명하게 보여주는 대목이다. 하와이에서 살다 온 교포인 송영호에게 이 집은 거부할 수 없는 매력으로 다가온다. 그 매력은 기실 설명할 수 없는 것이기도 하고, 한편으로는 납득하기 어려운 부분이기도 하다. 그러나 집에 대한 객관적 묘사와 그 집에 대한 송영호의 아주 주관적인 느낌의 상관성은 이 소설을 이끌어 나가기 위한 필수조건이요, 운명적 끈이 된다. 작가는 그 둘을 모두 소설 전반부에 제시했어야만 했다. 공간과 운명은 그렇게 이어진다. 석류나무집이라는 한정된 공간은 폐쇄적인 느낌마저 준다. 그 느낌은 석류나무집이라는 공간의 주술적 힘을 유발하게 만드는 힘이 되고, 그 주술

---

8) <한무숙 문학전집 4>, 을유문화사, 1992, 14쪽, 이하 쪽수만 기재

적 힘은 자연스레 운명적 만남의 장소가 되고도 남는다는 이해와 동의를 가져온다. 따라서 이 소설의 초반은 석류나무집의 마력에 집중되어 있다. 송영호란 교포가 서울에 와서 느닷없이, 우연히 이 집을 선택하는 이유는 다른 무엇도 아닌 운명의 힘이라는 것이 분명히 드러나야만 하기 때문이다. 운명적 만남이 이루어질 공간으로서의 석류나무집은 그에 걸맞게 송영호에게 운명적으로 다가와야 하는 것, 송영호는 거부할 수 없는 매력을 한순간 느낀다. 거기에 논리적 근거는 없다. 사랑이란 그런 것이다. 논리적으론 설명할 수 없는 것, 인간의 이성이나 판단 능력을 넘어서는 것, 석류나무집은 그러한 운명적 공간이다. 멜로드라마의 힘은 거기에 있다. 논리적 판단을 아예 봉쇄시키는 것, 운명의 힘과 우연의 필연성을 믿는 것, 그것이 멜로드라마와 대중이 서로 소통하는 기본적 전제일 터이다.

송영호는 알고 있지는 못하지만, 자신이 거부할 수 없는 운명에 맞닥뜨릴 것이고, 그 장소가 바로 이 집이라는 것을 그는 본능적으로 느낀다. 그 자신 분명하게 알고 있지 못한다 하더라도.

> 송영호는 이상한 감동을 느꼈다. 이 건물의 음악성(音樂性)이 더욱 실감(實感)에 와 닿았던 것이다. 주름지는 연못 위에 흔들리는 집 그림자는 그림자가 아니고, 집 자체가 가동적(可動的)인 것으로 이룩된 것 같은 착각을 주었다. 송영호는 어느덧 이 집의 알 수 없는 매력에 끌려 들어가고 있는 자신을 어찌 할 수 없었다. (14쪽)

외국에서 낳고 자란 송영호가 단 한번 둘러보는 것으로 감동을 느끼게 되는 석류나무집은 사실 한국에서 낳고 자란 사람들에게도 그리 쉽게 볼 수 있고 접할 수 있는 집이 아니다.

"대지 육백 평에 건물이 아흔 아홉 칸… 짜임새는 한식이지만 설비는 최신식입죠. 이 정원을 보십쇼. 이 댁 주인이 계실 땐 여기서 카텐 빠아디(가든 파티)두 허셨습죠. 이만한 집은 장안에두 드뭅니다. 변손, 아아 모두 수세식이구, 그리구 수난로(스팀)도 있습죠."(15쪽) 송영호를 데리고 온 부동산 중개업자 영감의 말에서 알 수 있듯 흔히 말하는 여염집이 아니라, 조선 시대로 말하면 판서 가문의 유서 깊은 저택에 해당되는 그런 집이다. 1950년대 후반, 60년대 초반이라는 소설적 시간(내적 시간과 외적 시간 모두)을 고려해보면 더욱 그 집의 규모나 분위기가 당시 일반인들이 접하기에는 거리가 먼 상류층의 저택이라는 사실을 알 수 있다. 문제는 상류층의 저택이라는 조건보다, 사실 그런 조건이 내포되어 있는 것이지만, 고상함과 세련됨이 어우러진 품격 있는 집이라는 점이 중요하다. 그런 집이기에 송영호를 감동시킬 수 있었으며, 또한 질긴 인연의 끈이 송영호를 이미 그 집에 속박하고 있는 것이다.

이 소설의 본질은 사실 이 집에 있지 않다. 이 집은 인연의 장본인들을 한데 모으기 위한 폐쇄된 공간에 불과하다. 하지만 이 석류나무집은 주제와 매우 밀접한 관계가 있다. 고상함과 세련됨이 어우러진, 그 자체로 매력을 지닌 집이라는 이미지와 송영호가 미처 알지 못했던 흉가라는 상반된 이미지가 응축되어 있는 석류나무집은 이 소설의 공간적 배경이면서 이 소설에 등장하는 인물들의 운명을 그대로 집약해 보여주는 살아있는 대상이기도 하다.

송영호는 입을 다물고 또 한번 눈으로 집을 둘러보았다. 볼수록 우아한 집이다. 넓은 집에 개도 치지 않는지 조용하기만 하다. 그리고 조용한 것이 어울리는 집이다. 음악을 느끼게 하는 건물―사람이 떠들어서야, 집 자체의 밀어(密語)는 묻혀 버릴 것이 아닌가. 그는 이 집에 살았던, 그리고 현재 살고 있는 사람들에겐 아무 관심도 가져지지 않았다.

그는 도로 차에 올랐다. 아까보다도 더욱 피로를 느꼈다. 그것은 마치 성

(性)의 도취 끝에 오는 것 같은 흐뭇한 피로였다. (16쪽)

송영호는 그저 우연히 들러서 한번 본 집의 매력에 빠져버린다. 송
영호는 집 자체, 오히려 인간이나 다른 살아있는 것들이 범접하지 못하
고 있는 듯한 집 자체의 밀어에 스스로 빠져, '성의 도취 끝에 오는 것
같은 흐뭇한 피로'마저 느낀다. 그는 살았던 사람이나 살고 있는 사람
에게는 관심도 없다고 스스로 생각한다. 이 또한 하나의 복선이다. 흉
가라는 이미지는 살았던 사람, 살고 있는 사람들과 관계된 이미지이기
때문이다. 송영호는 이 집을 살 것이며, 이 집에 살았던 혹은 살고 있
는 사람들과 밀접한 관계를 지니게 될 것이며, 그 운명의 실타래가 바
로 이 소설의 핵심임을 보여주는 대목이다.

이 집에 이사 온 지 석달 만에 단 하나인 이 집 아들 선영의 오빠가 등산
갔다 떨어져 죽은 후, 4·19 직후에 눈 녹듯 눈을 감을 때까지 어머니는 자리
에서 일어나지 못했다. 그러면서도 아버지인 정충휘 씨의 사업은 번창하고, 새
로 딸 같은 후실도 얻어 기출(己出)인들 못바라겠느냐고 아들 잃은 타격을 달
랬었는데, 4·19 혁명이 일어나자 자유당에서도 유력한 의원이었던 그는 여러
가지 비위 행위 혐의로 서대문 형무소에 수감되었던 것이다. 어느 정도 혐의
가 풀려 돌아온 것이 이듬해 봄이었는데, 일찍부터 숙환이었던 고혈압이 덧쳐
늦가을 어느 날 발작 끝에 한 마디의 유언도 없이 가고 만 것이다.
그러나 그런 일이 있었다 해서 흉가라는 소문이 퍼지기 시작한 것은 아니
다. 집 지은 사람은 어느 대지주였었는데 수만 석을 하는 그 지주의 부인이
이 집에 들자 반 년이 못 가서 자살을 한 것이다. 시앗을 보고 울화 끝에 양
잿물을 들이켰다는 것이다. 그 지주 자신은 주색에 잠겼다가 아편 중독 환자
가 되어 패가하고, 다음에 든 사람이 어느 방직 회사 사장이었는데, 이 사람은
이 집에 든 지 석달째에 공장에 불이 나서 소사자(燒死者)가 다섯 사람이나
되었다 한다. 그리고 다음은…
이렇게 불길한 역사는 지닌 집이다. 늙어 아무것도 모르는 할머니와, 아주 등

신(모자라는)인 삼촌과 아무래도 마음의 피부를 맞부빌 수 없는 당고모와 버려진
것과 다름없이 남아, 죽고 싶은 날이 많게 된 까닭은 이 집에 있단 말인가.
저주스러운 집, 몸서리 나는 집, 태워 없애 마땅한 집. (20쪽)

송영호가 미리 알 수 없었던, 흉가의 원인은 곧 인간들의 비극적 삶
이다. 그 비극적 삶이 고스란히 담겨 있는 집은 오히려 더 처연한 아
름다움을 지니고 있다. 이 집의 의미는 바로 그것이다. 비극적인 인간
의 삶, 그것을 넘어서는 처연한 아름다움. 그 이미지는 바로 이 소설의
주인공인 정선영과 한 치의 어긋남도 없이 맞아떨어진다. 그리고 이러
한 외연적 이미지뿐만 아니라 핵심적인 내포적 연관성도 지니고 있다.
누구나 꺼리는, 그래서 고적할 수밖에 없는 흉가라는 상처 속에서 일상
의 무게와 세월의 아픔을 감당해 온 이 집의 운명이 곧 정선영의 운명
이라는 것, 달리 말하면 본질은 정선영의 운명이 바로 그러하다는 것을
이 집의 역사와 현재를 통해 간접적으로 보여주고 있는 것이다.

공간과 인간의 운명의 짙은 연관성을 드러내는 이러한 구도는 한무
숙의 대표적 단편소설인 1967년에 발표된 「감정이 있는 심연」에서도
보인다, '복잡하고 어두운 인간의 심층심리의 틀 안에서 성의 의미를
다루고 있는 작품'[9]으로 평가되는 이 작품에서도 진아의 운명은 집의
운명과 밀접하게 그려지고 있다. '지방 굴지의 대지주의 집'이 몰락하
면서 '풍류를 좋아해서 묵객 광대들이 떠날 새 없었다는 사랑채 방들
은 구들이 빠진 채 그대로 광으로 쓰여지고, 이끼가 파랗게 낀 기와
고랑에는 잡초들이 멋대로 나서', '오릿골 만경이는 큰 기와집 업이라
고 남들이 이를 만큼', '진아의 집에는 이상하게도 추문이 많았던 것'
이다. 대지주 저택의 몰락은 그대로 진아의 운명을 규정하는 운명적 힘

---

9) 김예림, 「삶, 처연한 운명에의 긍정」, 『한무숙 문학세계』, 155쪽

을 지니고 있는 것이다. 대저택의 몰락과 전아, 그리고 석류나무집의 흉문과 선영의 관계는 그렇게 닮아 있다.

> 난간 위에는 소복에 검은 머리를 어깨에 드리우고 적의(敵意)와 증오에 몸을 굳힌 소녀가 의연(毅然)히 서 있었다. 송영호는 일찍이 인간의 오만(傲慢)이라는 것이, 이처럼 단적으로 이처럼 풍부하게 이처럼 생생하게 표현된 것을 본 일이 없었다.
> 난간 위의 소녀는 마치 그 숱한 서까래의 어느 하나라도 빼어 낸다면, 이 아름다운 건물이 실질적으로 해체(解體)되어 버릴 것 같은 의구를 갖게 하듯, 이 소녀가 자취를 감춘다면 이 집의 모습이 아무 손상도 없으면서 바뀌어질 것만 같았다. (22쪽)

적의와 증오, 오만이 온 몸에 풍부하게, 생생하게 표현되어 있는 한 소녀의 인상[10]은 그대로 집과 하나가 된다. 사람들에게 관심이 없다고 하던 이전의 생각은 홀연히 사라지고, 소녀가 사라지면 오히려 이 집 자체가 달라질 것 같은 혼연일체감을 느끼게 되는 것이다. 이 점은 이 소설이 어떤 대중적 전략을 지니고 있는지 쉽게 가늠하게 만드는데, 여기서 쉽다라는 것은 실수가 아니라 오히려 대중적 흡인력으로 작용한다. 송영호와 정선영의 만남은 이렇듯 극적이며 운명적이다. 송영호가 원인모를 끌림으로 이 집에 매혹 당했듯이, 또한 정선영과의 조우에서 그는 이 집에서 느꼈던 매력을 정선영에게서 똑같이 경험하며 매혹당한다. 두 선남선녀의 운명적 만남이라는 대중적 코드는 이렇게 완성된다. 석류나무집이 흉가라는 상처를 도도하게 안고 있듯이, 정선영은 가혹한 운명의 고통을 고스란히 속으로 쟁여두고 있으면서도 적의와 증

---

10) '소외되고 자기 도취적인 자아(ego)는 모든 대중매체 체험의 주인공으로 끊임없이 반영되는 무한한 거울방 속에 가장 근사하고 가장 매혹적인 백일몽과 소원성취의 목적이자 근원이 됩니다.'(박성봉, 『대중예술의 미학』, 동연, 1995, 359쪽)

오, 오만으로 자기 몸을 감싸고 있는 고적한 인물이다. 석류나무집은 정선영을 전면에 내세우는 데 있어 가장 효과적인 장치이다. 이제 송영호의 응시는 이 집에서 정선영으로 옮아간다. 석류나무집은 제 역할을 충실히 다하였다. 석류나무집 자체에 대한 더 이상의 언급은 이제 소설이 끝날 때까지 나오지 않는다. 석류나무집이 곧 선영이기 때문이다.

3. 선악 구도를 넘어선 선남선녀의 차별적 상대성 — '생명'과 '꽃'

이 소설의 주요 등장인물은 기준에 따라 달리 나뉘어 진다. 우선 세대별로는 송영호와 선영의 부모 세대, 즉 송호상(송경빈)과 정충권, 박혜련 세 사람과 현재의 젊은 세대인 송영호, 정선영, 우재민, 정애자, 박창근 이렇게 두 부류로 나눌 수 있다.

그리고 횡적으로는 현재 젊은 세대들을 중심으로 선영과 송영호의 한 축, 그리고 재민과 애자, 창근을 한 축으로 설정해볼 수 있다. 여기서 이 소설은 또한 세대를 초월하는 인물 구성을 택한다. 이 소설의 초점은 젊은 세대들의 사랑과 고통, 그리고 새로운 의지에 놓여 있다. 그 중심에 송영호와 선영이 있다. 그 둘을 중심으로 주위에 애자, 창근, 재민이 있다. 이들 사이에 선악의 개념은 없다. 모두들 동 시대의 선남선녀이다. 그러나 거기엔 엄밀한 차이가 놓여 있다. 그 차이가 얼크러진 사랑의 실타래를 푸는 코바늘 역할을 하고 있지만, 또한 그것은 이 소설의 미학적 약점이기도 하며 대중적 코드이기도 하다.

앞부분에서 인용했던 부분인데, 선영을 영호가 처음 보았을 때 느낌을 되새겨볼 필요가 있다. 영호는 선영을 처음 보았을 때 선영은 본 순간, '소복에 검은 머리를 어깨에 드리우고 적의(敵意)와 증오에 몸을 굳힌' 채였으며, 그 모습을 영호는 '인간의 오만(傲慢)이라는 것이, 이처럼 단적으로 이처럼 풍부하게 이처럼 생생하게 표현된 것을 본 일이 없'다고 느꼈다. 그리고 바로 이 집의 그 매력이 곧 이 소녀의 매력이며 이 집과 소녀가 하나로 연결되어 있음을 느낀다. 두 인물의 만남은 멜로드라마나 무협지 같은 대중적 서사물에서 흔히 접하게 되는 양식과 다르지 않다.

능력 있고 멋진 젊은 재미교포 사업가와 어떤 내력이 있어 집을 내놓게 되었는지는 모르나, 서울 한 복판에 육백 평의 대지에 세워진 전통과 현대가 조화가 되어 있는 집, 영화로울 때 가든파티가 번번이 벌어지던 집안에 도도하게 서 있는 아름다운 소녀의 상봉은 주인공 남녀의 만남으로는 손색이 없다. 능력 있는 남자와 비운의 여주인공, 위기에 봉착한 여자와 그 순간 나타난 능력과 매력을 겸비한 남자. 이러한 주인공들의 부각은 다른 같은 세대 인물들과 자연스레 비교되면서 더욱 광휘를 발하게 된다. 이러한 구성은 곧 작가의 눈높이가 어디에 맞추어져 있는지 가늠하게 만든다. 이 소설은 고급스러운 대중적 구성을 취하고 있다. 고급스러움과 대중성은 얼핏 보면 어울리지 않는 코드처럼 보이나, 기실 가장 중요한 연결고리이다. 이때 고급스러움은 가시적이며 계층적이기 때문이고, 그렇기 때문에 폭넓은 대중적 흡인력을 지닐 수 있다. 가진 자에게는 동일감을, 못 가진 자에게는 동경과 환상을 불러일으킨다.

선영과 영호, 애자와 재민 그리고 창근이라는 젊은 세대의 관계를 보면 이러한 점은 확연히 드러난다.

어려서부터 어머니로부터 들어 그려 오던 조국―그것은 자신의 어느 감동

(感動)의 근원적(根源的)인 무엇이었던 것이다.

　　막상 돌아와, 더욱이 험한 산일에 손을 대고 보니 현실은 어처구니가 없었
다. 무수한 상처를 입음으로써, 그리고 배반을 받음으로써, 그는 사람으로 커
가는 것일지도 모른다. 최초의 배반이 사람을 인생에 결부시킨다는 것은 역설
일지 모르나, 적어도 그것으로 인생에 연좌(連坐)는 하게 되는 것이다. 그는
모든 것이 귀찮아 그저 내던지고 싶을 때가 적지 않았다.

　　금광·탄광·철광·석회광·무슨 보석 원석광 등등, 무수한 자본없는 소광
주들이 송영호를 찾아온다. 모두들 들떠 있다. 사업이 아니고 광란이라는 느낌
을 준다. 지극히 근시안적(近視眼的)인 욕심으로 득실거리는 무리들…. (105쪽)

영호가 한국에 들어와 사업을 시작하면서 느끼는 조국에 대한 감상
이다. 그에게 한국은 기대했던 것처럼 감동을 주는 곳이 아니다. 그가
관계하는 사람들은 그에게 오히려 실망만을 줄 뿐이다. 송영호가 만나
는 사람들은 그러나 한국의 대부분 평범한 일상인들이 아니다. 그가 만
나는 사람들은 사업상 만나는 사람들, 곧 이해관계에 의해 만나는 사람
들이다. 그 사람들이 보이는 속물적 태도만으로 그는 쉽게 인간에 대한
실망감을 갖게 되고 환멸에 빠진다. 이러한 성급함 혹은 섣부른 단정은
영호를 부각시키는 데 오히려 효과적이고, 영호가 석류나무집에 더욱
애정을 갖고, 선영에게 연모의 정을 느끼게 되는 것에서도 효과적으로
작용한다. 능력 있는 젊은 사업가에다가 속물적이지도 않은 고상하고
세련된 주인공, 그게 송영호의 이미지이다. 고상하고 세련된 영호가 한
눈에 빠져버린 석류나무집과 선영은 송영호의 눈높이에 어울리는 같은
품격의 고상함과 세련됨, 우아한 고독감을 갖고 있는 대상들이다. 차가
운 듯, 나이에 어울리지 않는 고독감과 세련됨이 빚어내는 선영의 우아
함은 모든 남성에게 매혹적이다. 재민이나 창근 역시 그러한 남자들 중
에 속한다. 그러나 그들은 선영에게 다가가지 못한다. 선영 앞엔 모든
게 완벽한 영호가 있기 때문이다. 이것은 단지 개인적 조건에서 파생된

결과는 아니다. 재민과 창근은 선영에게 다가가지 못한 나름의 한계와 상처를 지니고 있다. 여기서 재민과 창근이 선영과 맺어질 수 없는 이유가 능력이나 외모에서 기인한 것이 아니라 재민과 창근이 갖고 있는 개인적인 비밀 때문이라는, 납득할 만한 이유로 전이된다.

석류나무집을 지키는 죽순골 할아버지는 재민의 종조부이다. 재민은 그 집에서 어릴 때 같이 살면서 선영을 연모해왔으나 선영은 그에게 아무런 관심도 없다. 재민에게 선영은 다가갈 수 없는 높은 곳에 자리한 공주와도 같다. 재민 스스로 자신은 가진 것 없는 천한 신분이라고 생각한다. 선영에 대한 자신의 짝사랑을 견디기 힘들어 그 집에서 나왔던 것이다. 선영에게 재민은 주변자에 불과하다.[11]

이러한 점은 창근도 마찬가지다. 창근은 선영이가 자신을 사랑하고 있음을 알지만, 그 사랑을 받아들일 수 없다. 그럴 자격이 자신에겐 없다고 생각하기 때문이다.

> 이렇듯 창근은 언제나 선영의 눈이 그를 살필 수 있는 건너편에 서 있었다. 그들 사이에는 언제나 강 같은 것이 놓여 있었기 때문에 그 거리(距離)로 말미암은 원시적(遠視的)인 착각을 빚어내고 있었다. 그리고 이 심리적(心理的)인 강은 어쩌면 무릇 남자와 여자 사이에 놓여 있는 것일지도 몰랐다. 영원한 평행선─그러면서 남자와 여자 사이에는 알 수 없는 비적(秘蹟)이 있는 것이다. 어느 신비로움에서 이 대안(對岸)은 순시에 접근하여 한 점으로 모인

---

11) 「감정이 있는 심연」의 주인공 남녀 관계도 이와 흡사하다. '나'의 당숙은 전아의 집에 마름으로 있던 사람이고 이모는 전아의 유모였다. '나'는 전아의 집에 대해 반감을 가지고 있었고, 그것은 전아를 사랑하는 지금에서도 가슴속에 앙금처럼 남아있다. 전아의 비극적 운명을 감싸 안고자 하나 주저하고 망설인다. 이 둘의 사랑이 비극적인 상황 앞에서 혼돈 속에 놓여 있음은 선영과 재민, 창근 그리고 영호와의 관계에 비추어 생각해 볼만하다. 주인공 '나'가 소설의 말미에서 과연 여권을 날려버릴 것인가가 문제로 남는 것 자체가 둘의 관계의 온전하지 못함을 보여준다고 할 수 있다.

다. 같은 선에 서 있는 동성(同性) 사이에는 일어날 수 없는 이 비적은 무릇
생물의 축제(祝祭)이며 근원일지도 모른다. 그리고 무릇 비적에 두려움과 아픔
이 있듯이 누구나가 이 앞에서 괴로움을 느끼는 모양이다. (59쪽)

창근과 선영 사이에 놓여 있는 강은 구체적이다. 창근은 선영의 죽
은 오빠와 절친했던 친구였다. 어릴 때부터 선영은 집에 놀러오는 창근
에 대해 연모의 정을 느끼고 있었다. 창근 역시 그런 선영의 마음을
알지만, 선영의 마음을 받아들일 수 없다. 순결하고 고귀한 선영에게
자신은 불결한 실패자라고 생각하기 때문이다. 선영의 아버지 정충휘와
그의 소실 사이에 심부름을 하게 된 창근은 정충휘의 소실과 내연의
관계를 맺게 되고, 그 사실을 선영의 오빠 인택이 알게 되었던 것이다.
그 이후 인택은 등반사고로 그만 죽고 마는데, 창근은 인택의 죽음이 사
고사가 아니라 자살일 것이라고 믿고 있다. 친구의 죽음이 자신의 불결
함, 자신의 과오 때문이었다는 죄책감으로 인해 그는 스스로 허물어져
갔고 그런 상태에서 선영의 마음을 받아들일 수는 없었던 것이다. 자신
에 대한 모멸감이 선영에 대한 냉정함으로 표출되고, 선영에 대한 흠모
의 정과 자신에 대한 모멸감, 죄책감 사이에서 그는 방황하였던 것이다.

들은 많은 말들이 뱅뱅 맴을 도는 중에 두 마디만이 남아 또렷해갔다.
　─애초에 나에겐 겨운 사랑이었다.
　─그것은 거의 나의 신앙이었다.
두 마디가 다 자기 자신의 말만 같았던 것이다. (165쪽)

창근의 고백을 들은 재민이 홀로 생각하는 부분이다. 여기에 두 인
물의 공통점이 분명하게 드러난다. 둘 모두에게 선영은 '겨운 사랑'이
고 '신앙'에 가까운 사랑이라는 사실이다. 그들에게 선영은 경모의 대

상일 뿐, 서로 눈높이를 맞추고 바라볼 수 있는 사랑이 아니다. 그만큼 선영은 현재 집안의 몰락과는 상관없이 고귀한 존재이다. 이 고귀한 존재에 걸맞는 사람은 창근도 재민도 아닌 능력 있고 스스로에게나 남에게 아무런 거리낌도 없는 영호인 것이다.

이러한 상대성은 재민과 애자 사이에도 존재한다. 애자는 재민을 사랑하지만, 재민은 그런 그녀가 부담스럽기만 하다. 재민에게 선영은 다가갈 수 없는 존재이기는 하지만 그 선영을 대신하기에는 재민에게 애자는 너무나 부족할 따름이다.

여기서 선영과 애자는 분명하게 비교가 된다. 문제는 그러한 비교가 우열을 가릴 수 없는 각각의 매력으로 비교가 되는 듯 보이지만, 거기에는 분명한 우열적 차이가 존재한다. 흔히 드라마에서 보이는 대비와 동일하다. 선영과 애자는 대척점에 놓여 있으나 정서적으로 대립되는 것은 아니다. 나약하면서도 자존심 강하고 음울한 아름다움을 지닌 선영과 적대관계에 놓여 있지는 않으나 상반되는 이미지를 지닌 애자는 선과 악으로 대립되어 있지 않지만 분명한 거리가 존재한다. 이 소설의 특징 중에 하나가 악한이 분명히 존재하지 않는다는 점이다. 특히 젊은 세대로 등장하는 인물 중 악한이라고 할 수 있는 인물은 없다. 단지 서로의 조건이나 삶의 태도, 각자가 지닌 매력이 다를 뿐이다. 이는 작가가 젊은 세대를 긍정적으로 끌어안고 있기 때문으로 보인다. 하지만 좀더 깊이 들어가 보면 작가 역시 선남선녀, 왕자와 공주의 결합이라는 기본적인 통속적 구도를 취하고 있음을 알 수 있다. 재민과 창근, 두 사람도 각자의 아픔과 함께 또한 매력을 지니고 있는 인물로 그려지고 있긴 하지만, 결과적으로 송영호를 부각시키는 조연적 역할에 머물고 말듯이, 애자 역시 그녀만의 매력을 지니고 있으나 그 매력이 오히려 선영의 매력을 돋보이게 하는 작용에 그치고 만다.

비교할 것은 되지도 않는다고 느끼면서 그는 언제부터인가 애자를 대할 때마다 선영을 생각하는 버릇이 생겼다. 그리고 이때 '살고 싶고, 또 살려고만 하는 생명'의 강인성과 자신에게도 남에게도 다 '꽃'이어야만 할 숙명을 지닌 존재의 연약함을 느꼈다.

그는 어떤 쪽이 더 가치 있는 것인지, 이 순간 판단을 내릴 수 있는 심정이 되었던 것이다.

하나가 대지 위에 확고하게 발을 딛고 있는 데 대하여, 다른 하나는 가냘픈 꽃줄기를 의지하며 하늘거리고 있는 것이다. 그래서 아름다움이란 위태롭고 슬픈 것인가? 하여튼 내려오는 대가에서 어엿이 빛을 보고 자란 선영은 언제나 어딘지 우아한 음영을 지니고 있고, 기생의 딸로 이른바 '그늘'의 아이로 자란 애자에게는 강한 햇볕을 쪼이며 그것을 이기고 있는 인상을 주는 것이 있었다.

'살아야 된다'는 위대하고 평범한 상식(常識)과 '두드러져야 된다'는 좁고 외로운 길과—그리고 이때 송영호는 어쩔 수 없이 상식의 편에 서면서, 또 어쩔 수 없이 그 외로운 아름다움을 동경하는 자신을 또렷이 깨닫는 것이었다. (134쪽)

애자와 선영을 비교하는 영호의 생각 속에 작가의 의도가 분명히 들어 있다. 선영이 빛이면 애자는 그늘이다. 그렇기 때문에 오히려 선영에겐 우아한 음영이 있고 애자에게는 강인한 생명력이 있다. 애자는 평범한 상식이고 그에 반해 선영은 특별하다. 아름다움이란 위태롭고 슬픈 것, 곧 아름다운 사람은 선영이다. 그 아름다움이 외로움을 간직하고 있기에 더욱 유혹적이다.

영호와 재민, 창근의 거리와 선영과 애자의 거리는 같다. 그런 까닭으로 영호와 선영, 재민과 애자는 자연스레 맺어진다. 거기에 아름답지 못한 다툼은 없다. 한무숙은 애초에 젊은 세대들 사이에 아름답지 못한 애증의 갈등은 넣을 생각이 없었던 듯 하다. 그들 모두에게 작가는 기본적으로 애정을 갖고 있고 그들 젊은 세대들의 건강한 사랑을 다루고 싶어했기 때문이다. 소설 속에서 이들 젊은 세대들의 사랑이 결실을 맺는 것으로 끝나지는 않지만, 박창근이 브라질로 이민을 가버리면서 자연히 주요한 갈등 관계가 해소가 된다. 영호의 프로포즈에 선영이 얼굴과 몸매에 흐르는 부드러움으로 대답을 대신하고, 모두 모인 자리에서 떠나는 애자를 재민이가 불러 데려주겠다는 말을 하면서 또한 재민과 애자의 사랑도 맺어질 것임을 비친다. 이들 젊은 세대는 자연스레 서로에게 어울리는 짝으로 맺어지게 되는 것이다. 저간의 젊은 세대들 간의 얽힘은 마지막 결실을 맺는 데 있어 오히려 타당한 근거로 작용한다. 이 소설에 등장하는 젊은 세대들은 한결같이 착하다. 창근의 경우처럼 선영을 대하는 위악적인 태도마저 창근의 착함에서 비롯되는 행동일 뿐이다. 악한은 없으나 왕자와 공주, 향단과 방자는 존재한다. 그것은 천성적인 것이다. 작가는 그러한 인연 맺음을 거부할 생각이 없다. 착한 사람들이 서로의 격에 어울리는 짝을 만날 때, 모든 것은 자연스럽고 따라서 무리가 없으며 그 자체로 아름다운 것이다.

4. 애증의 이차선 – 새 세대의 희망

이 소설은 정충권, 박혜련, 그리고 송호상이라는 부모 세대와 선영, 영호를 중심으로 한 젊은 세대 간의 운명적 사랑을 중심으로 하고 있다. 정충권, 박혜련, 송호상 그리고 정충휘로 대변되는 부모 세대의 사랑이 증오와 시기, 불륜으로 인해 비극적인 결말을 맺고 있다면 젊은 세대의 사랑은 앞 절에서도 보았듯이 건강하며 순리적이고 따라서 행복한 결말을 맺는다. 이것은 곧 젊은 세대들에게 거는 작가의 기대이며 희망이기도 하다.

지금 석류나무집에서 식물인간처럼 지내는 정충권과 송영호의 어머니 박혜련은 일제 시대 때 서로 사랑하던 사이였고 송호상(예전 이름은 송경빈)은 정충권의 절친한 친구였다. 하지만 박혜련을 송호상이 사랑하게 되면서 친구 사이는 원수지간으로 변해버리고 말았던 것이다. '명문의 부유한' 정충권과 '고달펐던 면학도' 송호상은 젊은 세대의 송영호와 재민, 혹은 창근의 경우를 떠올리게 한다. '순진하고 재치 있고 명랑한 미청년 정충권'은 송호상에게 '묘한 성적 충격까지 느끼게 하는 대상'이었다. 정충권이 베푸는 호의를 참다운 우정으로 받아들이던 송호상은 그러나 박혜련을 본 순간부터 정충권을 몰락시키는 장본인이 된다. 송호상은 이 소설에서 유일하게 등장하는 악한이라고 볼 수 있다. 그는 정충권을 함정에 빠트려 몰락시켰고, 정충권의 애인이었던 박혜련에게 정충권이 배신했다고 속여 그녀까지 가로챈다. 정충권은 고문 후유증으로 거의 식물인간이나 다름없이 되어버렸던 것이다. 박혜련과 다시 고국에 돌아와 찾은 아들이 집이 바로 정충휘의 집이고, 그 집에 아직 정충권이 살아 있음을 알게 된 송호상은 정충권을 죽이려다 결국 화재로 인해 죽고 만다. 그 화재로 정충권 역시 죽음을 맞이하게 되는 것이다.

여기서 송호상과 창근, 재민을 비교해 볼 수 있다. 송호상의 죄는 다름 아니라 그 자신이 우러러볼 수밖에 없는 정충권과 박혜련을 해하고 독차지하려던 욕심이라고 할 수 있다. 이러한 점은 선영을 그저 바라보기만 하다가 포기하고 마는 재민이나 창근을 보았을 때, 송호상이 순리를 따르지 않은 잘못된 욕망의 소유자였음이 분명하게 드러난다. 송호상, 즉 송경빈은 끝까지 정충권의 친구로 남아 있어야 했고, 박혜련을 사랑했다면 그녀를 위해 정충권을 도와주어야 했고 정충권과 박혜련이 맺어질 수 있도록 박혜련에 대한 자신의 감정을 숨겼어야 했고 포기했어야 했다. 송호상은 자기 분수에 맞지 않는 욕망을 품었고, 그것을 부정하게 성취하였다. 그것은 단죄 받아야 마땅한 것이었다. 이는 소설

전체의 남녀관계나 사랑을 보았을 때, 당연한 것이라고 할 수 있을 것이다. 이는 이 소설이 갖는 작가의 인식적 한계라고 할 수 있는데, 한무숙 문학의 특징이기도 하다. 한무숙이 바라는 사랑은 정충권과 박혜련, 영호와 선영의 맺어짐이기 때문이다.

이제 윗세대와 젊은 세대 사이의 운명적인 상관관계를 정리해보자. 정충권과 박혜련은 연인 사이였으나 송호상의 배신과 이간질로 헤어지고, 박혜련은 송호상과 결혼하여 송영호를 낳게 된다. 송영호가 귀국 후 마치 마력에 끌린 듯 사게 된 집이 바로 정충권이 살고 있는 집이고 정충권의 조카인 선영을 사랑하게 된다. 송영호 회사에 원서를 내고 면접 때 송영호에게 깊은 인상을 준 덕에 송영호 회사에 취직하게 된 우재민은 어릴 때부터 선영을 짝사랑해온 인물이고, 재민과 한 동네에 살면서 재민을 남몰래 사랑해온 애자는 정충휘의 내연의 여자에게서 태어난, 결국 선영의 배다른 동생이다. 이러한 복잡한 인연으로 얽힌 사람들이 모일 수 있는 데에는 우연이 작용할 수밖에 없다. 그 우연은 석류나무집의 마력에서부터 그 힘을 얻는다. 영호라는 인물이 석류나무집의 매력에 끌리게 된 것은 논리적으로 설명할 수 없는 것, 이 소설의 우연은 석류나무집이라는 공간의 마력으로 인해 대중적 설득력을 지닌다. 이러한 우연은 애자 어머니의 사고사에서 그 정점에 도달한다.

애자와 선영은 둘 다 미술학도로 등장한다. 둘은 같은 전시회에 작품을 출품하게 되고, 둘은 한 장소에 만나게 된다. 그 자리에서 송영호의 사업 파트너인 민 사장이 돈을 빌린 과부가 애자의 어머니라는 사실과 민 사장과 애자의 어머니가 길에서 말다툼을 벌이다, 사고를 당해 애자 어머니가 죽게 되는 것, 그리고 그 사실이 전시회가 열리는 날, 모두 모인 자리에서 알려지게 된다. 그 사건으로 애자는 석류나무집에 머물게 되면서 석류나무집은 갈등의 정면충돌과 해소가 한꺼번에 이루어지는 공간이 된다.

앞 세대의 비극적 갈등 소멸과 더불어 젊은 세대들의 새로운 출발이 이루어지는 공간으로서의 석류나무집은 단절의 의미가 아니라 재생의 의미를 지닌다.

> 그녀는 비로소 상식적인 것의 건강성에 눈이 뜨여지는 것 같았다. 애자의 웃음소리를 결코 성가시다고만 생각하지 않았었다는 것을 그녀는 이 며칠 동안에 깨닫고 있었다. 한마디로 그녀는 외로웠던 것이다. (158쪽)

얼어붙었던 선영의 마음이 배다른 동생, 애자의 일상적 건강함과 발랄함으로 인해 서서히 열리기 시작한다. 이는 젊은 세대들의 새로운 출발의 시작을 알리는 신호탄과도 같다. 윗세대의 잘못은 더 이상 젊은 세대에 와서 반복되지 않는다. 우정의 배신, 어긋난 결혼, 그리고 가부장적 습속이 낳은 그늘진 여인의 삶과 사생아 같은 부조리하고 아름답지 못한 인간관계는 더 이상 되풀이되지 않는다. 젊은 세대들은 건강하고 현명하기 때문이다. 사랑은 자연스레 짝을 찾아가고, 그 사랑에 대해 불만은 없다. 제자리 찾아가야 할 것들이 다 제자리를 찾은 것이다. 행복한 안도의 한숨이 나올 만하다.

> "나는 저 불탄 곳에 다시 집을 짓겠어요. 이 집에 아직도 흉의(兇意)가 깃들어 있다면 그것도 용납하겠어요. 흉의와 선의 소재(所在)와 부재(不在)가 하나가 되는 그런 세계를 언제부터인가 그려 오게 되었어요. 노아의 방주(方舟) 송에 사람을 비롯하여 무릇 동물과 물고기 씨알들이 담겨져 하나의 새로운 세계를 기다리고 있었듯이 이 집에, 이 세계에 몸을 의탁하여 가렵니다. 흉한 것이 있다는 것은 또 축복된 것, 선한 것이 있다는 증거가 아니겠어요. 신은 선과 함께 악도 용납한 거니까요. 저는 그런 알 수 없는 섭리를 따름으로써 삶을 긍정해 보겠어요. 전 운명이란 말을 싫어하지만 참답게 산다는 건 어쩌면

그 운명으로 인하여 깊이 상처를 입는 것인지도 모르니까요." (196쪽)

　송영호가 의연하게 좌중을 향해 토하는 이 열변이 바로 젊은 세대들에게 거는 작가의 희망 바로 그 자체이다. 송영호는 흉가라는 것조차 감수하겠다는 의지를 보인다. 주어진 삶을 긍정하는 것, 그것은 바로 순리를 따르는 것을 말한다. 순리에 어긋난 생각이나 행동을 할 때, 거기에 흉의가 생기고 결국 파국으로 치닫는 것이다. 젊은 세대는 건강하고 현명하며 자기 분수를 알고 있다. 그러기에 그들 사이에 갈등은 흉의를 품지 않고, 선(善)한 의지로 해결된다, 선한 의지는 순리를 따르는 것으로 표출되며, 거기에 밝은 내일을 꿈꾸는 젊은 세대의 희망이 드러난다. 앞선 세대의 상처까지도 보듬어나갈 수 있는 아량과 새로운 삶을 지향하는 의지가 바로 젊은 세대들의 진면목이 되는 것이다. 석류나무집이라는 제한된 공간을 중심으로 2대에 걸친 애증의 역사가 젊은 세대들에 의해 청산되면서 새로운 사랑의 역사가 이루어지는 것이다.

　석류나무집의 흉가에서 사랑의 보금자리로 변모하는 것은 젊은 세대들의 선한 의지에 의해서이다. 그 선한 의지란 바로 사랑의 조건을 제대로 바라볼 줄 알고 받아들일 줄 아는 현명함이다. 이는 기실 앞 절, 사랑의 상대성에서 살펴 본 바 이 소설의 사회적 인식의 한계라고 지적할 수 있는 부분이다. 젊은 세대들 간의 사랑의 엇갈림이 너무나 쉽게 해소가 되고, 사랑의 결실을 맺게 되는 과정은 오히려 앞선 세대들의 사랑에 비해 드라마틱하지 못하고 현실적 조건과 너무나 쉽게 타협하는 것으로 보인다. 그러한 점을 작가는 선영과 영호에 대한 편애로 정당화하고 있다고 볼 수 있다. 아름다움에 대한 작가의 편애는 영호와 선영을 능력 있고 멋진 왕자와 고난에 처한 가련한 공주로 부각시킨다. 그 둘의 운명적 결합은 따라서 자연스럽다. 백설공주와 왕자의 결합이 자연스럽고, 백설공주와 난쟁이의 사랑은 생각하기에도 어색하듯이 말이다. 영호와 선영의 결합은 그래서 기존 대중서사의 주인공 방식을 그대로 답습하고 있다. 마지막 새로운 삶에 대한 의지, 앞 세대의 아픔과 그로 인한 자기 세대들의 고통까지도 보듬어 안으며 새로운 주인의식을 보이는 영호는 영웅적인 면모까지 보이는 것이다. 그런 영호가 선영에게 프러포즈를 하고 선영이 그것을 받아들일 때 이 소설은 완결된다. 새로운 동화가 탄생하는 것이다. 거기에 화룡점정은 애자와 재민의 결합이다. 춘향과 몽룡이 서로 껴안고 환희에 차 있을 때, 그들 옆에는 향단과 방자의 또 다른 사랑의 결실이 소금이 되어 간을 적절하게 맞추게 되는 것이다.

이 소설은 그러한 대중 멜로 서사의 인물적 구성을 그대로 따르고 있다. 이 소설을 멜로드라마적 관점에서 살펴봐야 할 소이가 여기에 있다. 멜로드라마적 구성 방식을 통해 신구 세세대의 세대교체를 통해 구세대의 갈등 해소와 젊은 세대들의 건강한 현실인식, 사랑의 새로운 방식을 역설하고 있는 것이다.

<hr>
주제어

멜로드라마, 서사, 구성, 대중성, 공간, 운명, 세대, 사랑, 우연성, 비극, 해피엔딩
<hr>

<참고문헌>

1. 『한무숙 문학전집 4』, 장편소설 석류나무집 이야기, 을유문화사, 1992

2. 『한무숙 문학전집 6』, 단편집 감정이 있는 심연 외, 을유문화사, 1992

3. 이호규 외, 『한무숙 문학세계』, 새미, 2000

4. 한무숙재단 편, 『한무숙문학 연구』, 을유문화사, 1996

5. 문학사와 비평연구회편, 『1960년대 문학연구』, 예하, 1993

6. 민족문학사연구소 현대문학분과, 『1960년대 문학연구』, 깊은샘, 1998

7. 대중문학연구회 편, 『연애소설이란 무엇인가』, 국학자료원, 1998

8. 박성봉, 『대중예술의 미학』, 동연, 1995

9. 양건열, 『비판적 대중문화론』, 현대미학사, 1997

10. 윤석진, 『한국 멜로드라마의 근대적 상상력』, 푸른사상, 2004

11. 유지나, 『멜로드라마란 무엇인가』, 민음사, 1999

■ Abstract

A Study on Melodramatic Characteristics in Han Moo－sook's Novel
－Focusing on type and meaning of love in 『*A Story of Pomegranate Tree House*』 －

Lee Ho－gyoo(Dongeui University)

This paper is to examine how the type, relationship, or meaning of love is described in 『*A Story of Pomegranate Tree House*』 in what kind of plot in order to show popularity and melodramatic characteristics of this novel, and investigate how the love among post－war younger generation is different from the previous age and what the author attempts to tell through love among post－war younger generation.

The pomegranate tree house containing contrasting images such as elegance and stylishness and haunted house is a spatial background of this novel and a means of summarizing the destiny of characters vividly and intensively. Young people in this novel are all good. However, the novel follows popular matching plot in which everything is natural and smooth and even beautiful as it is, when good people meet their own Mr. or Miss Right.

New history of love begins when tragic history of love and hatred of the previous generation is put to an end by younger generation. In this sense, the union of Young—ho and Sun—young follows the suit of the structure of main charactersin existing popular narratives. We can find a heroic aspect in Young—ho who has a new type of owner—consciousness with willingness for a new life in the end, embracing pains of the previous generation and even the agonies of his generation.

This novel is filled with delicate psychological descriptions of healthy love or romance of the younger generation in the 1960's. This theme is clearly shown by popular plot, crossing or identification of space and destiny, and relative romance and matching of a good man and woman, that is, contingency in encounter and destiny of main characters having both ability and beauty, as well as happy—ending after overcoming hardships caused by tragic history in the previous generation.

Key Words

melodramatic, popularity, post—war younger generation, spatial background, destiny, romance, happy—ending

타락한 현실, 무력한 의지 그러나 포기할 순 없다

- 손창섭 『길』 -

1. 1960년대 후반의 서울 그리고 사람들

　박정희 군사 정권에 의해 일방적으로 이루어진 1960년대의 소위 근대화는 철저한 반공 이데올로기를 통한 엄격한 사상 통제를 바탕으로 서방 자본주의 국가를 모범으로 한 성장 위주의 경제 개발을 목표로 하였다. 국가 독점 자본주의 체제가 시작되었고, 강력한 군부독재에 의해 획일화된 군사 문화가 뿌리내리기 시작하는 시기가 바로 1960년대였던 것이다. 국가독점 자본주의를 통한 사적 독점의 길을 열어 놓아 정권과 유착된 소수 재벌의 탄생을 가능하게 했던 군사정권은 한편으로는 반공 이데올로기를 내세워 비판적 지식인을 탄압하고 지배논리의 정당성을 주입시켰다. 1960년대 후반, 70년대 초반은 그러한 성장위주의 근대화, 파쇼적 탄압 정치의 결과물이 가시화되면서 한국 사회가 부정과 부패의 난장판으로 치닫기 시작하던 시기였다.

　손창섭이 1969년 발표한 『길』은 '부정, 부패, 음모, 타락이 잡초처럼 무성한 우리의 성인사회 속에다 순박한 시골 소년을 집어 던져 그 반응을 시험해 보고 싶다'란 말처럼, 한 10대 소년의 상경기를 통해 당대 사회의 부조리함을 사실적으로 비판하고 있는 소설이다. 여기서 주목할 수 있는 말은 '반응을 시험한다'라는 것인데, 그 반응의 주체가 누구인가 하는 점에 주목할 필요가 있다. 서울 생활에 그 소년이 어떻게 반응하는가 라는 식으로 해석할 수도 있겠으나, 그보다는 순박한 시골 소년이라는 인물을 내세워 추악한 서울의 이면을 보이고자 하는 데 작가의 의도가 있는 것이며, 그 추악한 서울의 이면에 맞닥뜨린 독자들의 반응에 초점이 맞추어져 있는 것으로 볼 수 있다. 여기서 주인공 최성칠은 작가가 사용하는 내시경의 렌즈에 가깝다. 작가는 최성칠을 서울의 곳곳에 들이밀어 그 풍경을 독자들에게 제시한다. 그런 의미에서 이 소설은 세태소설이라 할 수 있다. 거기엔 한 소년의 눈에 비친 추악한 서울의 이면이 연속적으로 이어져 드러나고 있기 때문이다.

세태소설은 동시대인들에게는 요지경 같은 사회의 이면을 보는 재미와 함께 타락한 자신들의 모습을 거울을 통해 보는 듯한 반성과 아울러 부정한 사회에 대한 냉소적인 작가의 비판의식을 제공한다. 그러나 대개의 세태소설의 경우, 기실 당대 사회의 부패한 이면을 통속적 흥미위주로 전달하는 데 무게가 실려 있어서 당대 사회에 대한 심층적 비판은 그 힘이 약하기 마련이다. 그런 면에서 세태소설을 평가절하하기도 하지만, 당대 사회의 이면이 다양한 계층의 인물을 통해 사실적으로 드러나 있어 마치 재래시장에 가서 구경을 하는 듯한 즐거움을 주는 것은 사실이고, 그 즐거움에는 분명 씁쓸한 냉소적 비판이 들어있음도 사실이다.

동시대인들에게 세태소설이 이러한 점에서 읽힌다면, 후대인들에게는 잊혀진 지나간 시대의 풍속도를 보는 즐거움을 준다. 이미 시대적으로 유효기간이 지나버린, 그래서 이제는 그저 흐뭇한 미소로 혹은 윗세대들에 대한 존경 혹은 연민, 안타까움으로 우리 이전의 삶을 보는 것이다. 거기서 좀더 확장하자면 다시금 현재를 돌아보고 지나간 시대의 치부를 되풀이하지 않도록 경계하는 하나의 본보기로 인식하는 정도일 터.

그러나 거기에 그친다면 차라리 행복할 지도 모를 일이다. 30년 전의 세태소설이 여전히 현재형으로 읽힌다면 그것은 불행일 것이기 때문이다. 지나간 소설에 펼쳐져 있는 지나간 시대의 타락한 현실이 단지 지나간 것이 아니라 지금 이 순간 우리의 일상과 겹쳐져 나타난다면 우리는 그저 즐거운 웃음만을 짓지는 못할 것이다. 『길』은 그런 소설이다. 소설에 나타나는 인간 군상들의 타락함과 소위 지도층 인사라고 거들먹거리는 상류층의 부정과 부패의 행태는 여전히 생생하고, 작가의 분신일 듯싶은, 의분에 찬 힘없는 이들의 장광설은 여전히 수많은 소시민들의 속내고 간절한 바람이다. 이제 1960년대 후반의 서울로 한 시골 소년을 따라서 가보도록 하자. 거기엔 지나간 세대들의 일상이 있고, 우리 어린 시절 그렇게 궁금했던 어른들이 세계가 있고, 지금 젊은 세대들에겐 먼 나라 이야기 같은 풍속이 있다. 그런 반면에 앞 뒤 딱 들어맞는, 여전히 변하지 않은 우리의 치부가 있다.

주인공 최성칠은 이제 겨우 열여섯 살 먹은 소년으로, '생소한 서울로 하나의 꿈을 안고 굳은 각오를 하고' 상경을 한다. 아버지와 형이 고기 잡으러 나갔다 죽은 뒤 가장이 되어버린 성칠은 고지식하고, 순박하기 이를 데 없는 소년이다. 성격이 급하고 자존심이 무척 세며, 의지가 굳은 인물이다. 그렇게 영리하진 않으나, 자신과의 약속을 철저히 지키고자 애쓰는 그런 인물이다.

> 그러나 성칠은 이런 여자들 사이에 끼여 식모살이 할망정, 그리고 부단한 자극과 충동과 유혹에 시달리면서도, 탈선을 하거나 변태적인 방향으로 굳어버릴만큼 그 심성의 뿌리가 나약한 소년은 결코 아니다.
> 그에게는 본질적으로 강인한 의지와 다소 도에 넘치는 프라이드가 있었다.
> 그것은, 나는 온갖 현실악에 물들지 않고 바르게 살겠다는 욕구와 그렇게 살고 있다는 자신에서다. 그리고 어떻게 해서든지 기어이 성공하고 말리라는 굳은 결의에서다. (121쪽)[12]

성칠이 미옥이와 기숙이의 자취방에 함께 기거하게 되는 장면에 나
오는 이 부분에 성칠의 성격이 잘 드러나 있다. 주인공은 그래야 하는
법, 다양한 계층의 인물들이 입체적인 데 반해 오히려 주인공은 평면적
인물에 가깝다. 그는 작가의 내시경이기 때문이다. 그러한 인물이 결국
은 좌절하고 마는 데에 부조리한 현실의 강고함이 있다.

그 외 주요인물로는 봉순이를 비롯, 진옥여관에서 만난 기숙이, 진옥
여관의 주인인 진옥여사, 진옥여사와 내연의 관계를 맺고 있는 파렴치
한 정치꾼인 강이사, 기숙의 친구인 미옥이, 강이사의 딸인 강남주, 성
칠의 정신적 지주가 되는 신명약국 주인 등을 들 수 있다.

성칠이 서울 올라와 처음 일하게 된 곳, 진옥여관의 주인인 진옥여
사는 6·25사변이 터지기까지는 그저 그런 평화로운 가정에서 학교를
다니던 순진한 처녀였는데, 전쟁 당시 부친이 납북을 당하고, 1·4후퇴
때 모친과 두 동생과도 생이별을 하고, 이후 '식모살이로, 공장의 직공
으로 전전하다가, 남자의 꾐에 넘어가 몸을 버린 뒤로는 판자가게 술집
작부로 출발하여, 바아, 캬바레, 요정 등, 안 굴러먹은 곳이 거의' 없는
상황에까지 이르면서 그래도 악착같이 돈을 모아 현재 진옥여관의 주
인이 된 것이었다. 그런 그녀는 현재 강이사라는 정치꾼의 내연의 처로
서 생활한다. 그러다 결국 외로움을 견디지 못하고, 자살하고 만다.

봉순이는 성칠의 고향 친구로 성칠의 첫사랑이면서 성칠이 유일하게
사랑한 여자로 성칠과 장래를 약속한 사이였지만, 성칠을 배반하고 진
옥여관을 나온 이후 점원으로 있던 가게의 젊은 사장의 아내가 된다.
봉순의 배신, 그리고 어머니의 사망이 성칠을 다시 귀향하게 만드는 결
정적인 이유가 된다.

기숙은 진옥여관의 가정부로 있던, 성칠보다 네 살 정도 많은 처녀

---

12) 손창섭, 『길』, <한국대표문학전집 34>, 삼중당, 1974, 이하 쪽수만 기재

였는데, 강 이사의 아이인지, 진옥여관의 바람둥이 지배인의 아이인지 모를 아이를 임신한 후, 자포자기식으로 술집 작부가 된다. 기숙의 친구로, 기숙과 함께 살면서 술집 작부의 생활을 하고 있는 미옥은 비록 기숙보다 한 살 위이지만, '꽤 영리하고 야무진 여자'다. 기숙의 무절제한 생활을 대놓고 나무라기도 하는, 매우 현실적이면서 악착같은 일면을 지니고 있는 그런 여자다. 미옥 역시 이 소설에 등장하는 진옥여사나 기숙이와 비슷한 삶의 행로를 거친 인물인데, 후처로 간 어머니를 따라갔다가 의붓아버지에게 욕을 당하고 가출, '상경하여 식모살이 식당 여급 등으로 전전하던 끝에 결혼을 내세우는 조리사의 감언이설에 빠져 향락의 제물로 이용만 당하고는 보기 좋게 채이고' 그 뒤로는 다방 레지, 바아와 캬바레의 여급을 거쳐 지금에 이른 것이다. 그러다보니 '오직 돈을 벌자는 것만이 미옥의 최대의 희망이요 목표가 된 것'이다.

성칠이 구두닦이를 하면서 알게 된 신명약국 주인은 한 마디로 작가의 페르소나라고 할 수 있다. 그는 성칠을 상대로 신랄한 사회비판, 현실비판적인 얘기를 해서 성칠의 사회인식을 교정해주는 인물이다. 그는 곧 소설 속에 뛰어든 작가이다. 정지수 선생이 성칠의 유년의 정신적 지주라면 약국 주인은 성칠의 살아있는 정신적 지주이다. 그는 성칠에게 정지수 선생이나 남주보다 훨씬 적극적이고 격렬하게 비친다. 성칠은 그를 '진정한 숨은 애국자'로 여기게 되고, 그에게 신뢰감과 존경심을 갖게 된다.

성칠에게 사회의 부조리함을 깨닫게 하고, 자신이 나아가야 할 길에 대해 신중하게, 그리고 올바르게 모색할 수 있도록 힘을 주는 인물이 신명약국 주인과 강 이사의 딸 남주다. 남주는 자기 아버지의 부도덕성과 파렴치한 행각을 비판하며 올바른 삶을 살고자 하는 당찬 여대생이다. 그러나 결국 아버지의 정치 농간에 희생이 되고 마는 불행한 여자라고 할 수 있다. 진옥여사의 사망, 남주의 불행은 성칠로 하여금 서울이라는 곳, 자신의 소망을 이룰 수 있을 것이라고 기대했던 약속의 땅이 자기 같이 못 가진 자, 배우지 못한 자에게는 너무나 냉정한 곳이며, 정직한 자, 착하고 성실한 사람은 이용만 당하거나 희생될 수밖에 없는 비정한 곳임을 절실하게 깨닫게 만든다.

동네 친구였던 봉순이의 소개로 봉순이가 일하고 있는 진옥여관에 함께 일하게 되면서 성칠의 서울 생활은 시작된다. 성칠이 겪는 삼 년간의 서울 생활을 통해 작가는 당대의 타락한 현실을 고발한다. 성칠이 여관 종업원에서 공장 직공, 구두닦이, 과일 행상, 고리대금업까지 겪으면서 숱한 사람들을 만나는 과정을 통해 요지경 같은 1960년대 후반의 서울 세태가 드러나게 된다. 여관이라는 공간을 둘러싸고 벌어지는 풍속도는 촌스러움과 함께 지금의 모텔이나 러브호텔의 풍속도와 겹쳐지면서 쓴웃음을 짓게 만들고, 성칠이 봉순이, 진옥여사, 봉순이와 처음 하는 서울 나들이는 시골 촌뜨기 성칠의 입장에서 그려져 있어, 재미를 자아낸다. 그렇지만 이 소설의 초점은 성칠이라는 순수하고 강직한 시골 소년이 겪는 부정과 부패가 생활의 습속으로 자리 잡아 가고 있는 서울의 타락상이다. 그것은 아직도 청산하지 못한 우리 시대의 부정과 부패의 원형(原型)이다. 1960년대 후반은 그런 의미에서 우리가 관심을 가져야 할 시대이다.

2. 악은 현실이고 선은 관념이다

성칠이가 겪는 현실은 한 마디로 타락한 현실이다. 그가 만나는 사람들 거의가 타락한 현실 앞에서 좌절하거나 타락한 현실에 타락한 방법으로 적응하고자 하는 인물이다. 거기엔 속고 속이는, 약육강식의 처세논리만이 존재한다. 그러한 현실에서 성칠이 흔들리지 않는 것은 정신적인 가르침을 주는 인물이 존재하기 때문이다.

그 인물들이란 어릴 적 은사였던 정지수 선생, 그리고 신명약국 주인, 강남주라고 할 수 있다. 성칠이 가치관의 혼란을 겪거나 힘들 때 이들 인물들은 성칠에게 나타나 조언을 함으로써 성칠이 마음을 다시 다잡는 데 있어 일익을 담당한다. 그들로 인해 성칠은 현실을 객관적으로, 비판적으로 바라볼 수 있게 된다.

진옥여사와 강 이사를 둘러싼 타락한 현실, 미옥과 기숙의 생활이 보여주는 그늘진 여성의 삶, 타락한 현실에서 타락한 방법으로 현실에 적응하면서 세속적 욕망을 추구하는 복덕방 부소장이나 자성공업사 사장, 부평의 여자 같은 인물들이 보여주는 비인간적인 삶의 방식과 정지수 선생을 비롯, 특히 신명약국 주인이나 남주가 성칠에게 하는 말은 이 소설에서 가장 분명한 대립관계를 이룬다. 이 대립은 인물간의 대립과는 조금 다른데, 이 소설의 주 대립은 인물간의 대립이 아니라 상황과 논리의 대립이라 할 수 있다.

이 소설을 인물들 간의 대립이라고 본다면, 성칠을 비롯하여, 남주나 신명약국 주인, 봉순이나 기숙, 미옥 그리고 이름 모를 숱한 민중들과 강 이사를 비롯하여 자성 공업사 사장이나 복덕방 부소장, 부평의 여자, 그리고 성칠과 이리저리 맞부딪쳤던 질서의식이 없는 시민들이나 건달 등이 될 것이다. 그러니 이런 구분은 별 의미가 없다. 진옥여사 자체가 긍정적인 인물이냐 부정적인 인물이냐 라는 구분을 지을 수 없는 인물인 것처럼, 여기에 등장하는 인물들은 그저 타락한 현실에 섞여 들어가 나름대로 생존해 나가는 인물들에 불과할 뿐이다. 강이사라는 인물은 예외에 속한다 하더라도 이 소설에서 정작 부정적인 인물은 정지수 선생이나 남주, 신명약국 주인의 말에 등장하는 인물들이다.

"많기만. 이 세상엔 확실히 도둑놈 같은 것들이 들끓지. 자신의 이익을 위
해서는 나라와 동족에게 예사로 해를 끼치고, 사회를 좀먹는 해충이나 독충
같은 인간들 말이다. 정치적인 투처한 신념도 없고, 국가와 민족에게 봉사하려
는 정신자세도 돼 있지 않으면서, 이권과 감투욕에 미쳐서 정치를 한답시고
휘젓고 돌아가는 놈들, 국민의 공복이라는 책임있는 자리를 이용해서 뇌물이
나 받아먹고 공금이나 들어먹는 탐관 오리배들, 국가의 동량인 인재 양성을
빙자하여 육영사업을 한다는 미명 아래 폭리도 이만저만이 아닌 지독한 학교
장사꾼들, 사업을 합네 하고 기상천외의 간계를 꾸며 어마어마한 나랏돈을 끌
어내다가는 뒷구멍으로 말아먹지 않으면 고작 독점할 수 있는 상품을 만들어
내가지고는 시세의 몇 배인 엄청난 가격으로 소비자를 골탕먹이는 협잡 사업
가들, 품질을 속이고 가격을 속이고 심지어는 가짜 물건을 진짜로 속여 팔아
먹는 사기상인들, 이런 악질 도배들이 우글거리는 세상이니, 제 정신 가진 사
람치고, 그 입에서 욕이 터져 나오지 않을 수 있단 말이냐." (143쪽)

신명약국 주인의 말에서 비판의 대상이 되고 있는 인물들, 그들이
바로 타락한 사회의 주범이다. 그리고 그러한 도둑들을 독버섯처럼 키
우는 군사정권이 비판의 주대상일 것이다. 그러나 그들은 성칠이 볼 수
없고, 만날 수도 없는 인물들이고 당대에 있어 군사정권은 비판의 저
너머에 있다.

"그래도 근래에 와선 건설도 잘되고 질서도 잡히고, 차차 조금씩 나아져 가
고 있지 않아요."
"그건 나도 인정한다. 오일륙 혁명 이후, 어쨌든 표면상으로는 점점 나아지
고 있는 게 사실이지. 그러나 대부분의 국민이 다 잘살 수 있게 되려면 아직
요원한 얘기야. 지금은 특수층만이 기적적으로 나날이 비대해 가고 있지 않니.
이게 문제란 말이야."
그럼 어떻게 하면 국민이 다 잘살 수 있게 되느냐란 성칠의 질문에 신명약

국 주인은 아주 명쾌하게 이야기한다.

> "결론은 간단하지. 첫째는 부정 부패의 일소, 둘째도 부정 부패의 일소, 셋째도 부정 부패의 일소다. 여기에 협동과 단결과 노력까지 첨가된다면 우리는 세계에서 으뜸가는 나라 축에 들 거다. 그렇지만 이게 안되면 아무리 건설 건설 해도 밑 빠진 독에 물 부어넣는 결과 밖엔 안될 거다." (215쪽)

이 소설의 배경이 1960년대 후반임을 여실히 보여주는 위의 대화 장면은 작가와 시대와 세태소설의 위치에 대해 많은 것을 생각하게 만든다. 5·16 이후 나아지고 있다는 것과 특수층만이 기적적으로 비대해지고 있다는 언설은 얼핏 아무런 충돌을 일으키는 것 같지 않지만, 곰곰이 따져보면 거기엔 이해할 수 없는 걸림돌이 존재한다. 군사정권이 밀어붙인 근대화는 물질적 팽창을 가져왔지만, 그것은 '특수층만이 기적적으로 나날이 비대해'라는 기형적 발전에 불과한 것이었다. 손창섭은 그것을 보고 있었다.

5·16 이후 많이 나아지고 있다는 신명약국 주인의 언설은 그 자신에게도 설득력이 없다. 그가 끊임없이 당대 사회의 부조리와 소수계층의 악덕에 대해 성칠이라는 시골뜨기 소년을 붙잡고 열변을 토하는 것만 보아도 그 사실을 알 수 있다. 진실로 비판의 대상은 언설 속에서만 존재하고 소설의 현실에서 악덕을 저지르는 인물들은 그 언설 속에 맴도는 악덕의 주범들이 만들어놓은 체제의 논리에 그저 적응해서 타락한 방법으로 생존을 도모해 나가거나 아니면 도태되어 희생될 수밖에 없는 소시민들에 불과하다. 강 이사의 경우는 신명약국 주인이 성토하는 비판의 주대상에 속한다고 할 수 있는 인물이긴 하지만, 결국 이 소설에 있어 분명한 대립관계를 이루는 것은 인물들이 아니라 그 인물들이 처해 있는 상황이며, 그 상황에 대한 비판적 관념이 되는 것이다.

그런데 다양한 인물들이 처해 있는 상황, 체제의 논리에 순응하거나 그럴 수 있는 조건도 되지 못해 좌절하는 인물들이 겪는 현실 상황은 나름대로 생생한 데 비해 그러한 현실에 맞서는 혹은 그러한 현실을 극복하고자 하는 이들의 상황은 생동적이지 못하며 그들의 극복 방안 역시 너무나 관념적이다. 정지수란 인물은 한 번도 등장하지 않는다. 오직 성칠의 기억 속에만 존재하며 그때그때 성칠의 기억을 통해서 등장할 뿐이다. 신명약국 주인은 그저 청계천 번화가에서 약국을 경영하는 소시민이며, 기껏 시골에서 올라 온 소년을 붙잡고 어려운 얘기를 해가며 시국을 성토하는 울분에 찬 수다쟁이일 뿐이다. 그런 인물들을 통해 사회에 대한 비판을 하고, 전망을 제시할 수밖에 없는 것이 바로 당대의 시대 상황이었다고 하면 작가에 대한 지나친 옹호가 되는 것일까. 그 말은 정지수나 신명약국 주인은 작가가 직접 소설 속에 들어가 맡은 배역에 다름 아니라는 말이다. 그만큼 작가는 단순히 세태소설을 넘어서고자 하는 의욕을 솔직하게 내보이고 있는 셈이고 또한 그만큼 시대상황에 대해 초조함을 지니고 있었다는 말이 된다.

> "온, 이런 멍청이 같은 녀석 봤나. 서로 속이구 속구, 잡아먹구 멕히고 하는 세상야. 아 눈 똑바로 뜨구 속는 놈이 바보구, 먹히는 놈이 병신이지, 저만 똑똑하문 왜 남한테 속구 먹혀. 그리구 뭐, 뭐가 어째? 도둑놈 물건을 사면 법에 걸려? 아 이 세상에 제대로 법을 지키구 사는 놈이 몇놈이나 있어? 윗대가리는 장관이나 국회의원에서부터, 아래로는 행상인이나 청소부에 이르기까지 법에 안 걸리게 사는 놈이 몇 놈이나 있느냐 말야. 어떻게 하면 법에 안 걸리구 두둑히 속셈을 차리느냐가 사람 사는 묘리야. (생략)" (107쪽)

자성공업사의 공장장이 성칠에게 하는 말이다. 성칠이 경험하게 되는 서울사람들의 생활은 이 공장장의 말에서 한 치도 벗어나지 않는다. 그것은 생활원칙이 되어 있다. 그것은 바로 성칠이 만나는 사람들의 삶의 목표가 금(金)과 권(權)이기 때문이다. 성칠의 목표도 다르지 않다. 단지 차이라면 성칠은 정당한 방법으로 그것을 얻고자 한다는 것이다. 성칠이 순박한 시골 청년으로 타락한 서울의 처세에는 밝지 못하지만, 그렇다고 현실 논리를 전혀 모르는 것은 아니다. 그는 자신의 처지를 잘 알고 있다.

하지만 그 현실인식은 세상을 믿는 순진함에 기초하고 있다. 진옥여사와 대화를 나누면서 "아닙니다. 공부는 그저 살아나가는 데 불편하지 않을 만치 해 두려는 거예요. 공부로 출셀 하려면 대학을 나와야 하지 않습니까. 중학교에도 못 가는 제가 어디 대학교에 갈 팔잔가요. 그러니까 돈을 벌어야 해요. 돈 버는 걸루 성공해야겠어요."라고 말한다. 그는 자신의 목표가 자신만 양심껏 열심히 한다면 이루어지리라 믿었다.

그러나 그가 경험한 서울은 그렇지 않다. 그에게 서울은 이해되지 않는 일들 투성이다. 그가 겪는 다양한 인물들의 악덕과 진실과 잘못된 성공과 좌절이 바로 당대의 생생한 임상보고서가 되는 것이다. 거기엔 성칠이 지금까지 배워온 지식, 알아온 상식이 전혀 맞지 않는 앞뒤가 바뀐 세상이다. 그는 세상이 겉보기와는 전혀 다르다는 사실을 깨달아 간다. 여관에서 마주치는 손님들, 강 이사의 진실, 남주와의 만남 등은 그에게 세상의 이중성, 위선을 체험적으로 깨닫게 하며, 신명약국 주인의 이야기는 체험한 세상의 타락과 부조리를 인식적으로 정리할 수 있게 해준다. 신명약국 주인의 비판과 현실극복 방안의 제시는 역설적으로 당대 사회의 부조리함의 강고함을 드러낸다.

신명약국 주인의 현실 비판은 직설적이며, 힘이 있다. 하지만 그가 제시하는 현실극복방안은 비판에 비해 당위론적이며 따라서 관념적으로 들린다. 이미 부조리한 세상의 습속을 조장하고 거기에 길들여져 있는 주체들이 어떤 계기로 인식의 전환을 가져올 것이며, 그 인식의 전환을 누가 이루어낼 것인가라는 문제는 신명약국 주인의 그 장광설에도 들어 있지 않다. 부정부패의 일소와 협동, 단결을 주장하는 신명약국의 말은 그래서 공허하게 들리는 것이다.

3. 참다운 '길'이란 명제의 현실적 무력감

1930년대 말 임화는 <세태소설론>이란 글에서 '말할려는 것과 그릴려는 것과의 분열'이란 유명한 명제를 밝힌 바 있다. 즉 '작가가 주장할려는 바를 표현할려면 묘사되는 세계가 그것과 부합되지 않고, 묘사되는 세계를 충실하게 살리려면, 작가의 생각이 그것과 일치할 수 없는 상태'라는 것이다. '현실을 있는 그대로 그리면 작품 가운데선 작자가 인생에 대하여 품고 있는 희망이란 것이 살지 못할 뿐만 아니라, 오히려 암담한 절망을 얻게 되는 것이다'라고 그는 설명한다.[13] 손창섭의 경우도 이에서 크게 벗어나지 않는다. 더욱이 부조리한 현실에 대해 비판정신을 지니고 사실적으로 소설세계를 펼쳐 온 손창섭의 경우, 그가 세태소설을 의도한 순간, 그 딜레마에서 벗어날 수 없는 것은 당연한 것이다. 전망 없고 희망 없는 부조리한 현실에 함몰되지 않고, 한 가닥 희망의 씨를 뿌려야 한다는 작가의식이 고스란히 드러난 것이 바로 얼굴 없는 정지수나, 남주 그리고 누구보다도 신명약국 주인이며 그들이 장황하게 뱉어내는 현실비판적 내용과 부조리한 현실의 극복방안이다.

그렇기 때문에 추악한 도회지의 이면은 생생하게 살아있는 인물들을 통해 구체적인 사건과 행동으로 보이지만, 그에 맞서서 그저 보이는 것에 만족하지 않고 말하고자 하는 작가의 의도는 몇몇 인물들의 말에

---

13) 임 화, 『문학의 논리』(임화평론집), 서음출판사, 1989, 207쪽 참조

의해서 보일 뿐이며 따라서 지나치게 설교적이며 교과서적이다.

　성칠은 신명약국 주인의 대화를 통해 전까지의 고난과 인간에 대한 불신과 심적 방황을 정리하고 새로운 마음으로 삶을 꾸려나가고자 한다. 그것은 부평에서 고리대금업을 해서 한 몫을 잡으려던 계획이 제대로 되지 않고 진옥 여사의 사망 소식까지 접했을 무렵이다. 진옥 여사의 사망을 접하면서 성칠 스스로 '결코 돈만으로 인간의 행복이 달성되지 않는다'는 것을 깨닫는다. 그때 신명약국 주인의 말은 그에게 새삼 '돈벌이에 대한 마음의 자세'를 다잡는 데 도움을 준다. 그와 동시에 그는 그즈음 벌어지고 있던 총선거에 정신을 빼앗기는데, 그것은 강 이사의 당선 여부가 궁금했기 때문이다. 이것은 세상에 대한, 그리고 흔히 사필귀정이라고 믿어왔던 하늘의 뜻에 대한 믿음과 경외심을 되찾고 싶어하는 성칠의 간절한 심리를 반영한다. 자신이 헛된 욕심을 버리고 다시 원래의 마음으로 돌아가 정직하게 노력하고 분수에 맞게 행동한다면 세상은 그런 자기에게 선(善)으로 응답을 할 것이라는 기대, 아니 그것은 절실한 바람이다. 강 이사의 당선 여부에 관심이 쏠리는 것도 같은 마음에서이다. 이 소설에서 가장 악덕하며 파렴치한 강 이사 같은 인물이 국민을 대표하는 국회의원이 된다는 것은 바로 이 세상 자체가 희망이 없다는 것을 의미하기 때문이다. 성칠은 그런 인물이 당선되지 않기를, 그래서 세상이 아직은 희망이 있다는 것을 보고 싶어하기 때문이다.

그러나 그런 성칠의 바람은 결국 좌절되고 만다. 자신의 딸마저 정치를 위해 희생시키는 그런 악덕한 인간인 강 이사가 국회의원에 당선이 되는 현실에 성칠은 절망하게 되는 것이다. 거기에다 봉순의 배신, 모친의 사망으로 성칠은 더 이상 자신이 서울에 있을 이유를 찾지 못한다.

서울 생활을 청산하고 시골로 내려가고자 하는 성칠에게 신명약국 주인은 "어디서 무엇을 하든 바로 사는 길이란, 그리구 성공에의 길이란 험하구 먼 거야. 다만 어디 가서 무얼 하든 취미와 성격에 맞는 직업을 골라, 끈질기게 한 우물을 파. 지금의 나로선 네게 이 한마디밖에 할 말이 없다"라는 마지막 충고를 한다.

> 이제 고향에 닿아서 모친의 장례를 치르고 나면 어린 두 동생을 데리고 전보다 더 무거운 새출발을 해야 한다. 그것은 신명약국 주인의 말대로 험하고 먼 길이 될 지도 모른다. 그러나 이번만은, 이제부터는 경험을 살려 실패 없고 후회 없는 전진을 하리라고 차창에 비친 자신의 침통한 얼굴을 쏘아보며 그는 몇 번이나 다짐하는 것이었다. 진실한 의미에서의 출세나 성공이란 과연 무엇인가에 대하여 새로운 의문을 느끼면서. (536쪽)

신명약국 주인의 충고를 가슴에 간직하고 시골로 내려가면서 성칠이 혼자 생각하는 부분이다. 과연 성칠이가 생각하는 '진실한 의미에서의 출세나 성공'이란 무엇인가. 그는 과연 답을 찾을 수 있을까. 세상에 대한 절망과 인간에 대한 불신만을 서울에서 배우고 고향에 내려가는 성칠에게 신명약국 주인의 마지막 충고는 안쓰럽기까지 하다. 고향은 성칠에게 '실패 없고 후회 없는 전진'을 허락할 것인가. 손창섭이 얼마 후 이 나라를 떠났던 것, 거기에 해답이 있는 게 아닐까. 1970년대 초 평화시장 골목에서 분신을 할 수밖에 없었던 전태일이라는 한 청년의 절망은 너무나 극명한 대답이 될 수 있을 것이다.

4. '현재'는 여전히 '현재'이다

『길』은 1960년대 후반 한국사회의 단면을 서울이라는 중심에 파고 들어가 적나라하게 드러내 보여주는 작품이다. 거기엔 온갖 부정적인 당대 사회의 양상이 인물들의 행동과 사고, 말을 통해 그려지고 있다. 강 이사로 대표되는 상류층, 지도급 인사들의 비리와 부패, 그리고 다양한 계층의 인물들이 보이는 술수와 음모, 약육강식의 논리와 문란한 성문화, 무질서는 단순히 한 계층에게만 당대 사회의 부정과 부패의 책임이 있지 않음을 보여준다. 이러한 점은 이 소설의 세태소설로서 가지는 강점이기도 하지만, 또한 누누이 이야기하지만, 약점이기도 하다. 이것이 강점도 되고, 약점도 될 수 있는 것은 작가가 세태소설로서의 의도와 그러면서도 세태소설의 범위를 넘어서고자 하는 욕망을 모두 놓치고 싶어 하지 않기 때문에 생긴 결과이다.

부정과 부패의 현상은 다양한 인물들의 일상을 통해 드러나고 있지만, 그것들은 시골 동네 문방구 진열대의 물건들처럼 아무런 규칙도, 틀도 없이 그저 늘어져 있고, 제대로 손을 대지 않아 여기저기 먼지는 뽀얗게 쌓여 있고, 유통기한 지난 물건들은 안에서 썩고 있는지, 고약한 냄새를 풍겨댄다. 그것들이 왜 그렇게 너부러져 있는지에 대한 얘기는 그것과 상관없이 작가에 의해 일방적으로 이야기되고 있다. 어떻게는 열심히 일하지만, 누가 책임을 질 것이며, 이렇게 진열장의 물건들이 엉망으로 방치된 채 제각각 썩어 들어가 기어이 다른 것들까지 썩게 만드는 것인지에 대한 얘기는 구체적이지 못하다. 여기에 버릴 수 없는 작가의 순수함을 본다. 그것은 이 소설을 어정쩡하게 만든 요소이기도 하지만, 작가의 열정을 느끼게 하는 것이며, 그 시대의 한계를 우회적으로 알 수 있게 하는 점이다.

> "남자란 사회적으로 활동하다 보면, 모르는 새에 주색에도 기울게 마련이구, 또 말끝마다 넌 뇌물이니 협잡이니 하지만 수동적인 경우는 필요악이니 할 수 없는 거다. 그러한 이면 공작의 술수와 묘리를 터득 못하고는 현사회에선 사업이고 정치고 큰일은 못하는 거다. 내 이번엔 어김없이 국회의원에 당선될 거구, 멀지않아 장관자리 하난 따고야 말 테다. 사람이 큰일을 하려면 그러한 지위와 권력이 필요한 법인데, 그 목적 달성의 과정에서 내가 어쩔 수 없이 취해 온 전략적 수법이 결벽하고 순진한 네겐 더러 비위에 거슬렸나보다. 그러나 일단 소기의 목적만 달성하고 나면 나도 네 뜻에 맞도록 오직 양심껏 국사에 진력할 각오니, 그쯤 알고 얼마동안만 더 참고 기다려다오. 알겠느냐?" (416쪽)

요즘 연일 신문지상을 장식하는 비리의 주범들, 정치꾼들이나 장사꾼들이 측근들에게 이와 똑같은 말을 하지 않았을까 싶다. 이러한 처세논리는 그 어디에 뿌리를 두고 있었던 것일까. 그 뿌리는 뽑힐 수 있을 것인가. 이전투구를 일삼는 현 정치판을 보면 그러한 희망은 또 저만치 머리 달아나고 있다는 안타까움을 지울 수 없다.

대낮에도 여관에 드나드는 불륜의 남녀들, 권력욕에 사로잡힌 정치꾼, 그의 파렴치한 여성편력과 권모술수, 그러한 정치꾼의 내연의 처로서 음지에 살아가는 사연 많은 여자, 그들이 벌이는 요지경 같은 인간관계는 이미 지나간 시대의 유물에 불과한 것일까. 신명약국 주인이 그렇게 열변을 토하며 부르짖는 당대의 타락상은 이제는 구시대의 폐습에 지나지 않는 것인가. 『길』의 '현재'는 엄연히 과거가 되어 복고풍이 유행하는 요즈음 '예전에 우리 사회에는 이렇게 부정과 부패, 속물성이 판을 치던 때가 있었다'라는 주제의 전시회에서나 볼 수 있는 사례가 되지 못하고 여전히 '현재'가 되어 우리에게 읽힌다. 거기에 시대적 거리감에서 오는 이질감이란 거의 존재하지 않는다. 이것은 비극이다. 성칠이가 결국 문제의식만을 가진 채, 즉 사 사는 길이란 무엇인가를 다시 곰곰이 생각해봐야 한다는 자각, 고향에 다시 내려갈 수밖에 없듯, 여전히 우리 사회의 비틀린 현실은 우리에게 성칠의 자각과 같은 심각한 고민만을 던져준다.

지나간 시대의 세태소설이 복고풍의 시대 유행에 맞물려, 호사가적인 취미를 만족시키는 데 그 역할을 다하는 시대가 올 수 있을까. 지금은 그 전망이 그리 가능해 보이지 않는다. 따라서 우리 '현재'에도 세태소설은 씌어질 것이다. 이 소설 『길』을 읽으면서 느끼는 것은 달라진 시대의 달라진 세태를 읽고 비교해보는 즐거움조차 찾기가 어려웠다는 사실이다. 달라진 것이라면 어휘가 서구적이거나 혹은 더욱 은밀하게, 통속적 세련함으로 치장되었다는 사실 정도라고 할까. 서울은 모든 욕망의 집결지로, 욕망 성취의 본거지로 지방인들을 유혹하고 있고, 여관은 모텔이나 러브호텔이라는 이름으로 도시를 벗어나 근교, 위성도시에까지 뻗어나가며 성업 중이다. 성(性)이라는 화두는 건강하게, 노출된 일상의 영역으로 내포와 외연을 확장중이다. 그러나 그보다 더욱 왜곡된 방향으로 잔가지를 뻗고 있다. 정치판은 아, 이 시대 소시민들의 아픔과 슬픔과 기대는 저 몰라라 개판을 치고 있고, 권력의 불나방, 야욕의 화신들이 이 시대의 지도급 인사로 거들먹거리고 있다. 대통령의 아들들이 비리 사건으로 감옥에 가는 일이 대통령이 되면 마땅히 치러야 할 일처럼 생겨나고 서민들은 상상도 할 수 없는 액수의 돈을 둘러싼 비리 사건, 소위 지도층 인사라는 작자들의 부도덕성과 그 에 때한 뻔뻔스런 변명이 연일 신문지상을 도배하는 한 편에 쪽방이라는 1평도 채 되지 않는 곰팡이 가득한 방에서 그저 하루 연명이 최대의 관심사인, 내일이 없는 사람들이 있다.

30년이라는 세월이 너무 짧은 탓일까. 그렇진 않을 것이다. 그 기간, 이 나라의 지도자들은 환골탈태의 변화를 이루었다고, 그 변화를 자기들이 주도했다고 떠들어대지 않았던가. 무엇이 달라졌나. 무엇이 달라져야 진정 달라졌다고 할 수 있는 것인가.

정직하고 때 묻지 않은 순수한 인물로 십칠 세 시골 소년은 제격이라 할 것이다. 그러나 그런 소년이 서울에 올라와 경험할 수 있는 사건과 부닥칠 수 있는 상황들, 그 속에서 만날 수 있는 사람들은 제한적일 수밖에 없다. 거기에 이 소설의 어려움은 이미 내재하고 있었다. 그래서 작가는 신명약국 주인이란 인물을 내세워 소년이 경험할 수 없는, 즉 소년을 통해서는 드러낼 수 없는 세상의 부조리함을, 그리고 세상에 대해 자신이 하고 싶은 말을 할 수밖에 없었을 것이다. 그러한 점은 이 소설이 갖고 있는 미학적 단점이다. 그러나 거기엔 무엇보다 작가의 고민이 진하게 담겨 있다. 그 고민은 1960년대 후반, 자유와 평등이라는 희망에서 점점 부정과 부패, 차별과 억압의 절망으로 치닫는 현실에서 새로운 희망을 찾고자, 아니 새로운 희망을 찾을 수 있는 것인지 동시대인들에게 묻고 싶어하는 작가의 간절한, 너무나 절실한 바람, 바로 그것이다. 지금 그 바람이 바로 우리의 바람으로 생상하게 살아 있음, 그것이 슬프다.

『길』은 결코 가볍게 읽히지 않는다. 그것은 내 잘못이 아니다.

스러진 4월, 뚱뚱한 통속의 5월 그 변화의 일상성
— 이호철 장편소설 『4월과 5월』 연구 —

1. 들어가면서

이호철은 이미 널리 알려진 대로, 손창섭, 장용학, 서기원 등과 함께 대표적인 전후세대 작가로 거론되어왔다. 특히 전후세대 작가 중에서 서기원과 더불어 1960년대 이후 발전적 변신을 보여주는 작가로 평가되어왔다.[1] 1960년대 이후 70년대로 이어지면서 이호철은 억압적 일상 속에서 획일화되고 통속화되는 시대 상황을 풍자적으로 비판하거나 소시민의 이중적이고 허위적인 비주체성을 신랄하게 사실적으로 묘파하는 소설들을 지속적으로 생산해냄으로써 1950년대 전후세대 작가의 울타리를 넘어 중요한 현대 작가 중의 한 사람으로 입지를 굳혀나가게 되었다. '이호철은 「소시민」 이후 일상의 주변에 관심을 기울이면서 삶의 나태와 무기력을 묘파해내기도 하고, 적극적인 의지로 현실 문제에 접근하기도 한다.'[2]는 평가는 이런 점에서 타당하다고 할 수 있다. '빼어난 문학적 천재로 인해 <소시민>에서, 비록 제한적으로라도 큰 성취

---

1) 필자는 1960년대 이후 이호철 작품의 양상을 50년대 작품을 벗어난 변신으로 보지 않고 하나의 원천을 지닌연속과 확장으로 보았는데 이에 대한 논의는 「새로운 현실로 나아기 위한 현실 검증과 그 새김」(『이호철 문학선집 7』, 국학자료원, 2001년) 참조바람
2) 권영민, 『한국현대문학사』, 민음사, 1994, 197쪽

를 이룰 수 있었지만, 이후 그의 문학은 <소시민>의 수준을 넘어서지 못한다. <서울은 만원이다>(1966), <공복사회>(1968), <재미있는 세상>(1970) 등의 장편들은 잡다한 세말잡사들이 유기적 연관을 맺지 못하고 나열되는 세태소설에서 크게 벗어나지 못한 작품들이다'[3]라는, 귀담아들어야 할 일각의 평가도 있으나, 이러한 평가에 전적으로 동의하기는 어렵다. 이호철 소설이 지니는 '세말잡사'와 인간 군상들의 일상적 꿰어짐이 이호철 문학의 본령이고 그 안에 사람살이에 대한 작가의 예리한 감성이 있다고 필자는 판단하기 때문이다. 그러한 점에 대해서 본고에서 본격적으로 논하기는 어렵지만, 196~70년대 단편들에 비해 상대적으로 장편들이 큰 질적 성과를 보이지 못한다는 위의 평가에 어느 정도 수긍한다 하더라도 이호철은 1960년대 이후 서울 변두리에 모여 사는 잡다한 인간들의 통속적 삶을 통해 1960년대 서울의 속내를 들여다본 『서울은 만원이다』를 비롯, 본고에서 다루고자 하는 『4월과 5월』 등의 주목할 만한 장편을 내놓고 있기 때문이다. 장편 『4월과 5월』은 지금까지 제대로 연구되지 못했으나, 주목해야할 작품이라고 생각한다. 권영민의 언급을 다시 빌면, 1960년대 이후 이호철 문학이 보이고 있는 '삶의 나태와 무기력을 묘파하면서 동시에 현실 문제에 비판적이면서도 진보적인 의지'가 잘 나타나 있는 작품이 『4월과 5월』이기 때문이다. '4·19는 분명 시민 사회를 건설하려는 욕구의 표현이었다. 그러나 5·16 군사 쿠데타에 의한 4·19의 좌절은 시민 사회에 대한 욕구를 부정적(negative)방식으로 표현하도록 강제했다. 다시 말해 무엇이 진정한 시민 사회의 건설을 가로막는가를 성찰하는 방식으로 시민 사회에 대한 욕구를 표현할 수밖에 없었던 것이 60년대'[4]라고 할

---

3) 김윤식, 정호웅 『한국소설사』, 355쪽(예하, 1993)

4) 하정일, 「주체성의 복원과 성찰의 서사」, 『1960년대 문학연구』, 깊은샘, 1998. 27

때, 이호철의 『4월과 5월』은 지금까지 본격적으로 연구된 바 없지만 그러한 60년대 진보적 작가의 소설 방식을 제대로 보여주는 작품이라고 할 수 있다.

4·19 당시에, 4·19를 소재로 이호철은 한 편의 단편 소설을 발표했다. 1960년 11월에 발표한 소설 「용암류」는 4·19가 일어나기 며칠 전부터 4·19 당일까지 동훈이라는 한 젊은이의 행적을 중심으로 새로운 세상에 대한 한 젊은이의 의지와 좌절을 그리고 있다.5)

4·19 거사에 참가하고자 하는 친구의 동참 요구에 같이 할 것인가, 사랑하는 여자와의 약속을 지키러 갈 것인가 즉 공적인 정의를 선택할 것인가, 역사와 현실의 요구를 외면하고 체념적이며 퇴폐적인 개인의 밀실 속으로 숨을 것인가 고민하던 주인공 동훈은 결국 애인과의 약속을 어기고 모임에 나가게 되고 4·19 당일 데모의 행렬에 앞장섰다가 총에 맞아 죽고 만다. 그러나 그 개인적 좌절은 오히려 집단적 힘의 추동력으로 작용하면서 끓어오르던 새로운 세상, 최인훈이 1960년 10월 「광장」을 발표하면서 그 서문에 '아시아적 전제의 의자를 타고 앉아서 민중에겐 서구적 자유의 풍문만 들려줄 뿐 그 자유를 사는 것을 허락지 않았던 구정권하에서라면 이런 소재가 아무리 구미에 당기더라도 감히 다루지 못하리라는 것을 생각하면서 빛나는 4월이 가져온 새 공화국에 사는 작가의 보람을 느낍니다'라고 감격에 찬 어조로 말했던 그 새로운 세상에 대한 강한 작가의 바람을 보여주었다. 이 작품에서 보이는 현실의 강고함과 그만큼 또한 강렬한 현실 의지가 1960년대 후반 일상성 속에서 어떻게 굴절되고 투사되는가를 보여주는 작품이 『4

－ 28쪽

5) 「용암류」에 대한 자세한 분석은 졸고 「분단 현실과 소시민」, 『이호철 문학선집 7』
(국학자료원, 2001년) 참조바람

월과 5월』이라고 할 수 있다. 감성적 감격과 이성적 냉철함이 이 두 작품 사이에 가로놓여 있는 것이다. 그러한 점이 본고에서 중점적으로 다루고자 하는 내용이라고 할 수 있다.

장편소설 『4월과 5월』은 1967년 을유문화사에서 『사월과 빙원』으로 출간되었다가 이후 1980년 <주부생활사>에 『비를 기다리는 여자』로 연재되었던 작품으로 이후 선집이나 전집에 지금의 제목 『4월과 5월』로 개제되어 수록되었다. 그러고 보면 이 작품은 십 수 년간이나 작가 이호철의 관심에서 벗어난 적이 없었던 작품이라고 할 수 있다. 그것은 단순히 제목을 두 번 씩이나 바꾸어가면서 손에서 놓지 않았던 작품이라는 현상에 주목한 데서 나온 동기부여적 발상은 아니다. 작가가 십수 년 간이나 손에서 놓지 않았던 이유를 찾고자 하는 작업이 아니라 오히려 그 반대이다. 이 작품이 60년대 후반에 지니는 무게와 80년 초에 연재된 상황의 거리감은 기실 이 작품의 의미를 새삼 묻게 하는데, 그 십 수 년간의 시공간적 거리를 메꾸어버리는 이 소설의 내적 힘이 이 작가의 손에서 이 소설이 쉽게 떠나지 못했던 이유를 가늠하게 만든다. 그 과정을 드러내는 것이 이 작업이라고 할 수 있다. 그것은 60년대 후반에 발표된 이 소설의 당대적 감각의 날카로움이 가장 중요한 동기가 되었다. 이 작업의 핵심은 이 소설이 갖고 있는 60년대 후반, 정치적 좌절과 그에 맞물려 나타나는 통속적 일상에 대한 보고와 비판, 그리고 무력하지만 포기할 수 없는 저항을 제대로 드러내는 데 있다. 그 위에 이 소설이 60년대 후반을 넘어서서 80년에조차 여전히 현재적 의미를 지닐 수 있었던 그 시대적 아픔에 대한 서술이 덧붙여질 것이다.

2. 뚱뚱하고 천박한 일상-길 씨 집안

1960년대는 성장의 시대라고 불린다. 분명한 근대에 대한 인식도, 정리도 없이 '근대화'라는 거창한 구호 아래, 정부 주도의 자본주의적 구조가 구축되어가는 시기였다. 자유와 평등은 그러한 구호 속에서 배부른 소수 지식인의 세상 물정 모르는 공염불로 치부되고, 권력과 자분이 가장 강력한 일상의 지표로 작용하면서 천박한 자본주의적 습속이 삶의 진리로 자리하게 된다. 1960년의 외자도입촉진법의 제정, 한·미간의 투자보호협정의 체결, 일본과의 국교정상화 등의 미국 대한 전략 속에서 5·16을 통해 등장한 박정희 군사 정권은 '조국의 근대화야말로 우리의 진정한 미래상'이라는 기치 아래 그러한 근대화에 걸맞는 획일적 주체 만들기에 주력하게 된다. 박정희 정권의 근대적 주체란 곧 천민자본주의의 습속에 길들여져 철저한 경쟁논리와 물질적 추구 속에서 정권의 이데올로기에 순응하는 그러한 주체를 말한다. 이러한 주체들의 적나라한 일상이 모여있는 곳이 바로 길씨 집안, 아버지 길국환을 비롯한 집안의 사람들이다. '이호철에게 소시민화란 사적 욕망에 종속된 삶을 의미한다. 경제적 이해관계, 정치적 출세, 성적 쾌락에 탐닉하는 인간들의 추악한 모습에서 작가는 소시민의 원형'[6]을 읽는데, 길 씨 집안의 일상과 다음 절에서 논의하겠지만, 4월회의 몰락은 바로 그러한 부정적 소시민성을 단적으로 보여준다. 길 씨 집안과 4월회의 변질과 몰락의 근거가 되는 부정적 소시민화는 1960년대 후반 그리고 이후 한국 현대사회를 지배하는 지배적인 주체의 동일화의 논리가 된다.[7]

---

6) 하정일, 위의 글, 26쪽

7) 주체의 동일화란 '인간'의 이름으로 정의되는 자격 있는 주체의 경계선에서 작용하는 권력을, 혹은 개개인을 통제 가능한 신체로, 복종하는 주체로 생산해내는 저 길들이는 권력을, 과학, 진실, 유용성 등의 형태로 자기를 위한 것으로 스스로 받아들

> 옛적에는 벼슬아치깨나 한 사람들이 그런 것(명문—필자 주)을 내세웠지만
> 요즘 세상에는 그 후예들, 바깥바람을 먼저 쐬고 해외에나 들랑거린 이력이
> 있고 기독교나 일찍부터 믿고 소위 현대풍을 먼저 알았다는 사람들이 그런 것
> 을 내세운다. 그러나 하나같이 정작 속은 빈털터리고, 어디서나 흔한 민주주의
> 풍이나 내기 좋아하고, 별로 실감도 없이 입 끝으로 애국소리나 하기 좋아하
> 여, 차라리 그것은 작금의 첫째 가는 추물들이다.[8] (276쪽)

딱히 1960년대에 국한되는 세태라고만 할 수 없는 우리 한국 근현대
사를 관통하는 속물적 소시민성에 대한 지적이라고 할 수 있을 것이다.
해외 유학 혹은 잦은 해외여행은 1960년대 당시 일반 서민들에겐 실감
이 가지 않는 일상일 터, 해외 유학과 기독교를 바탕에 둔 현대풍을
겉멋으로 부리고 다니면서 민주주의를 장식품으로, 애국이란 말을 상투
어로 쓰면서 여전히 집안을 따지는 사적 욕망에 충실한 주체들이 여전
히 4.19 이후 한국사회의 특권층을 형성한다. 그러한 특권층의 전형적
인 인물이 길국환이며 그의 가족들이다. 길국환은 일제 식민지 시대부
터 금융계 생활을 한 인물이다. '1930년대에 들어서면서 일본 군국주의
가 비대하면서는 은행원으로서 적당히 황국신민 노릇'을 했고, 종전과
해방 후에도 별 탈 없이 앉은 자리 지키면서 살아왔고, '대한민국 천하
가 되자 어머니 뱃속에 있을 때부터 민주주의 신봉자이거나 했던 것처
럼, 이번에는 갑자기 미국식 자유주의풍과 민주주의풍'을 내면서 풍파
없이 살아온 길국환에게 이제 '절어든 것은 웬 허황한 가락과 자기에
대한 과신, 자기만족뿐'이다. 청산되지 않은 한국 현대사의 얼룩진 역
사에 편승한 기회주의적이며 속물적인 특권층의 무사안일한 일상이 바
로 길국환의 일상이다.

이는 것이며, 말 그대로 스스로 주체가 되는 것이다. 이러한 과정을 통해 주체의 동
일성/정체성이 생산된다.(이진경, 『맑스주의와 근대성』, 문화과학사, 1997, 172쪽)
8) 『이호철 문학선집 3』, 국학자료원, 2001, 이하 본문 인용시 쪽수만 기재

어떤 기구나 제도, 혹은 가정이 다 그런 것이지만, 생기를 공급받지 못하고 항시 청신한 바람을 불어넣지 못하면 어느새 더께가 앉고 이끼가 끼고 쉬이 늙어버린다. 그 속의 사람들은 아무리 혈색이 좋고 덩치가 커도 구린내를 풍기고 상투화해버리게 된다. 늘 현재의 분수에만 주저앉아 있는 데에 버릇이 된 사람들이 그 정신적 퇴폐, 바로 길국환 씨가 그러하였다. (289)

그의 가족들 역시 그와 별반 다르지 않다. 현재의 안일한 일상에 젖어들어 정신적으로 퇴폐해가는, 그리하여 비판적이지 않음으로 해서 오히려 더욱 권력의 습속에 충실한 현실순응적 주체가 되어가는 인물들이 길씨 집안의 가족들이다. 길국환의 첫째 동생 길영환은 국책회사의 중역으로, 현재 차관 도입 건으로 바쁘고, 둘째 동생 길인환은 중앙청 과장으로, 서기관 발령이 난 지 얼마 되지 않아 신중해져있고, 셋째 길수환은 모 대학 사회학 부교수로 재직 중이다. 그리고 막내 길성환은 Y통신사 정치부에 근무하고 있으며 미혼으로 길수환의 집에 기거하고 있다. 길국환을 비롯, 길성환을 제외한 형제들의 아내들 곧 동서들의 삶은 남편들의 직업이나 위치를 보면 그다지 관련이 없어 보이지만, 그들을 둘러싼 분위기가 곧 1960년대 현실순응적 상류층의 행태를 보여준다. 그것을 작가는 '뚱뚱한 일상성'이라고 부른다. 길성환의 누나이자 이 집안의 외동 딸 길순오는 남편이 수의사로, 이문동에서 개업을 하고 있는데 지기만 변두리에 산다는 자격지심으로 늘 불만투성이인 인물이다. 길영아의 맏언니 기아의 경우도 마찬가지다. 기아는 심통 사납고, 그의 남편은 무역회사를 차리느니 어쩌니 떠벌리면서 맨날 말끝마다 돈벌 타령만 하는 속물이다. 「판문점」에서 진수가 그의 형네 부부의 속물성에서 느끼는 이역감이 여기서는 영아가 언니 기아네 부부에게서 느끼는 역겨움으로 나타난다. 영아가 느끼는 기아네 집의 분위기는 '어딘가 소란스럽고 게걸스럽게 떠 있는 분위기'이다. 길국환의 가정에서 풍기는 천박한 일상성과 길 씨 형제들의 아내들에게서 풍겨 나오는 뚱뚱한 일상성과 기아네의 소란스럽고 게걸스러운 분위기는 1960년대 일제시대에서부터 시류에 편승하여 특권층으로 자리 잡아 온 속물적 주체들의 일상을 적실하게 표현하는 술어들이다. 그러한 세태 속에서 영아가 느끼는 혐오감과 길성환이 느끼는 권태로움은 너무 허약해 보인다. 세태의 강고함에 비해 그들의 혐오감과 권태로움, 일탈에 대한 영아의 욕구는 길국환을 비롯한 가족들에겐 철없는 아이의 투정, 배부른 소리에 불과해 보인다.

3. 경박하고 완강한 일상과 얄팍한 의식의 동일화
─4월회의 몰락

길국환을 중심으로 한 길씨 집안의 풍경이 4·19 이후 가속적으로 계층화되는 기득권층의 체제순응적이며 개인주의적인 통속적 일상을 보여준다면, 4월회의 진면목과 그 전락의 과정은 젊은 세대들의 세태순응적인 부정적 변모의 양상을 나타낸다. 이러한 양상은 결국 진보적 길을 벗어나 박정희식 근대와의 논리에 스스로를 동일시하면서 그들의 전세대 곧 길국환 세대의 뒤를 충실히 따르는 무기력한 주체로 전락하고 마는 4·19 세대에 대한 작가의 냉정한 비판의식의 소산이다. 한국 현대사의 급변을 통해 정당한 역사적 몰락과 자기 반성을 통해 도태되거나 변혁의 주체로 올바르게 거듭나야 하는 4·19 이전 기득권층들이 일제 강점기를 거쳐 1960년대에 이르는 동안 여전히 사회적 상층부를 이루면서 기득권층으로 존재하고 거기에 4·19 세대의 자유와 평등, 정의에 대한 외침조차 하나의 포즈로 남아버릴 때, 거기에 진보적 역사의 희망이란 찾아보기 어려운 것이 될 수밖에 없는 것이다. 거기에 실제 진보적 지식인의 외침은 들어설 자리가 없다. 숨거나 꺾이는 수밖에 없는 것이다. 4월회에 관한 보고는 그러한 1960년대 후반 한국 사회 지식인들의 현실을 상대적으로 여실히 보여준다. 여기서 상대적이란 말은 4월회라는 모임의 허구성과 무기력함이 1960년대 진보적 지식인들의 상대적 침체와 약화를 추론가능하게 만든다는 것이다.

> 4월회란 4·19 당시의 각 대학 학생이었던 사람들이 그때의 기개와 용기를 잊지 않기 위해 지금도 가끔 모이고 있는 일종의 친목단체였다. 김성우가 부회장을 맡고 있고 우준걸이 부총무를 맡고 있는데, 김성우는 이름만 걸어 놓았을 뿐, 처음에만 두어 번 나가 보고 그 후는 한 번도 나가지 않았다. 김성우 보기에, 이미 이 멤버들이 사회에 나와서 가지가지 직업을 가지고 있고 그런 땟국이 가지각색으로 꺼묻어 어쩐지 어중이떠중이 같아 보이고 추하게 느껴졌다. 봄가을마다 한번씩 태릉이다, 혹은 동구릉이다, 소풍을 가는데, 으레 끝장에 가서는 곤드레만드레 술타령이었다. (315)

4·19 당시 각 학교의 대표로 만난 것을 계기로 그 이후 지속적으로 진보적 지식인의 정신과 활동을 이어가기 위해 결성한 것이 4월회라는 단체이다. 하지만 그 4월회의 지금 모습은 그러한 애초의 정신이나 활동에 대한 비전과는 동떨어진 모습을 보인다.

이러한 몰락은 4·19 이후 학생운동의 변화와 아울러 4월회를 구성하고 있는 구성원들의 물적 조건에서 기인한다. 4·19 이후 학원으로 복귀한 대학생들은 대내적으로는 학원민주화 운동을 펼치면서 대외적으로는 국민계몽운동과 신생활운동을 펼쳐나갔다.[9] 하지만 1960년 9월

---

9) 1960년 7월 6일 서울대학교 국민계몽대가 결성되었다. 4월 혁명 정신의 보급, 국민의 정치의식과 주권의식의 고양, 경제복지의 추구, 신생활 체제의 수립, 민족문화 창조를 강령으로 채택, 그러나 실제 활동이나 성과는 미흡하기 짝이 없었다. 역시

22일, 서울대 신생활 운동반과 정부와의 의사당 앞 충돌10)은 '혁명 후에 <특권층>으로 나타난 집권자들과 혁명을 위해 피를 흘렸던 학원 사이의 격차를 노정'11)하게 되었다. 무능한 과도 정부 후에 4월 혁명의 계승이라는 명분을 들고 나온 5·16 군사 쿠데타는 구악(舊惡)의 일소와 민생고 해결, 민족주의를 내세움으로써 대학생들의 지지를 받았다. 당시 각 대학교 학생회는 5월 안으로 혁명지지 선언을 냈다. 하지만 통일에 대한 관심이 반공 이데올로기의 군부에 의해 공격 당하고, 진보적 지식인의 구금과 자유의 억압이 가시화되면서 군부에 대한 학생들의 실망은 커져갔고 1963년 혁명 정부의 민정이양 연기선언은 학생들의 실망감을 더욱 굳히는 사건이었다. 이러한 학생들의 실망은 곧 학생 진보운동의 새로운 계기가 되어 한일회담 반대 운동으로 이어지기도 했으나, 박정희 정권의 반공이데올로기의 강력한 이념의 획일화와 자본주의적 근대화의 추진 등으로 인해 4·19 당시의 학생 운동의 주축들은 급속히 기성 세대화 되어간다.

그러나 정작 대학을 졸업하고 사회에 나오자 그들은 칼로 오려낸 듯이 왕년의 그 대학생 태를 부숴내고, 그들 나름으로 쉬이 시류의 때에 절어들기 시

서울대학교를 중심으로 일어났던 신생활운동(민족주체성 확립, 사치 허영 낭비 배격, 도시와 농촌간의 장벽 극복, 민족 에네르기 집결 등) 역시 주체 세력의 내적 윤리성 미비와 혁명의식 없는 정부와 현실에 급급한 사회의 외면으로 별 소득없이 흐지부지 되고 말았다.(고영복, 「4월 혁명의 의식구조」, 『4월 혁명론』, 1983, 115-117쪽 참조)

10) 1960년 9월 22일, 서울대 신생활 운동대는 의사당 앞의 가넘버 차량 51대를 실력으로 시청앞 광장에 유치시키고,「국회의원에 드리는 공개장」을 통해 신생활 운동을 입법화할 것과 부당한 압력으로 불법운행되고 있는 가넘버를 즉시 폐차 처분할 것을 결의했으나 정부는 경찰력을 동원하여 억류된 차들을 차주인 국회의원에게 돌려주는 한편, 신생활 계몽운동을 불법 해위로 규정하고 다시 하면 단속, 입건하겠다는 강경한 태도를 취했다.(고영복, 위의 글, 117쪽)

11) 고영복, 위의 글, 117쪽

작하고, 그들의 집안이라는 완강한 터전으로 돌아가버리고 있었다. 세상은 어차피 그러는 그들에게 편리한 세상이기도 했다.

흡사 유치원 시절의 포즈, 초등학교 시절의 포즈, 중·고등학교 시절, 대학 시절의 포즈, 사회에 나가면 사회인의 포즈, 이렇게 각 단계에 따라서 각각의 포즈가 기다리고 있다는 식으로 미리 규격이 지어진 속을 훑어가듯이 가고 있었던 그들이었다. 그리고 그것은 요컨대 겉치레였다. 그런 속에서는 참으로의 독자성이나 독자적 개척이라는 영역은 처음부터 들어설 여지가 없는 것이고, 주어진 조건 속에서 적당히 누리고, 혹은 적당히 핏대를 올리는 길밖에 안 남아 있었다. 울타리가 넓은 온실 속이나 다름이 없었다. (283쪽)

이러한 4월회 성원들의 기성세대화는 비단 4월회라는 한 단체에 국한된 것으로만 보기는 어렵다. '한일협정조인 규탄 연좌데모를 안국동 네거리에서 벌이고', '성명서를 신문지상에 광고로 내기도' 하지만, 기실 진보적 의식을 지속적으로 견지하면서 변혁의 주체가 되고자 하는 인식과 실천은 이미 사라진 단체들 중에 4월회는 단지 하나일 뿐이다.

"우리 4월회라는 것도 그렇습니다. 근본적으로 따지고 들면 사실 애매하고 성격이 모호한 모임이지요. 4·19 정신을 되살려서 항상 사회정의를 실현하고 그 입각점에 서서 모든 문제에 대들려고 하는데, 대개의 구성 멤버가 이미 사회생활을 하면서 사회의 한 성원으로 있으니까, 근본적인 문제에 이르러서는 금방 자기모순에 부닥친다 이겁니다. 비근한 예로 저만 해도 그렇습니다. 비록 은행의 말단 자리에 있기는 하지만, 은행이라는 곳의 생태를 완전히 알아버린 지금, 그 생태를 기준으로 세상을 보게 되면 한심한 일투성이고, 매일매일 그 속에 몸담고 노상 그렇고 그런 낯짝을 하고 살아가야 할 형편이라는 말씀입니다. 차츰차츰 서서히 어떤 무력감에 말려들 길밖에 없는 것이고, 그렇게 조금씩조금씩 순응해 들어갈밖에 길이 없는 것이지요. 제 친구들을 보더라도, 대개의 경우는 이 모순을 모순으로 느끼고 있으면서도 그건, 대강대강 덮어두고, 큰 전제 이를테면 4월의 정신이라는 이미 제각기의 처지에서 애매하고 막연해진 추상적인 명제만 커다랗게 내걸게 되는 셈이지요. 그렇게 허황하고, 허황할

밖에 없기 때문에 현실에 대면해서 적극적일 수가 없고, 철저히 적극적일 수
가 없기 때문에 유명무실한 성명서나 이따금 내곤 하는 것이 아니겠습니까.
(생략)" (325쪽)

길국환 씨와의 대화 자리에서 우준걸이 열변을 토하는 장면이다. 4
월회가 안고 있는 모순, 통속적 세태에 순응하는 실체와는 별도로 허황
된 포즈 속에서 자기도취적 만족과 오히려 세태 영합적 목적으로 4월
회의 허구성을 이용하고자 하는 4월회 성원들의 비루한 정치적 의도를
기실 우준걸 역시 잘 알고 있었던 것이다. 그는 이러한 자기비판적 발
언을 통해 4월회의 허구성을 지적함과 동시에 은행장으로서의 길국환
씨 역할에 대해 신랄한 비판을 가한다. 4월회에 대한 우준걸의 자기
반성적 발언은 4·19 열기의 침체와 5·16 군사 정부의 자본주의적
경쟁 논리의 근대화와 반공 이데올로기라는 경제정책과 이념의 강고함
속에서 점점 권력의 동일화 논리에 길들여지면서 체제순응적 주체로
변모해가는 4·19 세대의 한계를 드러낸다. 우준걸 역시 길국환 씨와
의 면담에서 이렇듯 강한 어조로 4월회에 대한 자기 비판적 발언과 길
국환 씨의 행보에 대해 뚜렷한 주견이 없음을 비판하고 있음에도 허황
한 듯 보이나 너무나 강고한 일상의 그물에서 전혀 벗어나있지도 못하
고 그럴 의도 또한 없다. 어쩔 수 없다는 순응적 사고와 세속적 가치
에 대한 열망이 주요한 동인으로 작용하고 있는 것이다. 그렇기 때문에
길국환과 우준걸의 열띤 대화는 결국 애초 만남의 목적이 진지한 대화
나 자기반성이 아니었던 것과 마찬가지로 흐지부지 일상적 대화 속에
묻혀 버리고 마는 것이다. 애초에 우준걸이 내뱉은 말 자체가 우준걸이
내면에서 우러나온 것이 아니라, '그런 비슷한 회합에서 얻어들었던 소
리를 얻어들었던 소리를 되옮긴 것에 지나지 않을 것'이고, '우준걸이

라는 사람이 평소에 그런 문제를 자기 자신의 문제의식으로 가질 만한 사람이 못되는 것'으로, 이미 허황할 수밖에 없는 것이다. 우준걸처럼 일상적 차원에서 체제순응적으로 변모하거나 아니면 더욱 정치적으로 체제순응적 아니 체제편승적 주체로 나아가는 것, 4월회의 몰락은 그 둘의 갈라짐을 보여준다. 전자의 경우는 무기력하고 후자의 경우는 기회주의적이며 권력지향적이다. 후자의 경우이며 4월회가 지니고 있던 순수함 그러나 이미 무기력하고 무비판적이며 안이해져버린 4·19 정신을 허물어버리는 인물이 바로 박훈재이다.

대부분이 유복한 집안의 귀공자들로만 짜여진 4월회에서 박훈재는 상대적으로 가난한 자기의 처지를 애초부터 의식하고 철저히 자신의 사생활을 장막 속에 숨긴다. 그리고선 4월회의 총무직을 맡아 실질적인 4월회의 업무를 관장한다.

그런 박훈재가 5년 동안 4월회 총무를 맡아 왔다는 것, 그러나 특이하게도 '그의 가정에 대하여 자세히 아는 사람이 이제까지 한 사람도 없었'다는 사실, 누구도 그것을 특별히 부자연스럽게 여기지도 않았다는 점'은 어색한 일이지만, 거기에 4월회의 성격이 고스란히 담겨져 있다. 4월회의 현재를 두고 여타의 멤버들과 박훈재가 갈라지는 지점, 스스로 타 멤버들에게 자신만의 장막을 쳐 놓았던 박훈재의 태도만이 아니라 그에 대한 다른 멤버들의 무관심은 곧 4월회라는 모임의 허약성과 안이한 일상 속에 머물고 마는 퇴행성을 그대로 보여준다. 우준걸이나 길상환 등 4월회의 멤버들에게 4·19란 감상과 낭만성으로 출발하여 이젠 일상의 포즈로 남은 껍데기에 불과하다면 박훈재에게 4·19는 열정으로 시작해 4월회라는 정치적 디딤돌을 남긴 이력이 되고 있는 것이다.

　　5.16이 나자, 기성 정치인의 정치활동이 금지되고, 모든 사회 단체와 모든
그 운동이 하루아침에 서리를 맞은 속에서, 박훈재는 4월회를 등에 업고 서서
히 정계의 한 가운데를 넘어다보았다. (342)

　　그러면서 박훈재는 정치적 인맥 속에서 형무소 생활을 하기도 하는
데, 오히려 그는 그런 일을 겪으면서 자신의 정치적 야망과 물질적 욕
망을 채우는 데 더욱 적극적으로 나서게 된다. 조직을 만들고 정계 인
맥을 형성하는 데 있어 과감성과 추진력, 그리고 성사시키고야 마는 끈
기 등에 있어 뛰어난 능력을 보이는 박훈재는 그러나 '동료들 사이에
서라도 자랑삼아 떠벌리는 일이 결코 없었고 허트게 드러내지를 않았
다. 그렇게 매사에 신중하고 특히 윗사람에게 신의를 지키고, 게다가
결단력도 있고 근면성실'한 면을 보인다. 한 마디로 박훈재는 정치적
인물이라고 할 수 있다. 자신의 부족한 현실적 조건들을 4월회를 통해
보완하고 그것을 기반으로 자신의 정치적 입지를 넓혀 나가면서 정치
적 야망을 실현하고자 하는 의도를 지니고 있는 것이다. 하지만 지난
6, 7년간의 4월회 활동 기간 동안 그에게 분명하게 남은 것이 없는 것
과 마찬가지로 정치적 야망은 있으되 그래도 지녔던 비판적 의식 또한
사그라지고 '터무니없이 요리집 버릇에만 익숙해졌을 뿐만 아니라 스스
로 의식할 사이도 없이 야금야금 대세에의 순응 쪽으로 기울어져가고
있었다.' 아무것도 제대로 분명하게 남은 게 없다는 현실인식과 박훈재
의 그러한 변모가 '요컨대 4월회 자체가 분명한 원칙이라고 할 만한
것이라고는 처음부터 없었던 것'임을 여실히 보여주고 있는 셈이다.
　　4·19로부터 6,7년이 지나는 사이, 5·16의 풍진이 서서히 가라앉
으며 사람들의 일상에 켜켜이 두껍게 덮여가는 즈음, 박훈재는 '행정
계통이나 실무 쪽으로 착실히 걸어간 동료'들을 경멸조로 바라보고,

'당인(黨人)이나 국회 주변에서 늘 기웃거리는 사람, 정치업자 등등의 때가 묻어'가고, 여기저기 안면을 터놓고 지내면서 정치적으로 '쇼부'치기 좋아하는 정치꾼이 되어간다. 하지만 '때는 바야흐로 정치의 계절이 아니라 행정 만능의 계절이 되어 있었던 것', 그의 '쇼부'는 제대로 이루어진 적이 없었다. 하지만 그는 이제 비로소 기반이 잡혀가는 시점이므로, 본격적으로 뛸 시기라고 생각한다. 그의 그러한 의도가 결국 4월회를 파국으로 이끌어가고 마는 것이다.

그의 곁엔 김성우와 군대동료였고, 똑같이 늙은 대학생이었던 임순석과 성가혁, 최선우 같은 인물이 있다. 임순석은 어찌 연이 닿아 모 장관의 수행비서가 되어 박훈재에게 정가의 뒷얘기를 제공하는 정보통이 되어 있다. 박훈재가 현실순응적 정치꾼으로 변질해갔듯이, 임순석 역시 '가장 극렬적인 사람으로부터 전혀 정반대의 극렬 인사로 자연스럽게 탈바꿈'한다. 임순석과 박훈재는 한통속이다. '박훈재의 개인 비서나 참모 비슷이 되어 있었고, 박훈재가 시키는 일이면 어떤 일이든 제 잔돈 푼까지 써가면서 충실히 쫓아다니곤 하'는 최선우 역시 마찬가지이다. 그들은 무기력한 일상에서 안일한 세속적 만족에 젖어가는 쪽을 선택하지 않는다. 박훈재의 경우, 그것은 그가 선택할 수 있는 것이 아니었다.

"성환아, 피차에 그러지는 말자. 나도 지난간 7, 8년 동안 피땀이 범벅이 되어서 뛰었다. 남들처럼 좀 살아 보려고 말이다. 제대로 좀 살아 보려고 말이다. 너희들이야 무슨 걱정이냐. 모두가 사회에 나가서 착실하게 발판을 잡아가고 있지 않니. 4월회가 있건 없건 애초에 너희들에게는 상관이 없었던 거다. 그저 무슨 액세서리처럼 사회적 양심이라는 허수아비로서 그것이 달려 있었을 뿐이다. 그러나 사실은 그것은 처음부터 형체가 없었던 거다. 유령이었던 거야. 나 혼자서 늘 요란하게 북을 치고 꽹과리를 두드리고 했던 거다. 나는 너희들로 하여금 어느 한쪽을 그렇게 늘 안심시키고 싶었던 거다. 누가 뭐라건,

　　이건 내 공이다. 헌데 이제 와서 내가 겨우 길을 잡았대서, 너희들이 그것을
가로막을 수는 없는 거 아니겠니. (생략)" (362)

　　방관자적 태도를 보이며 자신의 기득권이 부여하는 일상에 안존해
오던 길상환이 박훈재가 4월회를 이용하여 자신의 정치적 입지를 넓히
고자 한다는 사실을 알고 분개하면서 박훈재에게 대들 때, 박훈재가 길
상환에게 퍼붓는 역공세는 오히려 진정성이 있다. 하지만 그는 다른 올
바른 선택이 있음을 알지 못한다. 그것이 그의 한계이고, 그의 그러한
선택이 4월회 몰락의 뇌관이 되고 있다. 하지만 4월회의 몰락의 책임이
전적으로 박훈재에게만 있는 것은 아니다. 4월회의 몰락 과정을 통해
작가가 보여주고자 하는 중요한 것은 박훈재와 길상환으로 대별되는 두
가지 선택, 낭만적 순수와 열정이 올바른 현실 비판적 인식과 실천으로
성숙해지지 못할 때 남는 무기력한 포즈와 정치적 예민함이 건강한 운
동성으로 나아가지 못하고 개인 영달을 위한 정치적 술수로 변질될 때
남는 자기변명 모두가 근본적 원인으로 작용하고 있다는 것이다.

　　한 단체가 썩어가는 과정은 이렇게 극히 부분에서부터이지만, 일단 그렇게
썩기 시작하면 급속하게 냄새를 피게 되고 걷잡을 수 없게 된다. 하물며 오늘
까지 박훈재 혼자서 감당해 온 것이나 다름없는 4월회 경우에서랴. 모든 것이
한 자락으로 빠져드는 세태에서는 초연해 있는 편이 현실도피가 아니라 사실
은 그 본래의 건강한 성격을 건강 그대로 유지시켜 갈 최소한의 조건일 수가
있다. 현실의 주요 이슈에 늘 예민한 반응을 하며 그렇게 일관하게 참여해 온
셈인 박훈재의 오늘보다는 늘 당구나 치고 마작이나 하고 바둑이나 두어 온
길성환 편이 지금 와서는 훨씬 건강한 쪽이었다. 항상 세태와 나라를 우려해
오던 박훈재는 어느새 그렇게 입놀리는 데에만 버릇이 된 정치업자로 서서히
타락되다가 급기야 오늘의 이 꼴로 이르렀지만, 그런 데에 전혀 관심이라고는
없어 보이던 길성환 쪽이 도리어 최후로 버틸 수 있는 양식의 거점 같은 것이
나마 지니고 있었던 셈이었다. (373)

그러할 때 작가의 위와 같은 진술은 사실 그다지 설득력이 있어 보이지는 않는다. 길성환 측과 박훈재의 다른 선택의 출발점이 기질의 문제가 아니라 애초의 계층적 차이에 기인한다는 사실은 변혁 운동의 관점에서 볼 때, 중요한 지적이기는 하지만, 선택의 원인을 너무 단순화하고 있다는 생각도 든다. 또한 방관자적 입장에 있다보니 오히려 덜 오염되고 미약하나마 순수성을 지닐 수 있었다는 식의 논리는 길상환의 입장에 대한 궁색한 합리화에 지나지 않을 것이기 때문이다. 길상환의 순수성은 가진 자의 세상 물정 모르는 착함과 흡사한 것, 그것은 적극적 의지가 전제된 선택이 아니라 조건에 의한 부수적 결과일 뿐이다. 그러한 사실을 작가는 알고 있다. 길상환의 순수성을 '현재'의 힘이 아니라, '미래'의 가능성으로 열어두고 싶어하는 것이다. 누군가 희망을 줄 주체로 남아 있어야 하기 때문이다. 길성환이나 박훈재, 임순석마저 마주 대하면 '그 어떤 자괴감'을 느끼는 사람이 김성우다. 그러나 작가는 그에게 기대를 걸 수 없다. 그는 순수하나 밝지 못하다. 그래서 정의로우나 외롭다. 작가는 그에게 희생을, 길상환에게 미래를 맡긴다.

4. 김성우와 길영아 그리고 길성환
― 살인과 떠남, 그 선택의 현실적 의미

앞서 1960년 11월에 이호철은 4·19를 배경으로 「용암류」를 발표하였다. 거기에 등장하는 주인공 동훈은 정의 앞에 목숨을 던지는 의로운 젊은이의 모습을 보여준다. 4·19가 일어나기 며칠 전 적극적이고 주도적으로 학생운동을 하고 있는 친구 석주의 동참 요구에 고민하는 동훈은 소심증의 우유부단하고 나약한 젊은이에 불과하다. 그가 애인인 수경이와 보내는 일상은 단조롭고 따분하기만 하다. 그에게 뿐만 아니라 수경에게도 세상은 삭막하고 따분하다. 그들은 그런 세상 안에서 무기력해지기만 할 뿐이다. 수경의 임신 사실 앞에도 그저 동훈은 심드렁할 뿐이다. 수경과 동훈을 둘러싸고 있는 권태로움, 삭막함은 그들만의 느낌이 아니라는 것, 말 그대로 그들의 일상, 그들이 보는 세상의 모습이다. 그러기에 그것은 4·19 이전 한국 사회의 현상학적 모습, 감각적 일상이라고 볼 수 있다. 그러한 '누구나 못견뎌하는 것'에 대해 수경이가 '결국은 이렇게 개인적으로 만나서 서로 탐욕적으로 대어들고 진을 빨아먹고 이렇게라도 발산을 해야 할 거야'라고 말할 때 그것을 부정할 다른 말도, 의욕도 지니지 못하지만 그러나 권태와 피로, 삭막함을 뼈저리게 느끼는 동훈은 이미 그러한 일상을 부정하고픈 주체의 모습을 보이고 있다고 할 수 있다. 동훈의 모습은 1960년대 이호철 소설에서 보이는 젊은 주인공들의 모습과 닮아 있다. 그런 동훈과 닮아 있는, 그리고 소설 속에선 4·19 당일 경무대 앞에서 총을 맞고 죽음을 맞이하지만 만약 동훈이 살았다면, 그 동훈이 4·19 이후 사회인으로서 일상을 살아가고 있다면, 어떤 모습일까, 어떤 모습일 수 있을까라는 의문에 대한 작가의 판단 혹은 바람이 투영되어 나타난 인물들이 「닮아지는 삶들」의 선재, 「판문점」의 진수, 『4월과 5월』의 김성우라고 할 수 있을 것이다. 「닮아지는 삶들」의 한 가족을 지배하고 있는 공간 역시 암울하다. 가족 사이에 그 어떤 친밀감도, 유대감도 없다. 서로 소외된, 흩어진 모래알과 같다. 그러한 집안 분위기에 신경질적으로 반응하면서 무언가 돌파구를 찾고자 하는 인물은 그 집안의 딸, 영희가 거의 유일하다. 영희는 「용암류」의 수경을 닮아있고, 영희를 빼다박은 인물이 『4월과 5월』의 길영아다. 김성우와 길영아는 그래서 이름만 바꾼 수경과 동훈이고, 영희와 선재이다. 수경과 동훈이 좀더 현실적으로 변화되어 나타난 것이 영희와 선재이고 영희와 선재가 1960년대 후반에 구체적인 속물적 일상 속에 재현된 것이 영아와 성우이다. 영아와 성우를 통해 1960년대 비판적 젊은이에 대한 작가의 여정은 일단락되는 셈이다. 어떻게 마무리되고 있는가. 그것이 문제이다.

권태롭고 답답한 일상 속에서 무기력한 자신을 비판적으로 응시하는 성찰적 주체로서 결국 적극적 행동으로 나아가는 인물이 동훈이라고 할 수 있는데, 선재나 김성우 역시 그러한 주체로 볼 수 있다. 「판문점」의 진수 역시 적극적이진 않으나 '당대 소시민의 속물적 일상과 소시민을 속물적 일상에 안주하게 만드는 당대 사회의 조건에 대해 비판적이고 냉소적인 시각을 지니고 있는 인물'12)이다. 형네 부부가 보이는 천박한 일상에 대해 이역감을 느끼는 진수는 그러나 첫 판문점 행에서 드러나듯, 적극적이거나 실천적인 지식인을 모습을 보이지 않는다. 하지만 성찰적 주체로서, 북한 여기자의 만남을 통해 분단 이데올로기의 문제점을 냉철하게 직시하는 인물로 변화한다. 판문점이 상징하고 있는 분단의 문제를 자기 문제로 인식하고, 이념적 인간이 아닌 살아있는 인간으로서 만나는 것이 분단 극복의 새로운 대안이 될 수 있음을 인식하고 있는 진수는 여전히 냉소적이고 방관자적 모습을 보이지만 새로운 긍정적 주체라고 할 수 있다. 「무너앉는 소리」의 선재는 이북에서 내려온 젊은이로, 가슴 속에 그래도 희망을 안고 있는 순수한 인물이다.

하지만 '물큰물큰한 열기'를 내뿜는 무너져가는 집에서 선재는 허물어진다. '이 집채 안에 사는 사람 가운데 오로지 건강한 풍모를 느끼게 하고 비교적 풋풋한 떫은 맛을 느끼게 하던 단 한 사람뿐인 선재조차 이렇게 어처구니없이 무너지고 흐늘흐늘해지는 것'을 안타깝게 여기는 영희조차 선재의 아이를 가지게 되고, 이사를 가게 되면서 급작스럽게

---

12) 졸 고, 「분단현실과 소시민」(『이호철 문학선집 7』, 국학자료원, 74쪽)

무너진다. 혼자 힘겹게 집 안에서 버티던 영희 역시 일상에 적응하는 순간, 속물이 되어가는 것이다. 진수가 냉소적인 방관자적 자세를 완전히 탈피하지 못하듯, 선재는 오히려 세상과 더불어 허물어지고, 그러한 선재를 안타깝게 여기던 영희마저 '단단하던 그 균제가 잃어지고, 어느 구석인가 천덕스러워지고, 고약하게 고집스러워지고', 그렇게 급작스럽게 무너져간다.

「용암류」의 동훈이가 못 견뎌했던 그 '피로한 분위기', '지독한 무위와 권태'만이 만연해 있던 4·19 이전의 일상은 동훈의 죽음이라는 값비싼 대가를 치르고서라도 깨부수고, 바꿔야만 하는 것이었다. 그러나 진수나 선재를 둘러싼 일상이 그리 변해보이지는 않는다. 동훈의 죽음을 통해 젊은 세대의 희생과 그것이 가져올 새로운 세상에 대한 작가의 기대는 5.16 이후 오히려 틀이 더 확실히 짜여가는 자본주의적 일상, 반공 이데올로기를 앞세운 강고한 권력중심의 통제 속에서 여지없이 무너져 버린다. 「무너앉는 소리」의 연극적 상황, 어디선가 쿵쾅거리는 소리가 끊임없이 들려오고 물큰한 열기 속에 무너 앉는 집에서 희망을 잃고 허물어져 내리는 선재나 영희는 일상에 대한 작가의 위기의식을 그대로 나타낸다. 진수의 냉소주의 역시 그러한 맥락에서 무기력해 보인다.

하지만 동훈의 죽음이 가져온 새로운 세상에 대한 감격과 흥분을 쉽게 포기할 수는 없는 것, 진수의 냉소 속에 분단 이데올로기에 대한 날카로운 균형 감각이 살아 있듯, 4·19의 힘이 사그라지고 5·16의 실체, 반공 이데올로기를 내세운 이념적 폐쇄화와 천민 자본주의적 일상이 서서히 그리고 강력하게 작동하고 그러한 습속을 충실히 내면화하는 주체들이 기득권층화 해가는 1960년대 후반 길 씨 집안사람들이 보여주는 '뚱뚱한 일상성'과 4월회의 전락이 보여주는 부패한 정치성의 단단함 속에서 결코 거기에 순응하지 않는, 영아와 성우를 통해 또 다른 희망을 작가는 찾아보고자 한다. 그것이 패배적으로, 도피적으로 보일 지라도 결국 새로운 주체만이 새로운 세상을 다시 모색하고 구현해 낼 수 있음을 작가는 알고 있고 믿는 있는 것이다.

「무너앉는 소리」에 나오는 영희를 연상하게 만드는 길영아는 아버지를 비롯한 집안 식구들의 속물성과 권태로운 일상을 벗어나고 싶어한다. 그런 집안의 분위기는 기실 영아가 느끼기에 그녀의 집안에서만 느끼는 것이 아니다. 그녀가 바라보는 세상 자체가 이질감으로 다가오는 것이다. 그 이질감은 그녀와 세상, 그리고 가족 사이에 메꿀 수 없는 거리를 만들어낸다. 세상을 보면서 느끼는 영아의 소외감은 세상에 대한 환멸이라기보다는 자신에 대한 성찰도, 미래에 대한 바람도, 그리고 올바른 삶에 대한 지향도 모르던 철부지 자신에 대한 환멸 그리고 그것을 극복하고자 하는 내면의식에서 오는 것이라고 할 수 있다.

> 시간은 모든 사람을 일정한 방향으로 몰고 가고, 사람들은 고함을 지르며 노래를 부르며 그 방향으로 흘러가고, 영아 자기 경우만은 시간이 자기를 뚫고 지나갈 뿐이다. 하여 자기는 시간의 이편에, 세월의 이편 그늘에 남겨지고, 괸물이 썩어나서 독을 뿜듯이 독을 뿜는다. 어차피 이러는 것은 궁상스러운 짓이다 하고 영아는 눈물이 글썽해진 눈으로 먼 거리 쪽을 내려다보며 생각한다. 눈물이 담긴 눈에 거리는 우윳빛으로 물들어 보유스럼한 동화 속의 어느 성(城)안 풍경처럼 보인다. 이미 영아 자기가 그 우윳빛 성 안에 자족해 있을 수 없듯이 우준걸도 그런 동화 속의 인물은 아니다. (263쪽)

영아가 자신과 같이 즉물적 상태에 머물러 있는 철부지, 현실 순응적 주체로 파악하고 있는 인물이 바로 우준걸이다. 우준걸은 김성우의 비교 대상이다. 그것은 길영아를 사이에 둔 삼각관계라는 구도 속에 선연히 드러난다. 우준걸은 '정작 대학을 졸업하고 사회에 나오자 그들은 칼로 오려낸 듯이 왕년의 그 대학생 태를 부숴내고, 그들 나름으로 쉬이 시류의 때에 절어들기 시작하고, 그들의 집안이라는 완강한 터전으로 돌아가버리'는 전형적 인물이다. '각 단계에 따라서 각각의 포즈가 기다리고 있다는 식으로 미리 규격이 지어진 속을 훑어가듯이 가'는, '독자성이나 독자적 개척이라는 영역은 처음부터 들어설 여지가 없는', 현실순응적 주체에 불과하다. 4월회의 몰락의 한 축이었던 셈. 길영아를 사이에 둔 김성우와의 묘한 삼각관계 속에서 우준걸의 개인주의적 소시민성은 여실히 드러나고, 김성우의 순수성은 그럴수록 분명히 부각된다. 우준걸은 '오랜 독립운동가요, 우리나라 기독교인으로서는 선구자에 속하는 사람으로서 교계(敎界)에서도 명망이 높은 분'을 아버지로, 지금은 '영아 아버지가 은행장으로 있는 은행의 외국부에 근무하고 있다.' 그런 우준걸은 이미 그의 '뒤에 버티고 있는 폐쇄되고 온통 굳어져버린 어느 터전, 거기서 빠져나려도 빠져날 수 없'으며, 그 자신 스스로 '형해(形骸)만의 터전에 안착'하고 만다. '발생된 문제의 핵심보다 그 문제가 가져다 준 주위의 반응에 더 신경을 쓰는 그런 사람', '항상 자기에 대한 주위의 눈길을 통해서만 자기를 발견해 오고 의식해'온 우준걸에게서 비판적 주체의 모습은 찾기 힘들다.

> 우준걸이가 얄팍한 일상성이라는 것에 덜미를 사로잡혀서 전혀 딴 생각을 못하고 그런 일상 감각이 조금이라도 균형을 잃고 흔들린다면 더럭 겁을 집어먹는 사람이라면, 이와 전혀 대조적인 곳에 김성우라는 남자가 있다. 이렇게 늘 비일상적인 일투성이고 이런 일에 어지간히 지쳐 있는 사람이다. (293)

여기서 우리는 중요한 한 술어를 본다. 김성우를 표현하는 술어가 '지쳐 있는'이라는 것은 의미심장하다. 속되고 혼탁한 세상과의 거리는 비판적 성찰과 실천의 전제조건이다. 우준걸과 박훈재가 스스로의 인식과 방식으로 그 거리를 무화시켜 버리고 세상과 타협함으로써 무기력해지고 타락해갔듯이 속된 세상과 거리를 유지하는 것은 객관적 판단을 가능하게 하고 비판적 성찰을 통해 올바른 실천을 기획하게 만든다.

하지만 김성우와 세상의 거리가 '지쳐있음'으로 해서 생긴 것이라면 그것은 힘이 없을 수밖에 없다. 김성우는 한동갑인 우준걸과 길성환보다 세 살인 위인 서른두 살이고, 1·4후퇴 때 아버지와 같이 월남하였다. 그의 아버지는 김성우가 미군 관할하의 특수부대에 나가 있는 동안, 부산에서 영양실조로 실명, 기어이 객지에서 홀로 세상을 떠나고 말았다. 이후 김성우는 공병 중위로 제대, 페인트 점포의 고용원, 출판사 교정원, 화장품상의 외무사원 등으로 전전하면서, 야간대학 국문과를 7년 만에야 겨우 마친 인물이다.

> 결국 자수성가랄 수는 없지만 자수성가가 아니라고 할 수도 없는 그들과의 다른 어려운 생활 속에서 김성우의 세상을 바라보는 안목은 그 나름으로 깊이를 더해갔다. 그러나 대체 세상을 바라보는 안목의 깊이란 무엇인가. 적어도 김성우의 경우에는, 이렇게 생겨먹었고 달리는 생겨먹을 길이라고는 없는 세상 자체를 자체대로 전제로 접어두고, 저 오저(奧底)의 깊은 곳에 그 어떤 체념이 자리해 있다는 뜻일 것이었다. 송두리째 세상 물결에 휘어들지는 않지만, 그렇다고 세상을 자기 기준으로 뒤바꾸어 본다는 성급한 욕심도 이미 사그라져 있는 것이었다. (284쪽)

김성우와 세상의 거리, 속된 일상과의 거리는 가난이 가져 온 오저의 깊은 곳에 자리한 체념, 세상의 물결에 휩쓸리지도, 그 물결을 자기식으로 바꿀 욕심도 이미 사그라져 버린 '지쳐버림'에서 오는 것. 그것은 자신의 순수성을 지킬 수 있을지 몰라도 실천과는 거리가 멀다. 삭막하고 권태로운 일상에 젖어들지도, 그렇다고 과감하게 자기 식대로 바꾸고자 하는 의욕도, 방법도 없어 우울해하면서 끊임없이 그런 자신에 대해 회의하는 「용암류」의 동훈과 닮아 있다.

'어떤 일정한 틀에 자기 자신을 가둬두고, 그럼으로써 더욱 안심을 하고, 어디서나 일정한 격식과 형식을 존중하고, 그렇게 날로날로 비대하는 일상성뿐인' 아버지를 비롯한 집안 가족들의 '뚱뚱한 일상성'에 대해 혐오감을 느끼는 영아와 일상에 초연한 길성환, 그들과 세상과의 거리는 김성우와는 상대적으로 오히려 풍족함에서 생겨난다.

> 나이라는 것이 자기를 누비는 것이 아니고, 연륜은 연륜대로 자기와는 상관이 없이 따로 쌓이고, 영아 자기는 어느 바깥에 요정처럼 떠있다는 생각이 들었다. 그렇기 때문에 이렇게 세상과 인생을 총괄적으로 개괄할 수 있는 눈을 지닐 수 있는 것이고, 천덕꾼이 되지 않고 있는 것이다. (280쪽)

'지쳐버림'과 '요정처럼 떠있다'는 것은 세상과의 거리를 상징하는 두 술어이다. 김성우와 세상, 길영아, 길성환과 세상은 그렇게 상반된 모습으로 세상과 거리를 두고 있다. 김성우와 세상과의 거리가 세상 속에서 주변인으로서 찌들려오면서 체득한 관조적 거리라면 길씨 남매와 세상과의 거리는 세상에 초연할 수 있는 조건이 가져온 방관자적 성찰이다.

> 그렇게 팔팔한 소년 같은 외양 뒤에, 깊은 사려가 저 나름으로 번뜩이고는 있지만, 그 사려라는 것이 항상 발랄한 재기와 기지는 넘쳐 있을지 몰라도 실제 생활국면과는 별반 결부가 되어 있지 않는 것이었다. (273쪽)

아버지의 일상성과 우준걸의 속물성에 대한 길영아의 혐오와 저항은 '깊은 사려'나 '발랄한 재기와 기지'등, 기질적인 데 원인이 있다. 그것은 '실제 생활국면과는 별반 결부가 되어 있지 않는 것' 곧 가능성으로 이야기할 수는 있어도 현재의 실천적 힘은 되지 못한다. 그것은 길성환의 경우도 마찬가지다. 박훈재에 대한 길성환의 분노는 길영아의 혐오와 닮아 있다. 그들은 우준걸처럼 온실 속의 화초이다. 단지 다른 점은 우준걸이 온실 속을 스스로 내면화하고 동일시함으로써 순응적 주체로 나아간다면 길영아와 길성환은 온실의 부자유스러움과 답답함, 획일화를 생래적인 재기와 순수성으로 거부하고 있다는 것이다.

김성우의 '지쳐버림'은 험난한 일상과의 투쟁이 가져온 삶의 태도이기 때문에 비판적인 저항의 불씨를 안고 있다. 그 불씨는 김성우가 보이는 정의로움이라는 불쏘시개로 인해 다시 타오른다. 4월회 총회에서 폭발하는 김성우의 분노는 영아와의 관계와 4월회의 엇갈림 속에서 보이는 우준걸의 이기적 편의주의와 박훈재의 정치적 야심에 대한 것이다. 그들에 대한 김성우의 분노는 결국 길영아와 길성환의 실천을 촉발하는 도화선이 된다. 박훈재의 정치적 술수가 성사되는 날, 김성우는 박훈재를 살해한다. 그리고 길영아와 길성환은 포기했던 유학길에 오른다. 주변인으로서 세상과 힘겹게 싸워오면서 체념을 통해 자신의 순수를 지켰던 김성우의 박훈재 살인을 통해 작가는 「용암류」의 동훈이가 수경이를 만나러 가지 않고 변혁의 물결에 동참하여 경무대 앞에서 죽음으로써 완성했던 희생을 다시 한번 희망한다. 그 희망은 길영아와 길성환의 미래로 남겨진다. 김성우의 살인은 좌절이 아니라 희생이오, 스러지는 정의와 자유에 대한 불쏘시개일 터이고, 영아와 성환의 유학은 도피가 아니라 변혁의 실천적 주체로 돌아오기 위한 발전적 떠남일 것이다. 여기까지이다.

그렇다면 남겨진 문제. 그들의 모습은 1970년대 어떤 모습으로 나타날 것인가. 과연 1960년대 후반부터 1970년대를 관통하는 군부 정권하에서의 참된 변혁의 주체, 비판적 실천의 주체로 길영아와 길성환은 돌아올 것인가. 아니라면 그때 작가는 또 어떤 주체에 희망을 걸 것인가.

5. 나오며

결국 남는 것은 새로운 주체에 대한 열망이다. 김성우의 살인은 남은 자들에게 어떤 의미로 변주되어 나타날 것인가. 남은 자들 곧 영아와 성환은 어떤 주체로 다시 1970년대 한국 사회에 돌아올 것인가. 이에 대한 질문들은 이호철이 기대하고 기대는 새로운 주체에 대한 질문일 터인데, 범박하게 말하자면 영아와 성환이 새로운 말 그대로 바람직한 주체로 다시 돌아왔다고 볼 수는 없을 것 같다. 이러한 진술은 이 글에서는 사실 하지 않아야 하는 것이다. 1970년대 이후 이호철 소설을 주체적 측면에서 전체적으로 살펴 볼 때 그리고 그러한 증거들을 제시할 수 있을 때 가능한 진술이기 때문이다. 그러나 1970년대 이후 이호철 소설에 드러나는 바람직한 주체에 대한 논의를 깔지 않더라도 영아와 성환에게 거는 작가의 기대는 뭔가 불안하다. 그러한 불안은 이 소설에서 인물들을 대하는 작가의 태도에서 비롯한다. 천박한 '뚱뚱한 일상성'으로 뭉쳐진 길 씨 집안을 이야기 할 때도, 영아의 둘째 언니 현아는 비껴나 있다. 성환을 제외하고 영아가 속을 터놓는 인물이 현아다. 현아는 '사근사근하면서도 속이 깊고 아량이 넓다', '맏언니 집의 그 밤낮 어딘가 소란스럽고 게걸스럽게 떠 있는 분위기에 비겨, 현아 언니 집은 늘 차분하게 가라앉고 청결한 분위기'로 영아에게는 느껴진다. 현아의 남편은 모 대학 사회학 조교수다. 이러한 점은 길수환 부부를 이야기 하는 데에서도 나타난다. 길수환은 요즘 들어 '무력감과 질곡 의식'으로 가라앉아 있다. 약삭빠른 세태를 보며 그는 '학자다운 품위와 울타리를 유지해'나가는 것만도 힘겨우며, 그것이 지금 자신의 올바른 처신이라고 느낀다. 학자로서나 생활인으로 수환이 느끼는 '체념과 질곡'은 묘하게 길수환을 형제들과는 다른 의식있는 성찰적 주체로 만든다. 이러한 점은 길수환의 아내에 대한 작가의 태도와 맞물리면서 증폭된다. 수환의 아내는 '포용력이 있고 위인이 깊이가 있다'. 동서들끼리의 모임도 그녀를 중심으로 이루어진다. '수환의 마누라를 보면 그 윗동서들인 영환의 마누라나 인환의 마누라는 어쩐지 뚱뚱하고 천덕천덕하고 부박하게 보인다' '그녀는 항상 뿌리가 깊게 가라앉아 있어, 보수적인 것과 현대적인 지혜나 감각이 섬세하게 섞여져서 일정한 품위를 뿜어낸다' 현아나 그의 남편, 수환이나 그의 아내가 이 소설에서 중요한 인물로 갈등의 중심에 있거나 행동하지는 않는다. 하지만 이러한 몇 몇 인물에 대한 작가의 태도는 분명 영아와 성환이라는 인물에 대한 기대의 뿌리라는 생각이다. 학식과 품위, 생래적이면서도 환경적인 두 요소가 어우러져 인품과 의식으로 발현되는 인물. 그들이 1970년대 이호철 소설에서 어떻게 변모되어 나타나는지, 그들이 여전히 새로운 주체, 변혁적 주체의 가능성으로 혹은 실천하는 인물로 나타나고 있는지 이 글을 마무리하면서 쟁여두는 이호철 소설에 대한 화두이다.

<참고문헌>

1. 『이호철 문학선집 1』, 국학자료원, 2001
2. 『이호철 문학선집 3』, 국학자료원, 2001
3. 『이호철 문학선집 7』, 국학자료원, 2001
4. 『한국소설사』, 김윤식·정호웅, 예하, 1993
5. 『한국현대문학사』, 권영민, 민음사, 1994
6. 『1960년대 문학연구』, 민족문학사연구소 현대문학분과, 깊은샘, 1998
7. 『1960년대 문학연구』, 문학사와 비평 연구회 편, 예하, 1993
8. 『맑스주의와 근대성 ─ 주체 생산의 역사이론을 위하여』, 이진경, 문화과학사, 1997
9. 『4월혁명론』, 강만길 외, 한길사, 1983

지식인 주체의 자기 확대와 기록자의 소명

─ 박태순의 6, 70년대 소설 다시 읽기 ─

1. 박태순에 대한 의아함, 그 정체 알아보기

60년대를 넘어 70년대에 이르는 소설의 시공간에서 진보적 리얼리즘 소설의 대표 작가로 꼽히는 박태순. 하층민 혹은 민중의 발견이라는 측면에서 고평되나 황석영이나 조세희에 비해 철저한 민중성 혹은 형상화의 세련됨이나 인식적 깊이라는 측면에서 한계를 지닌 작가로 논의되어 온 박태순. 즉 대표적인 민중적 작가로 기억되면서도 그 작품에 대해선 왠지 낯선 작가가 바로 박태순이라는 느낌. 이 글은 그런 의아함에서 출발한다. 그 의아함의 정체는 무엇인가를 밝혀보는 것이 우선 과제가 되어야 함은 이래서 분명해 보인다.

70년대 당대논의에서부터 최근 2000년대에 발표된 글에 이르기까지 6, 70년대 박태순 소설에 대한 기존의 평가들은 소소한 부분은 차치하고 거의 동일한 논지를 보인다(사실 그 논의라는 것도 의아함의 한 이유인데, 박태순이라는 명성(?)에 비해 별로 많지 않다는 점이다). 박태순 소설에 대한 1970년대 후반 당대의 논문으로 「실향민 의식과 참여의식」을 들 수 있는데, 이 글에서 이명재는 6, 70년대 박태순의 소설을 크게 세 갈래로 나눈다. 즉 첫째 초기의 작품인 「연애」나 「형성」같이 젊은 이들의 애정 풍속을 다룬 것인데 '작가 자신의 그 객기스런 감정이나 생경한 작품 분위기에 위화감을 의식하고 스스로 이를 지양, 극복한 연유'로 초기에 그치고 만다는 것, 다른 하나는 「무너진 극장」, 「최씨가의 우울」, 「신생」 등과 같이 4·19혁명 의식이 짙은 작품들, 마지막 부류는 「정든 땅 언덕 위」, 「무너지는 산」, 「모기떼」, 「한 오백년」, 「옥숭이의 가출」 등, 예의 외촌동을 비롯한 내촌동, 별촌동 주위의 난민촌이나 무허가 철거민촌에서 벌어지는 하류층 아니면 서민 생활의 애환과 꿈을 다룬 것, 이 중 세 번째 부류의 작품이 가장 많을뿐더러 대표작들이라고 평가한다.[1]

이러한 분류와 그에 따른 평가는 최근에 이르기까지 달라지지 않는다. 2000년대 이후 박태순의 6, 70년대 소설을 분석하고 있는 논의 중에서 우선 김진기의 글[2]을 들 수 있는데, 기존의 박태순 소설에 대한 논의가 가지고 있는 문제점 혹은 논의의 초점을 잘 지적하고 있다. 그의 문제제기는 본 글의 논의 전개에 있어서도 주요한 쟁점 사안을 제시한다.

김진기는 김병걸의 글(「외촌동 사람들의 이야기－박태순론」, 『현대문학』, 1980.3)을 인용하면서 박태순의 60년대 작품은 김승옥, 서정인, 이청준 등의 작품에서 찾아볼 수 있는 도시인의 개인의식, 소외의식의 밀도있는 형상화에 근접해 있다고 보는 것이 박태순 작품에 대한 지금까지 대다수의 평자들의 평이었고 그러한 평가는 당연한 것이라고 전제한다. 그러면서 외촌동 사람들 시리즈와 60년대 작품이 보여온 일정한 경향은 상당한 거리가 있음에도 불구하고 60년대 작품의 경향은 사

---

1) 이명재, 「실향민 의식과 참여정신」, 『삼성판 한국현대문학전집』, 1982, 404－407쪽 참조
2) 김진기, 「박태순 초기 소설에 나타난 작가의식 연구」, 『한국문학이론과 비평』, 제10 집, 2001년

장되어 왔거나 무시되어 왔다고 평가하면서 이제 60년대 작품의 특징을 도출해내고 그것과 70년대 작품과의 관련성을 찾는 것이 중요하다고 밝히고 있다. 이에 따라 김진기는 아주 타당성 있는 문제를 제기하고 있는데, 첫째 박태순의 작품을 살필 때 그의 자연인적 행로를 너무 일직선적으로 작품에 연결시키지 말아야 한다는 것, 둘째 그의 작품을 일련의 <외촌동 사람들>만에 고정시켜 놓지 말아야 한다는 것, 셋째로 작가의 말에 너무 집착할 필요가 없다는 것이다. 이러한 문제제기는 70년대 당대나 80년대에 박태순의 소설에 대한 평들을 염두에 둘 때 필요한 것이며 또한 충분히 근거가 있다. 하지만 김진기 역시 애초에 박태순의 60년대 초기 소설을 서울이라는 공간에 대한 분석으로 한정하여 박태순의 초기 소설을 김승옥류로 단순하게 평가함으로써 자신이 제기한 문제에서 더 나아간 논의를 보여주지 못한다.

70년대 조세희와 박태순의 작품을 시각체험이라는 참신한 연구방법으로 분석하고 있는 「시각체험과 6·70년대 도시빈민 소설의 새로운 형식―박태순과 조세희 소설을 중심으로―」에서 보이는 박태순의 초기작에 대한 평가 역시 윗글들과 다르지 않다. 김주현은 '1964년 「공알앙당」으로 <사상계> 신인상에 입선한 이래 박태순은 산문시대 동인인 김승옥의 작품 세계와 흡사한 '관념 과잉'을 보이며 당시 젊은 소설가 그룹의 허무적 세계인식에서 크게 벗어나지 않았다. 그의 작품이 바뀌게 된 계기는 1966년 외촌동 연작을 시작하면서부터이고 1974, 1975년을 전후해 그는 약 2년간 작품 활동을 중단한다.'라고 평가하는데 그러한 평가의 근거로 박태순의 대담을 든다.[3]

---

3) 김주현, 「시각체험과 6·70년대 도시빈민 소설의 새로운 형식―박태순과 조세희 소설을 중심으로―」, 『어문연구』 제33권, 제2호, 2005년 여름, 354쪽―355쪽 각주 4) 김주현의 논문에 실려 있는 박태순의 대담을 재인용하면 다음과 같다. <이 시기

작가의 진술은 때로는 개별적 작품을 떠나 전체 문학적 행로의 지침으로써 유용할 수도 있고 필자 역시 이 글에서 그러한 작가의 진술을 중요한 논거로 사용하게 될 것이다. 문제는 그러한 진술과 작품의 내적 연관을 보다 면밀히 살펴봐야 한다는 것이다. 앞의 두 논의는 박태순과 김승옥의 친분, 작가의 진술 등의 근거와 그리고 64년에서 66년이라는 기간의 임의적 설정 등을 통해 이후와의 단절을 공식화하고 있다.

하지만 초기작이라고 하는 「연애」와 대표작으로 꼽히는 「정든 땅 언덕 위」는 같은 해인 1966년에 발표되었고, 74, 5년경에 박태순이 앞서 김주현이 논거로 든 대담에서 문학 행위에 대한 회의의 시기가 다가왔다고 한 것은 사실이지만 위의 논자들뿐만 아니라 기존의 논의에서 그의 대표작이라 일컬어지는 <외촌동 연작>은 1966년 이미 「정든 땅 언덕 위」에서 시작한다. 즉 작가 박태순이 20대 초반인 1960년대 초 유년시절의 난민 경험과 청년기 방황을 거치면서 문학을 해야겠다고 작정한 때부터 그러한 문학적 지향은 배태되었고 또한 발현되었다고 할 수 있다. 이 글에서 논증하고자 하는 것은 박태순 소설 간의 단절이 아니라 일관되게 작용하고 있는 지식인적 소설가로서의 투철한 작가의식의 발전적 연계성이다.

"환멸의 대상이면서 동시에 나가 떠날 수 없는 근대의 중심좌표인"[4]

작가의 내면은 2년 후 나온 「어느 사학도의 젊은 시절」(1980) 후기에 편집자와의 대담에 실려 있다. "저는 1964년에서 1966년에 걸쳐 문단에 나온 뒤로 정신없이 소설을 발표하고 산문도 쓰고 번역도 하는 등, 좀 부끄러운 고백이지만 문학에 질질 끌려다녔습니다. 그러다가 74년에서 75년에 걸쳐 나에게 문학 행위에 대한 회의의 시기가 다가왔습니다. 문학이 우리의 민족 사회와 어떻게 관련을 맺어야 하는가를 나름대로 자각하지 못하는 것이라면 더 이상 문학 행위를 지속하는 것은 무의미하다는 결론을 얻게 되었습니다. 사회적 자각과 역사적 각성의 형태가 문학의 예술 형태로 어떻게 표현될 수 있는지를 따져보아야 하는 괴로움을 회피할 수 없었어요…">

서울, 그러한 서울에 대한 양가적 태도가 60년대 당시 작가들의 공통적 속성이라 할지라도[5]그러한 논의가 김진기의 글에서 선입견으로 작용하여 그에 의해 박태순의 60년대 초기소설을 재단하고 있다는 느낌을 받게 된다. 박태순의 「동사자」는 세현이라는 인물이 동사한 한 늙은이를 보면서 자신의 비틀어진 일상에 대해 성찰하게 되는 작품이다. 김진기는 거기에 드러난 증오와 공포를 스스로 "다소 거칠게" 박태순의 문학적 출발이 모더니즘에 있었다고 주장하면서 김승옥의 소설과 흡사하다고 평가하고 있다. 그렇게 보게 되니 박태순의 초기 소설은 이후 소설과 단절되고 마는 결과를 빚는다.

김진기는 박태순의 소설적 변화가 김승옥류의 서울 생활에 대한 양가적 감정이 빚은 환멸에서 이후 직접적인 현실체험의 확대로 선회[6]하지만 그 구체적 실체는 공허한 수준에 머물다가 「단씨의 형제들」에서 그 한계가 어느 정도 극복이 되면서 비로소 현실을 역사적인 문맥에서 살피게 된다고 본다. 즉 그는 이 작품을 통해 박태순이 역사와 현실의 접맥점으로 민중을 찾아내고 있다고 평가한다.[7]

김주현은 박태순이 내촌동 출신 관찰자의 눈에 발견된 외촌동을 증언하는 방식을 취한다고 보면서 서술자는 모순의 집적지 외촌동이 아

---

4) 김진기, 위의 글, 227쪽, 주8) 참조
5) 지방 수재 출신의 20대 청년 문학도에 한정되는 것일지도 모르는 이러한 양가적 감정은 그 공통점보다는 오히려 그러한 양가적 감점이 어떻게 각 작가마다 다르게 뻗어나가는가 그 이유는 무엇인가를 밝히는 것이 중요한 문제가 되어야 할 것이다
6) 김진기, 위의 책, 232쪽 참조
7) 김진기, 위의 책, 235 − 240 참조, 그런데 그는 박태순이 파악한 민중의 성격이 역사적 민중성이 아니라 단지 현상적 민중성에 국한되어 있다고 보면서, 따라서 박태순의 소설에 나오는 민중은 즉자적 민중이라고 평가한다. 그러나 비록 그렇다 할지라도 현실 속에서의 하나의 대안으로서의 민중의 발견은 69년대라는 시대적 환경을 고려할 때 그 출발의 의미가 만만치 않음을 인정해야 한다고 덧붙인다. (위의 책 241 − 242쪽 참조)

닌, 서술 주체의 내적 통일성을 보증해줄 근거지로서 외촌동의 활력에 먼저 주목하는데, 박태순이 외촌동을 이렇게 파악하는 것은 4·19 세대의 주체 정립이 소설에서 통일된 서사에 대한 지향으로 드러나고 있다는 뜻이기도 하다고 평가하고 있다.

> 체제와 규범, 일관된 지적 토대가 정립되지 않은 상황에서 맞은 4·19는 자유, 평등을 대자적 자아의 3이상으로 간주하면서도 그 개인적 발현에서는 이렇다 할 모델의 부재로 행동 실천의 방향성을 얻지 못했다. 비등점을 만나면 곧장 타오를 상태에 있던 지식인 주체에게 발견된 외촌동은 의식의 지향점으로 하나의 훌륭한 상징이었을 것이다.
> 따라서 이런 전개 과정은 60년대 지식인 주체의 방향 모색을 빼고는 논의될 수 없다. 무질서, 무계획의 주거 공간과 그 공간을 점령한 도시빈민의 삶을 주체의 의식 지향점으로 파악한 것은 푸코식 감시의 압박감 아래 놓인 주체가 빈민을 전유함으로써 저항의 서사를 세우는 방식이었다.8)

이러한 논의는 박태순의 초기작이 보이는 김승옥류의 청년기적 방황, 내면 성찰이 현실체험의 확장으로 나아가나 주체가 대상에 대해 갖는 거리가 빚은 즉자적 민중의 형상화 그로 인해 변혁적 주체로서의 미흡함이 박태순 문학의 한계라고 보는 점에서 동일하다. 이는 김주현의 "외촌동을 발견한 주체는 산문시대의 '서울'을 거쳐 온 일종의 문제적 개인이나 이 개인이 찾아 떠난 길이 영혼의 위대한 서사시가 될 수 없는 이유는 그가 단지 외촌동 속으로 들어간, 순진한 영혼을 가진 이방인이었던 탓이다."라는 진술로 정리될 수 있을 것이다.9)

임경순은 '박태순은 최인훈과 김승옥이 멈춘 자리, 즉 60년대 지식인이 고립과 자기모순을 뚫고 세계와 어떻게 관계를 맺을 것인가를 모색

---

8) 김주현, 위의 글, 359－360쪽
9) 김주현, 위의 글, 367쪽

하기 시작한다'10)라고 박태순 문학의 출발을 제대로 파악하면서 "박태
순의 인물들의 응시는 훨씬 더 구체적이고 현실 지향적이어서 이 모색
이 결국 민중을 발견하게 된다는 점"11)을 지적한다. 그런데 이어서
"이때의 민중은 계급적이거나 사회구조적인 차원에서 포착된 것이라기
보다 지식인의 존재근거로서의 민중이라는 편이 적합하다. 민중을 발견
하기는 했으나 민중 자체보다는 지식인 쪽에 방점이 찍혀 있는 것으로
박태순 소설의 인물들은 이 관계를 구체적이고 사회적인 형태로 풀어
내지 못한다."12) 라고 기존의 논의와 다름없는 분석에 이르고 만다.

지금까지 살펴본 바, 기존의 논의들은 박태순의 6, 70년대 소설을 크
게 세 단계로 놓고 보고 있음을 알 수 있다. 초기작과 제대로 민중성
을 살리지 못한 작품, 그리고 「무너지는 산」 등의 대표작으로 나누어
보는데, 이러한 구분에서 지속적으로 언급되나 간과되거나 왜곡되어 해
석되는 것이 바로 지식인이라는, 박태순의 자기 정체성에 대한 자각과
실천에 관한 것이다. "「무너지는 산」은 르포르타쥬의 냉정한 관찰 정
신이 돋보이는 작품이다. 이 작품은 또 다른 외촌동인 별촌동, 무촌동
이 철거되고 세워지는 과정을 재현하는 핍진성에 의해 고발하는 힘을
가진다."13)과 "이제 박태순에게 있어 민중은 단순히 지식인을 위한 반
성적 대상이 아니다. 그래서 서로 차단된 거리에 존재하는 타자가 아니
라 지식인의 삶까지도 끌어들이는 역사의 원동력으로서 자리 잡게 된
다."14)라는 「무너지는 산」에 대한 또 다른 평가는 각각 한 쪽만 바라

---

10) 임경순, 「1960년대 소설의 주체와 지식인적 정체성」, 『상허학보』, 제12집, 2004,
    26쪽
11) 임경순, 위의 책, 29쪽
12) 임경순, 위의 책, 31쪽
13) 김주현, 위의 글, 369쪽
14) 김진기, 위의 책, 250쪽

본 평가라고 할 수 있다. 즉 필자가 말하고자 하는 것은 두 평가의 변증법적 통일이 박태순 소설의 진면목이라는 것이다. '냉정한 관찰정신이 빚은 핍진성'과 '거리에 존재하는 타자가 아니라 지식인의 삶까지 끌어들이는 역사의 원동력'으로서의 민중의 형상화는 박태순이 60년대 초기에서부터 자각하고 확립하고 확장시켜 온 지식인으로서의 소설가에 대한 치열한 작가의식의 소산이며 흐름이다. 거기에 60년대 김승옥과 다름이 존재하며 60년대 특출한 민중작가로서 기억될 수 있는 이유가 있으며, 70년대 황석영과도 다르고 조세희와 같은 고민을 하면서도 민중의 폭을 확장하고 생생하게 살려낼 수 있었던 까닭이 존재하는 것이다.

2. 지식인적 소설가로서의 인식과 실천

박태순은 1942년 황해도에서 출생 1947년 월남하여 이후 서울에서 살면서 국민학교를 다섯 군데나 옮겨 다니는 유전생활을 하게 되는데, 그때의 체험이 그 스스로 '생의 근간'을 이루었다고 평가한다. 1960년 서울대 영문과에 입학, 바로 그 해 4·19를 맞이하게 되어 데모 행렬에 가담하게 되는데, 당시 서울 법대 다니던 친구 박동훈이 그 자리에서 총을 맞아 죽는 광경을 목도하게 된다. 그 날 시민혁명의 모습에 큰 충격과 감동을 받는데, 그것은 '개인사와 역사의 합류'였다. 교양 수업을 듣는 강의실에서 김승옥, 이청준을 만나게 되고 이후 서울고 동창인 김광규, 진교준, 한원삼 등과 어울려 시, 소설 등의 작품 발표회를 가진다. 대학 생활은 시간 낭비일 뿐이라고 여기던 그는 2학년 때 결국 자퇴하기로 하고 강원도에 내려가 두문불출하기도 했으나 복학한다. 그러나 대학 생활에 여전히 적응하지 못하고 '지방을 떠돌고 난민촌에

파묻히는 일에 주로 성실'했고 한 달 가량 영등포 신림동에 있는 무허
철거 난민촌에 틀어박혀 지냈는데, 그때 연작 단편 <외촌동 사람들>
을 구상하게 된다. '도시도 아니고 농촌도 아닌 난민촌이야말로 나와
같은 고향을 잃어버린 모든 사람들의 현실이며, 바로 이 현실에서 우리
시대를 조망해야 한다고 생각'한다.[15]1964년 <사상계>에 「공알앙당」
이 당선되어 등단하고 이후 6, 70년대 대표적 작가로 활동하게 된다.

　박태순의 소설가에 대한 인식은 사르트르적 지식인에 다름 아닌데,
이것은 소위 60년대 김승옥을 비롯한 한글세대 작가들 내에서뿐만 아
니라 60년대 문학의 자장 안에서 주목할 만한 차원이라고 할 수 있다.
지식인으로서의 소설가에 대한 철저한 인식은 60년대를 넘어 70년대까
지의 소설에 있어서 오히려 두 가지 소설의 양상을 뛰어넘어 새로운
리얼리즘 소설의 경지를 보여주고 있다. 그 두 가지는 60년대 김승옥
소설에서 두드러지는, 현실에 대한 환멸이 일상성에 투항해 가는 소시
민의 선택으로 나아가면서 삶에 대한 반성을 보이는 한 양상[16]과 70년
대 들어서야 생산되기 시작하는, 도시빈민, 노동자의 현실을 통해 사회
모순과 그 변혁의 필연성을 형상화해내는 가운데 벌어지는 대안 없는
논쟁, 즉 황석영의 「객지」와 조세희의 「난장이가 쏘아올린 작은 공」을
놓고 벌어진 당대 평가에서 볼 수 있는 '노동자 주체의 선명성과 현장
성'과 '지식인 소설'에 대한 논의[17]라고 할 수 있다.

---

15) 박태순 연보, 『삼성판 한국현대문학전집 49』, 1982, 416쪽 참조
16) 60년대 김승옥을 비롯한 이호철, 최인훈의 소설을 주체의 생산이라는 관점에서 논
　　의한 졸저 『1960년대 주체 생산 연구』(1999, 연세대 박사논문) 참조바람
17) 황석영의 「객지」와 조세희의 「뫼비우스의 띠」를 중심으로 1970년대 「객지」와 『난
　　장이가 쏘아올린 작은 공』을 둘러싼 『창작과 비평』과 『문학과지성』의 논의를 분
　　석하면서 1970년대 저항에 대해 새로이 분석하고자 한 논문, 졸저 「1970년대 저
　　항의 두 지점 - 황석영의 「객지」와 조세희의 「뫼비우스의 띠」 비교 연구」(『현대문
　　학의 연구』, 28호, 2006.3.31)참조 바람.

박태순은 이미 1960년대 그러한 두 가지 양상과 논의를 넘어서는, 민중의 삶에 대한 고발자, 나아가 실천하는 동반자로서의 지식인적 소설가에 대한 분명한 인식을 소설을 통해 보여준다. 그의 초기작에 속하는 「연애」와 「동사자」는 60년대 김승옥의 작품에서 보이는 위악과 환멸, 내성적 소설의 면모를 보이는 작품이다. 하지만 그러한 출발이 어떻게 이어지고 있는가, 위악과 환멸, 성찰의 근본적 이유와 지향은 무엇인가에 대한 궁구가 더 논의의 초점이 되어야 하는 바, 거기에 주목했을 때 우리는 70년대까지 이어지는 박태순의 자기 인식의 내포와 외연을 확인하게 된다. 이 두 작품은 「정든 땅 언덕 위」와 함께 같은 해인 1966년에 발표되었다. 「정든 땅 언덕 위」는 작가 스스로도 '이 작품으로 비로소 글을 써 볼 수 있지 않을까 생각했다'[18]고 할 정도로 중요한 작품이라고 할 수 있는데, 같은 해에 쓴 이 세 작품을 함께 살펴보는 것은 그의 문학적 인식을 알아보는 데 중요하다고 할 수 있다.

「연애」는 길에서 우연히 만난 여자에게 수작을 부리던 인물이 그녀가 일부러 잘 못 가르쳐준 이름을 믿고 약속장소에 나갔다가 속은 걸 알지만 그녀가 가르쳐준 이름의 장본인 패거리를 만나 어울리게 된다는 이야기이다. 소설 속의 '나'는 진짜 억근이를 비롯한 패거리들과 하등 다름없이 무료와 나태, 서울에 대한 환멸에 찌들어있는 인물이다. 그들은 시시껄렁한 잡담과 농담, 그리고 거짓으로 서로를 속여가면서 시간을 때운다. 그러다 술이 취하면 '선희는 아무런 이유없이 울고 있었고, 은실이는 아이 지루해, 아이 따분해 하면서 술만 거푸 들고 있었다. 주일이는 먼 이국에서 갓 돌아온 사람처럼 외국 얘기만을 하고 있었고, 억근이는 울고 있는 선희를 달래면서 그녀의 볼을 쓰다듬어 주고

좌담회, 「내가 생각하는 민족문학」(『창작과비평』, 1978 가을) 참조 바람
18) 작가연보, 위의 글, 416쪽

있었다. 그리고 나는 마늘을 이따금씩 집어먹으면서 헤밍웨이처럼, 유치함으로 하여금 유치함이 되게 하옵시고, 그 유치함으로 하여금 유치함이 유치함을 유치함이 되게 하옵시고, 그 그 유치함이 또 그 유치함을…하면서 씨부렁거리고 있었는데, 그러자 유치함이 유치함인지 유치함이 아닌지 어떤지 알 수 없게 되어버렸고, 유치함은 고독도 되고, 사랑도 되고, 빈곤도 되고, 시골놈도 되고, 서울놈도 되고, 모든 것이 다 되고 있었는데, 단지 그런 모든 것을 유치함이라고 표현해 내고 있는 유치함을 저지르고 있는 것이라고 깨닫게 되었는데, 그러자 유치하지도 않고 유치하지 않지도 않은 것이 어떤 것인지를 또한 깨닫게 되었다'[19]라고 '나'는 생각한다. 유치해질 수밖에 없는 서울에서 유치해지지 않으려 애쓰지만 유치함을 덕지덕지 몸에 붙이고 다니는 나의 몰골은 김승옥의 소설, 「누이를 이해하기 위하여」에서 중랑천의 개구리 울음 소리를 '거꾸러져라'라고 듣는 환멸에 찬 인물을 떠올리게 한다.

하지만 그 환멸은 김승옥 소설처럼 자기 냉소로 전화하고 나아가 부패한 현실에 순응하는 위악, 통속적 일상에 스스로 진입하여 더 이상 저항의 행위를 포기함으로써 그 모든 책임을 세상에 떠맡기는 선택을 하는 쪽으로 변모하진 않는다. 김승옥은 그래서 소설을 더 이상 새롭게 쓰지 못했고 생활인으로 변모하였으며 소설이 아닌 시나리오, 영화로 새로운 현실저항적 변화를 꾀하였으나 그것 역시 용이하지 않았다. 박태순에게 있어 서울 역시 환멸의 장소 그러나 매혹적인 장소로 양가적 감정을 불러일으킴으로써 주체로 하여금 번민하게 하였으나 그는 자신을 고립된 단자로 파악하는 게 아니라 '고향을 잃어버린 난민'이라는 집단의 개념으로 인식하고 있었다. 더욱 중요한 점은 그러면서도 자신

---

19) 「연애」, 『창작과비평』, 1966, 봄호(여기서는 『창작과비평 영인본』, 창작과비평사, 211쪽)

의 위치, 할 수 있는 일에 대한 성찰을 동시에 하고 있었다는 점이다. 난민으로서의 자아 성찰은 지식인으로서의 소설가에 대한 소명의식과 더불어 무엇을 그러면 보고 쓰고 알려야 하는 것인가에 대한 명확한 인식을 불러일으켰던 것이다. 그러한 성찰과 실천은 거의 동시에 이루 어지며 일관되게 지속된다. 따라서 박태순의 문학은 결코 하나의 길에 서 벗어나지 않는다.

> 내가 문단에 나오던 무렵이 바로 이런 전환 시대였다면 그에 대한 문학적 대응은 세 가지 표정으로 나타나는 바의 것이었다. 식민, 신식민 문학의 극복 －4월 혁명의 계승과 반독재 문학의 형성－난민, 빈민, 노동, 농민의 기층 세 계속으로의 문학 입성… 60년대 사회는 변혁을 요구하고 있었으며 나는 <신 인>으로 문학사회에 나오면서 벌써 문학의 순결주의 같은 것에 대해 전혀 충 실할 수가 없었다.[20]

박태순은 80년대 후반 한 선집 <작가서문>에서 자신의 문학적 여 정을 되돌아보며 이렇게 60년대를 회고했다. 20여 년의 시간적 거리가 갖는 불명료성의 가능성을 염두에 둬야 할 터이지만 오히려 80년대 후 반에도 여전히 일관된 문학적 태도를 보이고 있다는 점에서 그리고 그 것이 실제 60년대 작품에서 보이고 있다는 점에서 그의 일관된 작가의 식을 엿볼 수 있다. 「연애」와 같은 해에 발표된 두 작품 「동사자」와 「정든 땅 언덕 위」에서 그러한 작가의 60년대 내적 성찰과 문학적 지 향점운 분명히 드러난다.

'세현이… 이제 앞으로 무슨 일을 하려는가?'로 시작해서 똑같은 질 문으로 끝나는 「동사자」는 사기 사업에 휘말려 자기 의지와 상관없이 가해자가 되어 파산 지경에 이른 세현이라는 인물이 한 동사자의 주검

---

20) 「작가서문」, 『낯선 거리』, <박태순 문학선>, (나남문학선, 1989), 9쪽

앞에서 스스로에게 앞으로의 자신의 삶의 의미와 지향에 대해 질문을 하는, 사건 중심보다는 한 우연한 죽음과 자신의 삶을 연관시켜 삶에 대한 성찰을 시도하는 내면심리에 초점을 맞춘 소설이라고 할 수 있다. 하지만 한 동사자의 죽음을 살인으로 규정하고 그 죽음 앞에서 무엇을 할 것인가 자문하는 세현의 모습은 한 개인의 삶과 죽음이 사회와 갖는 연관성에 대해 인식하고 그 관계 속에서 무엇을 해야 하는가 스스로 질문하고 모색하는 작가의 모습에 다름 아니다. 세현은 '경제성장을 이룩해 놓았다고 주장하는 관리들의 성명서에 형성되어 있는 세계ㅡ그 세계에 참여할 수 있을 만한 능력을 당신은 가지고 있는가?'라는 질문을 스스로에게 한다. 그리고 이어 이 사회가 살인자가 되어 한 노인을 동사로 이끌었다는 인식과 자신 역시 그 살인자가 되고 있다는 공포스러운 자각에 이른다. 그는 주검 앞에서 '형체도 없고 죄의식도 없고 벌의 응답도 갖추지 못한 당신은 아직 살아있고, 그리고 영감은 죽어 있다'라고 되뇌이면서 '앞으로 무슨 일을 하려는가?'라고 자문한다. 그러한 세현의 의식은 철저하게 지식인으로서의 문학가, 민중의 삶을 지식인이라는 자기 위치에 대한 확고한 의식을 가지고 형상화해내고 전달하고 보여주고 기록하고자 하는 작가 박태순의 지향으로 연결된다. 논의의 초점은 박태순에게 있어 그러한 고민과 실천은 동시적으로 이루어졌으며 짧은 청년기의 고민과 더불어 이루어진 실천은 오래 지속적으로 몇 십 년에 걸쳐 이루어져 왔다는 점이다.

문학인은 다른 문화산업 종사자와는 달리 그 문학행위에 어떤 개인적인 목적이나 동기, 이해득실을 가져서는 안 된다. 그는 사회 구성체의 특정 계급, 계층 속에 묶여 있는 것이 아니며, 개인ㅡ집단의 이해관계에 따라 움직이는 <이익사회>의 경쟁 논리에 지배를 받게 되는 것이 아니고, 나아가서 계급적 사유의 고리로부터 해방되어 사회ㅡ민족ㅡ역사를 총체적으로 조감하는 존재

이러한 인식은 사르트르적 지식인을 박태순이 지향하고 있음을 보여준다. '각 계층간 혹은 지배 계층 내부에서의 갈등, 또는 지배 계층이 그들의 이익을 위하여 주장하는 진리와 신화 및 그들의 그 자신의 지배 권력을 유지하기 위해 사회의 다른 계층에서 강요하며 보존시키고 있는 가치와 전통들의 모순점을 인식하는 것'이 지식인이며, '모순된 사회에서 태어난 지식인'은 '바로 그 모순된 사회의 증인'이라는 사르트르적 지식인의 소명, 따라서 "추방자, 주변인, 아마추어로서, 그리고 권력을 향해 진실을 말하려는 언어의 사용자"[22]로 박태순이 문학가인 자신을 규정하고 있는 것이다.

「정든 땅 언덕 위」로 시작되는 '외촌동 연작'은 박태순이 생각하는, 작가란 무엇을 왜 써야 하는가를 보여주는 소설들이다. 1966년 「정든 땅 언덕 위」, 1970년 「단씨의 형제들」, 1972년의 「무너지는 산」, 1974년의 「정선 아리랑」에 이르는 작품들은 난민 곧 이 땅의 무수하고 평범하지만 오히려 떠돌이 노동자로, 날품팔이로, 작부로, 권력의 뒤안길, 그늘 속에서 힘겨운 삶을 살아가야 하는 주변부로 팽개쳐진 민중의 삶을 생생하게 보여준다. 거기에는 소설가이기 전에 아니 지식인으로서의 소설가로서 혼란의 시대에 어떠해야 하는 가를 뼈저리게 고민하고 실천하고자 했던 작가의식이 거칠게 그러나 강하게 살아있다.

「정든 땅 언덕 위」는 난민, 소시민들의 속물적 통속성과 더불어 그

---

21) 박태순, 작가서문, 『낯선 거리』, 위의 책, 12 – 13쪽

22) 에드워드 W 사이드 지음, 전신욱·서봉섭 옮김, 『권력과 지성인』, 도서출판 창, 1996, 서문 25쪽

속성을 생산해내는 사회의 구조적 모순에 대해 본능적으로, 의지적으로 저항하는 태도가 빚는 울분을 열린 결말을 통해 보여준다. 이와 더불어 70년대 「단씨의 형제들」, 「무너지는 산」, 「정선 아리랑」 등의 작품들은 작가의 냉정한 관찰자로서의 시선과 민중 주체로서의 자신에 대한 자각이 통일을 이룬 지식인으로서의 소설가의 진면목이 보이는 수작들이다. 이 세 작품에서도 화자와 소설 속 서사의 주체들은 따로 설정되어 있는 듯 거리를 두고 바라보고 있지만 결국 70년대 한국 사회의 주변부 인물, 민중으로서의 일체감으로 연결되어 있다. 여기서 명확하게 초점이 맞추어져 있는 인물은 소설의 화자이며 그가 바라보고 동일시하는 인물과 사건의 관계라고 할 수 있다.

「단씨의 형제들」에서 '나'는 우리 역사의 굴곡과 가족사가 맞물려 험난한 삶을 살아가는 단기호의 삶을 냉정하게 보고하면서도 단기호의 삶에 대한 성찰, 사회적 인식 그리고 지향을 같이 하고 있다. 여기서 관찰과 연대는 자연스레 이루어진다. "무조건 감미롭기만 하고 세상에 대한 회의라고는 전혀 없이 세련되고 미끈한 허구(虛構)보다는 차라리 그의 꺼끌꺼끌한 편지가 더욱 가치가 있다고 판단되기는 한다."23)는 '나'의 진술은 박태순의 문학관과 그대로 맞아떨어진다. 그렇다면 단기호의 편지는 곧 작가 자신의 소설과 연결되며 "한가닥 남은 염원은 자기 개인이나마 털을 곧추 세운 사나운 짐승이 되어 야성(野性)을 찾아야 하지 않는가"라는 단기호의 외침은 곧 '나'의 외침이며 박태순의 지향이기도 한 것이다. 단기호는 말한다. "피를 뜨겁게 해가지고 괴상하게 시달리고 있는 사람들의 세계를 극성스럽게 파고 들어가보는 것"이라고.

이러한 단기호 혹은 '나'의 모습은 「무너지는 산」에서 곽씨로, 조독수로 나타나 난민촌에서 극한적인 절망에 다다른 민중의 삶을 핍진하

---

23) 「단씨의 형제들」, 『문학과지성』, 1970 겨울, 37쪽

게 그려내면서 동시에 저항하는 주체로서의 민중과의 연대를 통해 실천하는 지식인의 모습을 그려낸다. 곽씨는 조독수를 보면서 "잘못돼 버렸다고 또 물러선다면 그땐 어떻게 되는 거요?"[24]라고 묻고 조독수는 곽씨의 적의에 찬 시선의 의미를 깨달으며 동시에 "자기가 왜 여기에 왔으며 그리고 자기가 보고자 하였던 것이 무엇인지"를 깨닫는다.

이는 바로 「정선 아리랑」 마지막 부분의 주인물의 선택으로 이어진다.

나는 별로 할말이 없어서 가만히 술잔을 마저 비웠다. 이제는 나도 떠돌이 생활을 청산해야겠다고 생각했다. 도피할 데는 없다. 내가 서 있는 자리에서 내 삶을 추켜 올려야 한다.[25]

3. 험한 시대, 옳은 문학 그에 대한 끝없는 자문(自問)

박태순은 앞서 언급한 선집의 서문에서 다음과 같이 술회했다.

현실이 메마르고 각박한 것을 속일 수 없는데 소설이 번질거리고 질척거리는 것은 도리어 거짓이며 속임수이며 방정이 아니겠는가 하는 우직한 생각을 하지 않았던 것은 아니었다.[26]

그러한 작가의식은 유민 시절을 겪은, 그러나 지식인으로서의 자기 존재를 사명으로, 부담으로 지니고 있는 소설가로서의 치열함에 다름

---

24) 「무너지는 산」, 『창작과비평 영인본 제7권』, 454쪽
25) 「정선 아리랑」, 『삼성판 한국현대문학전집 49』, 1979, 128쪽(그런데 1989년 출판된 나남 문학선 『낯선 거리』에 실려 있는 「정선 아리랑」에는 '도피할 데는 없다. 내가 서 있는 자리에서 내 삶을 추켜 올려야 한다.'가 삭제되어 있다.)
26) 『낯선 거리』, 위의 책, 작가 서문, 15쪽

아니다. 그가 손창섭과 대담[27]하면서 손창섭의 "나는 문학자가 아니라 어찌하다 보니 그렇게 불리워지게 되었다"란 말을 '자기 부정적인 정직한 발언'이라고 한 것은 바로 자신의 소설관과 지향을 말하고 싶었음이다. 손창섭은 1970년대 한 시골 소년의 파란만장 상경기를 통해 1960년대 서울의 세태와 풍속을 그린 『길』[28]을 거의 마지막으로 일본으로 떠나버렸지만 박태순은 80년대를 넘어 지금까지 올곧은 길을 걸어오고 있다.

그는 같은 서문에서 "못생긴 현실의 문학적 진술이라는 도식성에 너무 묶여 있었던 듯하다. 60년대에서 70년대로 넘어가는 독재의 터널지대에서 특히 그런 현상이 심했던 듯하다."고 술회하면서 "내 소설이 무뚝뚝하고 독자들에게 불친절하며 어떤 면에서는 불편한 것일 것이었음"을 말하는데, 그러한 겸사는 그의 치열한 작가정신을 오히려 더욱 또렷하게 인식하게 만든다. 의식만이 팽배한 소설, 구성이나 형상화가 제대로 갖추어져 있지 않은 소설이 그대로 긍정적 평가를 받을 수는 없을 터이다. 문사를 자청했던 이광수는 냉정한 현실의 관찰이 아닌 자신의 공허하고 시대착오적이며 탈역사적 관념으로 현실을 재단함으로써 오히려 참다운 문학에서 멀어지고 말았으나 박태순은 올바른 역사의식에 입각한 냉철한 관찰과 기록, 그리고 민중성을 지닌 지식인적 작가로서의 실천을 통해 리얼리즘의 승리를 이끌어냈다. 1974년 발표한, 이광수와 최서해의 인연을 소재로 한 소설, 「작가 지망」에서 박태순은 최서해의 입을 빌어 다시 한번 모순의 시대에 작가는 어떠해야 하는가를 되묻고 확인한다.

---

27) 박태순, 「손창섭 선생님께 – 후진사회와 문학의 현장」, 『월간문학』, 1971.1. 275쪽
28) 이에 대해서는 졸고 「타락한 현실, 무력한 의지 그러나 포기할 수 없다」, 『길』(북갤럽, 2002) 참조 바람

　　결국 이러한 식민지 시대에는 어디에서 무슨 짓을 하든 그것이 모두 헛된
것임을 깨닫지 않을 수 없을진대, 나는 차라리 성진 시대가 그립습니다. 벗어
나야 할 텐데, 하루 빨리 문학의 영욕으로부터 벗어나야 할 텐데 하고, 조바심
을 치게 됩니다. 성진에서처럼 막벌이 일꾼으로 되돌아가야 할 텐데 생각을
하게 됩니다. 구두 수선공이면 어떻고 구들장 고치는 사람이면 어떻습니까. 문
학을 버리는 게 아니라 이런 가짜 문학을 어서 빨리 집어치워야 한다는 생각
이 절실합니다.[29]

소설에서 최서해가 죽고 난 후 이광수가 스스로에게 하는 "그는 먼
저 갔지마는 그의 문학은 가지 않았고, 나는 아직 가지 않았지마는 나
의 문학은 이미 가 버렸다."[30]는 고백은 그래서 더욱 의미심장하다.
박태순이 문학을 버림으로써 오히려 참다운 문학을 찾고자 했던 그
자기 부정을 통해 궁극으로 찾고자 했고, 이 세상에서 보고자 했던 것
그리고 올바른 세상을 만들어낼 수 있는 힘으로 되살리고자 했던 것은
바로 우리 사이의 '끈'이었다. 그는 그것을 잇는 일꾼이 되고자 했다.

　　이 인심이란 말이 참 내 마음에 들어요. 아무리 세상이 각박해졌다 하지만
이 인심이라는 게 아직 우리에게는 죽은 말이 아니라 살아 있는 말이라 이거
예요. 인심이라는 걸 우리 생활 속에서 느낀단 말이지요. 이런 인심이란 말과
연결시켜서 생각해 본 즉 우리가 흔히 빽이라고 부르는 유행어에 대치시킬 무
슨 말이 있을 것도 같아요. 빽 대신에 우리에게 필요한 말, 난 그걸 <끈>이
라는 것이 아닐까 느껴 봤지요. 서로 이리저리 얽힌 끈, 이런 끈을 우리가 찾
아내야 할 것 같소.[31]

---

29) 「작가 지망」, 『삼성판 한국현대문학전집 49』, 163－164쪽
30) 「작가 지망」, 위의 책, 165쪽
31) 「끈」, 『낯선 거리』, 위의 책, 165쪽

집단적 광기에 녹아내린 반항

— 이제하 「초식」론 —

1. 반항과 광기

요즘 인터넷을 모르는, 혹은 인터넷의 무한 바다를 서핑하지 않는 이가 드물 것이다. 그러한 사실 혹은 현상은 지금을 주시하는 사람이거나 아니면 미래를 예측하는 이 모두에게 이질적인 그러나 같은 뿌리를 지닌 두 개의 얼굴을 보여준다. 넷(net)이라는 이름 그대로 그물처럼 얽혀 있는 정보의 틈을 헤치면서 우리는 수많은 새로운 정보들을 접하고 수많은 생각들을 만난다. 거기서 우리는 새로운 평등과 차이에 근거한 다름의 문화에 익숙해지기도 하지만, 너무나 쉽게 획일화된 문화와 오히려 통제되고 프로그래밍 된 체제에 길들여지고 완강한 배제의 논리에 영합하기도 한다. 그것은 새로운 해가 시작될 무렵, 그저 재미로, 아니면 삶의 절박한 기로에서 솟아날 구멍의 지도를 찾기 위해 보기도 하는 점술가의 신탁(?)과도 흡사하다. 잘 하면 흥할 것이요, 못 하면 패가망신할 것이다. 곰곰이 생각해보면 그것만큼 명쾌한 점괘가 있을 성싶지도 않다. 우리 이 시대의 명암 역시 결국은 이 시대를 살아가는 우리가 어떻게 하는가에 달려 있을 터이다.

하지만 그러한 진리가 이 미몽 속에서 헤매는 속된 무리들에게 어찌 힘이 되어 줄 수 있을 것인가. 그 금과옥조는 역설적이게도 그것을 믿지 않는 고고한 소수의 무리들에게만 추파를 보내는 것을. 안개 속에서 희미한 등불을 찾는 속된 무리들은 그저 자신 혼자 길을 잃었다는 공포 속에서 어디선가 누군가가 등불을 켜고 자신을 인도해 주기만을 바랄 뿐. 문제는 '어떻게' 해야 하는 가를 스스로 알아내기에는 너무나 무력하다는 사실만을 깨달을 뿐이다. 그때 등불 정도가 아니라 활활 타오르는 횃불이 저 멀리서 불꽃을 일렁이고 있으면, 한 여름 불길에 뛰어드는 나방처럼 온 몸을 던져 그 횃불 아래 몸을 조아릴 것이다. 그 횃불의 불길에 자신의 몸이 타버릴지도 모른다는 자각이 행동을 쫓기에는 역부족, 너무 늦다.

철없이 뛰어드는 나방 같은 무리들의 몸을 태우지 않고서, 그저 따뜻한 기운과 밝은 빛으로, 어느 한 길을 일러주는 것이 아니라, 안개 속에 파묻혀 있는 '지금, 여기'의 전체를 밝혀 무리들이 스스로 올바른 길을 택할 수 있도록 이끌어줄 수 있는 그러한 등불은 그러나 이 세상에 흔하게 나타나지 않았고, 나타났어도 무리들은 자기의 몸을 태워버릴 강력한 횃불에 눈이 멀어 그 은은한 등불을 보지 못한 적이 숱하였다. 이러한 지경이다 보니, 결국 다시 원점으로 돌아간다. 待天命이 먼저가 아니라 盡人事가 먼저라는 것. 진리란 그런 것이 진리다. 벗어나려 해도 다시 돌아오게 만드는 것. 힘으로 붙잡는 것이 아니라, 스스로 먼 길을 돌아서 다시 오게 만드는 보이지 않는 힘을 지닌 것. 결국 자신을 태워버릴 불인지, 살 방도를 찾게 만들어 줄―이게 살 방도라고 다 된 밥인 양 내놓는 것을 결코 믿지 말 것, 그게 바로 죽을 방도임을 깨달을 것―등불인지를 헤아리는 것이 가장 중요한 것, 그 헤아릴 수 있는 힘을 스스로 체득하고 키워내야 하는 것이다.

우리 인간들 중 그 누구도 장애물이나 금지사항, 권위, 법규 따위에 대항하

지 않고서는 기쁨을 맛볼 수 없습니다. 이러한 것들은 우리를 자립적이고 자
유로운 존재로 평가할 수 있도록 해줍니다. 반항은 행복이라는 내면적인 경험
을 동반하도록 되어 있으며, 기쁨의 원칙에 절대로 없어서는 안 될 구성요소
입니다. 그뿐 아니라 사회적인 측면에서 '정상화하는 질서'는 그다지 완벽하지
못합니다. 그것은 젊은 실업자들이나 할렘가 주민들, 이민자, 실직자 등을 비
롯한 수많은 '소외계층'을 저버리게 됩니다. 그런데 바로 이 소외계층이 반항
문화를 갖고 있지 않을 때, 이들이 자신들의 기쁨에 대한 욕구를 만족시켜주
지 못하는 퇴색한 이데올로기나 쇼나 오락 따위에 안주하게 될 때, 이들은 난
폭한 파괴자가 되어버립니다.[1)

줄리아 크리스테바가 말하는 '반항'이란 결국 '定住'의 개념이 아니
라 '遊牧'의 개념이며, 동일화의 과정을 거부하는 긍정적 일탈의 의미
일 터이다. 고인 물은 썩기 마련이며, 이미 썩은 물이 고이면, 그 부패
는 더욱 심할 수밖에 없을 것이다. 거기에 익숙해지기 전에, 익숙해져
서 자신도 썩기 전에, 썩어 문드러져 가는 자신을 보면서 '내 탓이오'
만 외치다 죽기 전에 온 몸으로 반항을 해야만 할 것이다. 거기에 살
아가는 이유가 숨어 있을 것이기 때문이다. 그리고 살 방도가 들어 있
을 것이기 때문이다.

정보화 사회가 도래했다고, 이미 그 안에 깊숙이 들어와 있다고 외
쳐대는 이 시대에 사람살이의 모양새는 그렇게 변한 것 같지 않고, 여
전히 이 한국 사회는 어지러운 정치와 사회 현상, 오히려 혼란스러워만
가는 듯 보이는 문화만이 횡행할 뿐이다. 개성이라는 것이 그저 상업주
의의 획일화된 양식화에 불과하고, 그것조차에도 뒤쳐질까 꽁무니를 힘
겹게 달음질쳐가는 우리들의 자화상만이 멀건 유리창에 비쳐질 뿐이다.

이제하는 1972년 「초식」을 발표하고 이듬해에는 최초의 창작집 『초
식』을 민음사에서 자비로 간행했다. 이 책은 베스트셀러가 되면서 국내

1) 줄리아 크리스테바, 『반항의 의미와 무의미』, 푸른숲, 1998, 29쪽

작가들과 출판계에 충격을 던졌고 나아가 70년대 창작집 출판붐을 일으키는 데 일조를 했다. 1974년 「초식」으로 현대문학 신인상을 수상하게 되었는데 그는 수상을 거부하여 일대 파란을 일으켰다. 그가 수상을 거부한 이유는 나눠먹기식 문학상의 행태와 당시 현대문학 주간이었던 조연현과 문단 원로들의 문협 선거 감투싸움에 환멸을 느낀 탓이었다고 알려져 있다. 그는 당시 도무지 수상 소감이 씌어지지 않아 수상을 할 수 없다고 하였다. 이러한 고집, 그것은 꿈꾸는 자, 순수한 마음을 가진 자만이 보일 수 있는 파격이요 열정이라고 할 수 있을 것이다. 이는 「초식」이라는 소설을 쓴 작가라면 어쩌면 당연한 행동이었다고 볼 수 있지 않을까 싶다.

> (그러나)제도에서의 일탈과 거기에서 연유하는 광태·광기는 도피가 아니라, 그 제도의 비판을 의미한다고 생각한다. 진정한 광기 속에는 그것을 야기시킨 사회에 대한 날카로운 비판 의식과 긍정을 전제로 한 부정 의식이 반드시 내재해 있다. 그것은 일상적인 삶과 세계를 그대로 수락하여 '개인 생활'을 계속하지 않으려는 노력이다. 일상적인 삶의 허위성을 날카롭게 드러내고 그러한 삶을 가능하게 한 세계를 변혁하겠다는 의도를 은연중에 광태는 보여준다. 정상에서의 일탈이라는 점에서 그것은 정상적인 제제도(諸制度)에 대한 방법론적 부정을 의미하는 것이다.[2]

김현은 이제하의 소설집 『초식』을 논하는 글을 이러한 광태 혹은 광기에 대한 말로써 시작하고 있다. 새로운 사회를 지향하는 데 있어, 그리고 동일화와 배제의 논리가 일상이라는 이름으로 굳어 있는 습속을 뚫고 나가 세상을 간단없이 변혁시켜 나가는 반항 혹은 광기는 이 시대에 있어서 더욱 새로운 생산적 힘을 부여받게 될 것이다.

---

2) 김　현, 「일탈과 콤플렉스에서의 해방」, 『현대 한국 문학의 이론/사회와 윤리』, 문학과지성사, 1991, 373쪽

단편 「초식」이 들어있는 소설집 『초식』에 대해서는 앞서 인용한 김현의 글을 비롯하여 그간 간간히 몇 편의 글들이 발표되었다.[3] 그 글들의 기본 주조는 김현의 시각에서 그리 벗어나 있지는 않은 것으로 보인다. 그것을 한마디로 조합하여 말하자면, '폭력적인 세상에 맞서는 광기'라고 할 수 있지 않을까. 필자 역시 그러한 관점에 동의하고, 이 글 역시 그러한 관점에서 씌어질 것이다. 단지 이 글에서 천착하고자 하는 것은 단편 소설 「초식」의 서사 방식과 세상을 대하는 작가의식이다. 단편 소설 「초식」은 그간의 글들에서 자세하게 논의되지 않았다. 필자는 '폭력적인 세상에 맞서는 광기'라는 주제가 가장 잘 구현되고 있는 작품이 「초식」이라고 본다. 거기에는 세상과 개인의 첨예한 대립이 드러나 있다. 그러한 대립이 이제하식 수사에 의해 독특하게 구현되고 있다. 숲을 바라보기는 쉬운 듯 하나 나무를 헤아리기에는 그리 수월치 않은 작품―기실 이제하 소설의 특징이 그렇다고 많이 평가되어 왔는데, 이 소설 역시 예외는 아니다―이 「초식」이다.

그런데 지금까지 단편 소설 「초식」에 관한 집중적인 논의는 찾아보기 어렵다. '이제하는 정치적 무관심자이다라는 널리 받아들여져 온 오해가 있는데 그렇게 생각하는 사람들은 「초식」을 읽어야만 한다. 이 작품은 날카로운 비판안이 돋보이는 좋은 정치소설이다'[4]이라는 평가 역시 일면적 타당성에도 불구하고 「초식」의 풍부한 결과 무늬를 제대로 담아내고 있는 진술은 되지 못한다. 오히려 소재에 대한 타당한 평가가 세상에 맞서는 개인의 힘겨운 싸움에 대한 「초식」의 풍부한 함의를 매몰시키고 있지 않은가 하는 의문이 든다. '정치적 무관심자'라는

---

3) 1997년 문학동네에서 간행된 <이제하 소설전집 1>에 해당하는 『초식』의 해설, 「세계의 폭력성에 맞서는 방식」(정호웅) 역시 소설집 전반에 관한 최근의 글이다.

4) 정호웅, 위의 글, 311쪽

평가의 '정치'가 그렇듯, '좋은 정치소설'이라는 진술의 '정치' 역시 「초식」에게는 일면적이고 제한적일 수밖에 없다.

이제 이 글은 넓은 판에 이리저리 흩어져 있는 조각 퍼즐들을 맞출 것이다. 미리 범인을 보여주고 그 범인이 왜, 어떻게 살인을 하게 되었는지를 역추적하여 마침내 모든 조각들이 아귀가 맞게 짜여진 판을 보여주는 형사 콜롬보와도 같이 그렇게 「초식」의 조각들을 관찰하고 해석해서 그것들이 어떤 비밀을 지니고 있는지 아주 '주관적'으로, '정치적'으로 해명해 낼 것이다.

이 땅에 사는 청소년들이 부패공화국으로 부르고 있는 나라, 비리 사건이 연쇄적으로 터지고, 정치권에 대한 불신이 분노를 넘어 오히려 냉소적 무시와 무력함만을 양산해내는 이 나라, 이 시대에 길들여진 우리의 피부 밑, 혈관 속, 뜨거운 가슴에 아직도 남아 있을 반항, 광기의 내력을 끌어 올려야 하는 필요성은 우리가 살아가는 '지금'이 존재하는 한 여전히 강력하다. 그러한 반항 혹은 광기가 핵심 코드로 운기(運氣)하고 있는 소설이 이제하의 단편 「초식」이다. 「초식」을 다시 읽는 이유가 거기에 있다.

2. 외로운 돈키호테 – 반항의 자세

이 소설은 부친과 그를 둘러싼 세계와의 갈등을 기본 축으로 하고 있다. 둘러싼 세계라는 것은 부친 당신을 제외한 모든 타인들, 그들의 세상을 가리킨다. 여기에는 부친의 가족도 예외가 아니다. 이 소설에서 나는 그저 단순한 관찰자의 위치에만 머물러 있을 뿐이다. 그러면서 부친의 몰락과 그 한계를 냉정하게 목도하고 우리에게 전달한다. 나는 부친을 둘러싼 세계에 적극적인 가담을 하고 있지는 않지만 어쩔 수 없이 그 테두리 안에 머물러 있다. 그것 역시 부친의 세계가 가지는 한계에 다름 아닐 것이다.

평범한 얼음 도매 운반인이던 부친은 어느 날 국회의원 선거 출마를 선언하여 줄곧 세 번에 걸친 출마를 감행한다. 그것은 가족들에게는 고역이요, 친척들에게는 하나의 이벤트와도 같다. 친척들의 모습은 소설 후반부, 소를 잡는 장면에서의 무수한 군중들과 닮아 있다. 그들은 결국 한통속이다. 부친, 자신을 제외한 나머지 사람들에게 있어 경계나 편가름은 애시당초 존재하지 않는다. 부친과 나머지 사람들과의 경계가 있을 뿐이다.

이번 선거 출마는 부친의 세 번째 출마이다. 첫 번째 출마는 화자인 ‘나’가 소학 4년 때였는데, 그 당시 부친의 첫 유세를 ‘나’는 생생히 기억한다. ‘텅 빈 부두의 바람받이 창고 앞 공터 저쪽을 향하여’ 부친은 어려운 시대, 더러운 시대를 외쳤던 것이다. 그 부친의 절박한 외침을 들었던 이들은 ‘핸드볼을 하던 노동자의 새까만 아이들 몇’, 그들조차 그저 아버지를 비웃으며 달아날 뿐이었다.

여기서 이제하식 수사는 독자로 하여금 의식적으로 숲에 가린 나무를 간과하게 만들거나, 숲으로 들어가게 만들어 울창한 나무들의 그늘에서 길을 잃게 만든다. ‘몇 마디 예리한 말을 엮어 대상의 심부를 깊이 드러내는 작가의 비범한 통찰력’[5]은 독해를 힘겹게 하는 미로이면서 동시에 많은 풍경들을 오히려 보게 만들고, 그 풍경의 새삼스러움에 감탄하게 만들고, 이어 진지하게 숙고하게 만드는 오솔길이다. 필자는 길을 잃고 헤매기로 마음먹는다. 그것은 이 글을 시작하면서 작정했던 것이다. 「초식」의 진경(眞景)은 그래야 드러날 것이기 때문이다.

---

5) 정호웅, 위의 글, 313쪽

　　어째서 부친이 이런 보잘것없는 녀석들을 첫 청중으로 택했는지는 너무나
명약관화했다. 부친은 자신이 속해 있으면서 그렇게나 미워하던 한 세계가 머
지않아 붕괴하리라는 희미한 예감의 공포 앞에, 오로지 떨고 있었던 것이다.
체면 불구하고 부친이 출마했던 것은 아마 그 때문인 듯하다.[6]

　한 시대의 종말의 예감이 공포로 다가오는 이유는 무엇인가. 그것은
자신이 속해 있었던, 그러면서도 지독히 미워했던 세계이기 때문이다.
속해 있었음은 습속의 문제이다. 습속은 생활을 통제하고 운용하는 원
리로 작용한다. 강물에 빠져 허우적거릴 때, 가장 중요한 것은 살아나
는 것이다. 그러나 그것은 참으로 어렵다. 특히 수영을 잘 하지 못할
경우나 물살이 너무나 거셀 경우, 누군가 도와주지 않으면 자기가 어디
로 흘러가는지, 자기가 빠져 있는 강이 어떤 모양새로 되어 있는지조차
알기 어렵다. 그저 강물의 흐름에 우선 순종하는 수밖에 없다. 설사 그
강물의 흐름 끝에 엄청난 폭포가 기다리고 있다 해도 할 수 없다. 강
물의 흐름은 습속이다. 습속의 흐름에 익숙해지면, 벗어나야 한다는 생
각은 잊혀진다. 기억상실증에 걸려 버린다. 벗어나려고 여전히 버둥대
는 이는 이제 다른 이들의 눈에는 쓸데없는 짓을 하는 미친놈으로 비
쳐진다. 벗어나려고 하는 자는 언뜻언뜻 보이는, 스쳐 지나가는 나무들
의 모습과 땅의 내음을 맡는다. 그리고 폭포의 거센 낙하소리를 어렴풋
이 듣는다. 자기들이 지금 거센 강물에 휩쓸려 있으며 조만간 폭포 아
래로 떨어질 것임을 감지한다.
　부친은 공포를 느낀다. 익숙함과 몰락의 예감이 가져오는 심리적 반
응이다. '우리는 자기 자신에게 해롭다는 것이 입증될 어떤 행동이나
생각을 하도록 하는, 제어할 수 없는 충동에 압도당하는 것을 두려워한
다.'[7] 부친은 자신이 익숙해져 있던 세계의 종말의 예감을 그저 앉아서

6)『이제하 소설전집 1』, 문학동네, 1997, 150쪽, 이하 쪽수만 기재

받아들일 수 없다. 그것은 예감을 갖게 된 자로서 당연한 행동이다. 부친은 그렇게 믿고 있다. 부친은 새로운 세상을 꿈꾼다. 그것은 이전 세계에 대한 반역이다. 거기서 부친은 공포를 느낀다. 그 공포는 단지 두려움에서 오는 것은 아니다. 반역을 할 수밖에 없도록 자신을 내모는 자신 안의 강력한 충동, 그것이 공포 자체가 되는 것이다. 그만큼 부친의 결심은 너무나 진지하고 순정(純正)하다.

자신이 속해 있던, 그러나 미워했던 세계의 몰락의 징후는 자신이 휩쓸려 떠내려왔던 강물의 끝, 즉 폭포의 굉음을 듣는 것이며, 그 폭포의 물보라에 끝내는 빠지고야 말 것이라는 불안감, '자신이 제어할 수 없는' 몰락의 충동에 압도당할 수 있음에 대한 두려움을 동반한다. 그 불안과 두려움은 기실, '미워하는 마음'에서 배태된 것, 미워하는 마음, 증오는 거리를 전제로 한다. 그것은 주체적인 인식 기제이기도 하다. 그 증오가 반항으로 이어진다. 부친에게 반항은 용감하게 적진에, 몰락의 와중에 뛰어들어 자신과 세계를 전복시키는 것이다.

선거 출마는 부친이 택한 구체적인 방식이다. 선고 출마는 기존 체제의 방식을 적극적으로 수용하는 방식이지만 거기에는 다양한 목적과 정치적 지향이 담겨 있다. 부친과 타자들과의 오해는 여기에서 발생한다. '나'는 그것을 알고 있다. 그리고 또 한 사람 숙당 조문제 선생도 알고 있다. 조문제 선생은 중학교 한문 선생인데, 그는 "부친의 망발(출마)은 단지 젊었을 때 글깨나 읽었다는 탓일 따름이고, 모든 난점은 '흐르는 세월'이 심판해준다"는 말로 설명한다. 부친과 그가 세상에 맞서는 방식은 다르다. 여기서 '글깨나 읽었다'는 말은 부친이 자기 나름의 식견을 가지고 있음을 말하는데, 그것은 식자우환의 의미와 거의 흡사하다. 다른 이들뿐만 아니라 조문제 선생에게도 부친의 식(識)은 환

---

7) 캘빈 S 홀, 『프로이트 심리학 입문』, 범우사, 1986, 77쪽

(患)을 낳는 어쭙잖은 것이다. 조문제 선생은 단지 다른 사람들과 달리 부친에 대해 우호적인 감정을 갖고 있을 뿐이다. 그것은 조문제 선생 역시 나름의 현실의식을 갖고 있기 때문이다. 그러나 그의 처세는 산림 처사의 그것과 닮아 있다. 두 사람은 묘한 짝을 이룬다.

부친의 출마는 다른 이들에게는 돈키호테 식의 망발로 보인다. 그의 채식은 그러한 망발을 더욱 희화화시키는 수단이 된다. 그러나 부친에게는 진정성이 있다. '전과가 없고, 어찌어찌 자격을 갖추고, 호기롭게 나설 수만 있으면 누구나 선량(選良)에 입후보할 수 있던 때'라지만, 얼음 도매 운반인인 부친이 선거판에 뛰어든다는 것 자체가 타인들에게는 희극이다. 그 행동은 집안 식구들에게는 어처구니없는 망발로 비쳐진다. 더욱 한 번의 실패에서 끝나지 않고 세 번이나 연속해서 출마하겠다는 부친의 의지와 실천은 집안 식구들에게는 고역이 아닐 수 없는 것이다.

그러나 부친에게 있어 출마는 깨어 있음, 반항의 정신에 생겨난 것이다. 자신이 속해 있었던 그 부조리한 세상에 대한 증오, 그것이 그 세계의 몰락의 징후가 강하게 엄습해오는 시기에 있어 적극적인 반항의 행동으로 나타난 것, 그것이 부친에게 있어서의 출마였던 것이다. 그것은 돈키호테가 이미 몰락한 기사의 갑옷을 입고, 세상을 향해 돌진하는 것과 흡사하다. 거기엔 몰락한 중세의 습속에 대한 가차 없는 비판과 돈키호테를 비웃는 당대 사람들에게 들이미는 돈키호테의 진정성이 있다. 부친의 경우도 마찬가지다.

우리들이 고통스러웠던 것은 '서광삼 무표'니 '서광삼 3표'니 하는 이웃이나 학교 동료들의 조석간의 인사가 아니다. 그것은 선거 소동이 끝날 때마다 전 시의 오욕에 찬 익살맞은 조롱을 우리 집 위에만 폭삭 뒤집어씌우고도, 진

실로 늠름하고 의연히 고고해서 참으로 아름답기까지 해 보이는 부친의 배짱
에 있었다. 어쩐지 부친은 봄장마가 깨진 아스팔트 틈서리의 흙탕물을 튀기는
을씨년스런 한밤중에도 청명한 구름 속을 혼자 걷고 있는 듯했으며, 고독감에
몸을 떨며 내가 뒷간에 홀로 움치고 앉아 있을 때에도 그는 갓 벌어진 무슨
커다란 꽃봉오리 속에 의젓이 또아리를 틀고 있는 듯했던 것이다. 서너 달의
채식으로 부친의 얼굴은 불그레해졌으며, 반백의 머리는 갈기처럼 이마 곁으
로 비끼고, 눈알은 비길 데 없이 반짝였다. (152쪽)

부친의 망발이 진정성을 지닌 의연한 행동으로 비쳐지면서 소설적
상황은 역전된다. 부친이 가질 수 있는 그 당당함, 진정성은 이 소설에
서 부친의 직업을 새삼 떠올리게 만든다. 거기에도 작가의 의도가 담겨
져 있기 때문이다. 부친의 직업은 얼음 운반 도매인이다. 여기서 얼음
은 중요한 의미를 띤다. 얼음은 순수하다. 특히 도매인이 취급하는 얼
음이란 순정해야 하는 법, 그 얼음은 부친의 순진성, 진정성을 그대로
대변한다.

그렇다. 얼음이다. 만상이 타는 듯한 열화에 기갈들려 오직 한 개의 통풍
구멍만을 찾아 허덕이는 한여름 대낮 같은 때 홀로 자전거 등받이에 서늘한
수정과 같은 거창한 물건을 싣고 달리면서 부친의 꿈은, 빼도 박도 못 하게
그 결정체 속으로 스며들었던 것임에 틀림없다. (151쪽)

만상을 기갈 들리게 하는 열화에 맞서는 수정과 같은 얼음, 그 대조
속에 부친의 운명이 놓여 있다. 한여름 대낮, 그 열화를 부친의 얼음이
식힐 수 있을까. 오히려 그 얼음은 이내 녹아버릴 것이다. 그리고는 그
열화에 흔적도 없이 사라져버릴 것이다. 얼음은 물이 되고, 이내 수증
기가 되어 허공에 흩어져 버린다. 부친의 얼음을 녹아내리게 하는 그
열화는 바로 부친의 망발이 아닌 세상의 광기이다.

3. 광기의 세계

부친은 자신이 속해 있던 세계에 대한 증오와 그 세계의 몰락의 증후에 대해 공포를 느낀다. 그 증오와 공포감은 세상에 대해 나름의 반항을 하게 만든다. 그 반항은 선거에 출마하는 것이고, 출마에 대한 의지가 행동으로 드러난 방식이 채식이다. 평범했던 부친이 왜 출마를 결심하였을까? 이것에 대한 내용은 결국 아버지가 택한 채식과 연결해서 헤아릴 수밖에 없다. 채식은 아버지가 세상과 맞서는 방식이다. 그렇다면 결국 아버지를 둘러싼 세계는 육식의 방식을 택하고 있다는 말이 된다. 아버지가 속해 있었던 그러나 미워했던 세계란 육식의 방식이 통용되는 세계다. 그것이 아버지에게는 정당하지 않다고 여겨진다. 육식 자체가 정당하지 않다고 보기보다는 정당하지 못한 세상의 방식이 육식이기 때문에 그것을 거부하는 것이다.

그 세계, 육식의 방식이 통용되는 시대란 아버지의 말을 빌면 '어려운 시대요, 더러운 시대'인 것이다. 그러한 시대의 붕괴는 필연이어야 하지만 그 붕괴는 또한 공포를 가져온다. 무엇이 그 다음에 도래할 것인가에 대한 공포는 그 공포를 넘어서는 의지에 의해서만 극복될 수 있다. 그 의지를 키우는 방식, 그것은 이전의 세계가 지니고 있었던 방식과는 달라야 한다. 부친이 택한 방식은 육식에 맞서는 채식이다. 마치 다니엘이 모든 박해와 모함 속에서 채식으로 의지를 단련하였듯이, 그는 자신의 의지를 굳세게 하고, 모든 부조리와 타락과 혼돈에 맞서는 방식이 채식이라고 굳게 믿고 있었던 것이다.

어쩐지 부친은 봄장마가 깨진 아스팔트 틈서리의 흙탕물을 튀기는 을씨년스런 한밤중에도 청명한 구름 속을 혼자 걷고 있는 듯했으며, 고독감에 몸을 떨며 내가 뒷간에 홀로 움치고 앉아 있을 때에도 그는 갓 벌어진 무슨 커다란 꽃봉오리 속에 의젓이 또아리를 틀고 있는 듯했던 것이다. 서너 달의 채식으로 부친의 얼굴은 불그레해졌으며, 반백의 머리는 갈기처럼 이마 곁으로 비끼고, 눈알은 비길 데 없이 반짝였다. (152쪽)

채식을 하면서 부친은 세상과 맞선다. 부친이 맞선 세상, 선거판은 말 그대로 난장판이다. 선거판을 묘사하는 부분에 나의 비판과 냉소, 그 속에 숨어 있는 분노를 느낄 수 있는데, 그것은 곧 작가의 비판이요, 냉소이며, 분노라 할 것이다. '등록의 까다로움, 무소속의 굴욕, 사꾸라의 모략, 도야지 같은 관리 나부랭이들의 추잡, 유세 기간 동안에 일어난 그 많은 하찮은 사건들을 어떻게 일일이 열거하랴. 그대들이 겪고 느낀바 그대로다'라는 부분이나 '헤일 수도 없는 협잡, 수많은 중상모략, 그리고 테러들을 낱낱이 고발할 의무를 나는 느끼지 않는다. 그들은 짐승—이라고 어느 누가 짖어대도 신은 노여워하지 않았으리라. 그들은 한마디로, 씹어놓은 똥이다'라는 표현에서 우리는 선거판에 대한 작가의 비판의식과 분노를 충분히 느낄 수 있는 것이다.

선거판은 부친을 둘러싼 세계의 삶의 방식, 습속을 가장 극단적으로 보여주는 현장이다. 거기에는 먹느냐, 먹히느냐 라는 육식 동물의 생존 논리만이 존재한다. 거기에 순환의 논리, 공존의 논리, 소통의 논리라는 것은 애초에 존재하지 않는다. 그러한 선거판은 허물어져 가는 낡은 세계를 온전히 새 세상으로 변화시키지 못한다. 방식이 동일하기 때문이다. 부친은 그 이전투구(泥田鬪狗)의 아수라장에 뛰어들어 초식의 결단으로 전복시키고자 한다. 공포를 극복하고 이전 방식으로 돌아가거나 답습하는 오류를 끝장내고자 한다.

그러나 부친이 맞서고 있는 부정적인 대립항은 단지 진흙탕과도 같은 선거판에 머물지 않는다. 선거철만 되면 '한꺼번에 집에 들이닥쳐서

는 있는 것 없는 것 죄 먹어치우고’, ‘“서광삼 무표!”라는 라디오의 개
표 중계를 들으며 대들보가 떠나가라 통곡을 해대고, 그리고는 부친의
유일한 유세 도구인 자전거 한 대마저 기어이 망가뜨려놓고야 제가끔
의 시골로 뿔뿔이 흩어져’가곤 하는 친척들 역시 세상의 무리들일 뿐
이다. 최 씨와의 사건으로 부친이 채식을 그만두자, 그들은 기뻐 날뛰
며, ‘순대구이거나 날치, 가자미 같은 것이 상 위에 올라오면’ 깜짝할
새에 먹어치워 버리는 식욕을 보인다. ‘그것은 계면쩍다기보다 더러운
광경’이다. 그러한 친척들의 모습은 부친이 혐오해마지 않는 선거판의
‘짐승’들과 하등 차이가 없다. 부친이 홀로 바람을 맞으며 바다로, 바다
로 가야만 했던 까닭은 바로 여기에 있다.

사실 광기의 주체는 정확히 부친이 아니라 부친을 둘러싼 친척들,
혹은 선거판에 뛰어들어 진흙탕으로 만들어버리고 이내 그 자신조차
진흙탕에서 뒹굴어대는 몰염치하고 부패한 무리들이다. 광기에 휩쓸린
자들만이 있는 곳에서 홀로 깨어 있는 자는 오히려 미친놈 취급을 받
게 마련이다. 광기의 주체가 역전된 상황, 부친은 타인들에게 뿐만 아
니라 어머니를 포함한 친척들에게조차 사실 엉뚱한 사람, 객기를 부리
는 별난 사람으로 치부되는 것이다.

이제는 부친의 ‘망발’은 의연한 저항의 모습을 띤다. 그 저항은 외롭
고, 외롭다.

4. 외로운 질주

그러한 ‘오염된 누리의 한복판’에서 부친은 외로이 전의를 불태우고,
질주를 감행한다. 어느 화창한 날, 부친은 자전거로 바다에 가서 한참

을 보낸다. 거기서 부친은 바위 틈서리에서 생존하기 위해 안간힘을 쓰는 해삼 새끼들을 본다. 부친은 거기서 치열함을 보았다. 그 이후 부친은 틈만 나면 바다로 '도망쳤다'. 부친에게 바다, 물은 자신에게 위로와 격려를 아끼지 않는 유일한 상대이다. 낡아빠진 자전거를 타고 바람을 가르며 바다로 내달렸다가 몇 시간이고 바다에서 물을 보며 곰곰이 생각에 빠져 있는 부친의 모습. 그리고 다시금 비장한 얼굴로 황혼 무렵 자전거를 타고 돌아오는 부친의 모습은 독립투사의 모습처럼 의연하고 강건하다. 그것은 객기를 부리는 희극적인 인물의 모습이 아니다. 세상의 광기와 난잡함과 속됨에 맞서는 결벽의 모습이다. 물은 속된 때를 정화시킨다. 부친은 시간이 나면 바다로 달려가 자신을 정화시킨다. 그리고 정화된 몸으로 다시 세상 속으로 들어선다.

결의를 다지고 호승심을 불태우지만, 그러한 부친의 저항은 벽에 부딪치고, 부친 역시 그 오염된 누리에서 결코 벗어날 수 없다는 사실이 드러난다. 그것이 최씨와의 해후이다. 이 부분이 막연하게 표현되어 있는데, 아마도 부친의 외도(혹은 결혼 전의 연애 사건인지도 모르지만)와 관계된 사실인 듯하다. 그 사건이 최씨로 인해 드러나고, 그 사건 역시 부친이 농락당하고 말았다는 것이 밝혀지면서 부친의 도덕성, 자존심은 결정적인 상처를 입는다. 그것은 부친의 진실이 배반을 당한 것을 말하는 극적인 사건이다. 세상은 그렇게 쉽게 한 사람의 진실을 배반하고 훼손할 수 있다. 그 자리에서 부친은 '녹아버렸던 것이다.' 부친 같은 이마저 그 모든 오욕의 올가미에서 자유로울 수 없다는 사실, 조문제 선생의 낙향은 이미 부친을 포함한 모든 세상 사람들의 그 이면을 보아버린 이의 유일한 선택이었을 것이다.

4·19 직후 비록 데모대에 휩쓸려갔다 하더라도 경찰서까지 가서 서장의 따귀를 후려치기까지 했던 조문제 선생은 그 즉시 '그 모든 진

상을 파악하고, 맥이 빠져 흥미를 잃'고 낚시질을 가버렸던 것이다. 4
·19 직후 즉시 4·19의 순수성과 그 희열이 왜곡되고 좌절될 것임을
알아버렸던 조문제는 그래서 이미 대중이 아니다. 그는 그 선을 벗어나
버렸다. 그는 부친과는 다른 지식인이다. 그의 모습은 어쩌면 함석헌
선생의 '들사람 얼'에 나오는 들사람들과 닮아 있다.

이에 비해 부친에게 4·19는 새로운 기회로 다가온다. 애초에 최 씨
와 사건이 있은 직후 부친은 채식을 중단하고 선거 자체를 포기하고
만다. 결국 육식성이 휘두르는 타락과 혼돈만이 횡행할 뿐, 달라질 기
미가 전혀 보이지 않는 세상에서 부친은 좌절하고 만 것이다. 부친이
채식을 폐하자 기뻐 날뛰는 친척들의 모습은 얼마나 세상이 부친을 배
반하는가 아니 세상에 맞선 부친이 얼마나 무력한 가를 여실히 보여준
다. 친척들의 파렴치함, 모친의 낭만, 이 모든 것 앞에 부친은 다시 한
번 녹아내린다. 그런데 4·19는 부친에게 커다란 의미로 다가온다. 4
·19 직후 부친은 오히려 '의심쩍은 듯이 방에만 틀어박혀 있었다.' 그
러다가 '나흘이 지났을 때 드디어 부친은 그 거창한 기쁨의 덩어리가
무엇인지를 깨달은 듯' 일어나 '나'를 데리고 다시 도수장 주인을 찾아
갔던 것이다. 하지만 그 만남의 결과는 부친의 진실이 이 세상의 광기
에 의해 더 이상 추스릴 수 없을 정도로 부서지는 것으로 마무리된다.

세 번째 선거 얼마 전 부친은 뜬금없이 도수장 주인에게 찾아간 적
이 있었다. 그 방문은 최 씨와의 해후로 인해 부친이 도덕적인 좌절을
겪은 뒤였다. 부친은 이미 홀로 적진을 돌격하기에는 상처를 입고 있었
다. 채식의 포기와 두문불출 이후 느닷없는 도수장으로의 방문은 부친
이 세상의 한 가운데서 밖으로 분출하는 방식을 택하고 있음을 보여준
다. 채식으로 대변되는 부친의 이전의 행적은 세상 밖으로부터 안으로
돌격하여 깨뜨리는 방식이었다면 도수장 주인과의 면담은 세상의 가장

깊숙한 곳에 바로 들어가 세상 밖으로 발산하는 방식이라고 할 수 있는 것이다. 부친은 어쩌면 밑에서 올라가는 방식이 아니라 위에서 내려가는 방식을 택하기로 작정한 것인지도 모른다. '정육점의 고기를 거덜내는 그 모든 시민들의 지지를 얻는 비결은 거기서 모든 덩어리가 흘러나오는 도수장의 주인을 구워삶는 길밖에는 없다고 생각'했기 때문이다.

오해는 거기에서 비롯되었다. 이미 녹아져 허공 속에 흩어져 버린 얼음 — 아니 이제는 얼음이라고 할 수도 없지만 — 은 다시 얼음으로 되돌아 올 수 없다. 부친 역시 그것을 알았기에 도수장 주인을 만나는 길을 택하기로 작정했겠지만 모든 것을 되돌리기에는 부친 쪽이 이미 너무 왜소해져 버린 것이다. 도수장 주인이 부친을 오해한 것은 도수장 주인으로서는 당연한 것일 따름이다. '나'의 말처럼 부친은 도수장 주인을 그저 '진짜 도살자'에 불과한 포수와 같이 보았던 것이다. 그래서 도수장 주인 역시 짐승을 잡는 현장을 보이는 것을 부끄러워 할 것이라고 여긴다. 그것은 부친의 착각일 뿐이다. '나'에게 연상되는 '다니엘이나 삼손 같은 한 용자(勇者)의 모습', 도수장 주인이 사람들에게 비쳐지는 모습은 바로 그것이다. 그것 역시 사람들의 오해에서 비롯된 것이지만, 육식의 방식에 길들여져 있는 사람들에게는 그것은 오해가 아니라, 진실로 다가오는 것이다. 부친은 다시 올 수 없는 강을 건너버린 것이다. 그 착각이 현실로 부친의 눈앞에 나타나는 것이 5·16 직후, 도수장 주인의 공공장소에서의 도살 장면이다. 이것에 대해서는 차후 논의하기로 한다.

4·19 직후 부친은 며칠 간의 두문불출 끝에 다시 도수장 주인을 찾아간다. 부친으로서는 4·19의 의미를 믿었을 것이고 도수장 주인 역시 4·19를 바라보는 생각이 자신과 같으리라고 믿었기 때문이다. 그러나 이번에도 부친은 4·19를 세상이 어떻게 인식하고 있는 가를

헤아리지 못했다. 세상 사람들이 4·19 앞에서 '악머구리 끓듯하는' 이유, 설사 그것이 '부친과 똑같은 양과 비중의 기쁨'이라고 하더라도 그 속내는, 지향점은 다른 것이었음을 부친은 깨닫지 못했던 것이다. 부친이 도수장 주인을 찾아가 혈서로 쓴 '풀 초(草)'보고 도수장 주인이 받아들인 것은 부친에 대한 도수장 주인의 오해였던 셈이다.

그 두 사람간의 침묵이 내포하고 있던 공감대, 곧 우국지정이라고 할 수 있을 것인데, 그것 역시 5·16 군사 쿠데타 앞에서 변질되고 희화화되어 버린다. 부친의 우국지정, 그것을 도수장 주인이 이해했다 하더라도 도수장 주인은 부친이 쓴 혈서 , 풀 초(草)자의 의미를 완전히 이해하지는 못했던 것 같다. 그 결정적 사건이 바로 5·16 직후 도수장 주인의 도살이다.

그리고 거기에는 빠트릴 수 없는 세력이 있다. 바로 군중이다. 이 소설에서 군중은 그저 수동적인 존재가 아니다. 도수장 주인은 5·16 군사 쿠데타가 일어나자 혁명을 외치면서 우리 집에 들이닥쳤고 그 날 그는 소를 군중 앞에서 잡는다. 가장 극적인 육식의 향연이 벌어지고 마는 것이다. 응집된 육식성의 폭력성이 최고조로 발현된 것이 곧 5·16군사 쿠데타이며, 그러한 놀음에 운동장에 모여 든 군중들, 당대 대중들 역시 '천성적인 도살자'의 요구로 인해 함께 하며, 거기에서 도수장 주인 역시 빠져 나올 수는 없었던 것이다. '아무리 좋은 뜻, 예컨대 나라를 염려하는 지극한 "우국지정"이라 하더라도 시류를, 대중의 움직임을 쫓아 정치적 선전 선동의 마당에 동원된다면 속화되고 만다는 것, 그것을 알면서도 사람이란 자신의 내부에 도사린 "천성적인 도살자"의 요구 때문에 그 우국지정이 휘두르는 폭력의 마력에 홀려 휩쓸린다는 것 등에 대한 날카로운 통찰'8)이 들어 있는 것이다. 도수장 주인은 육

---

8) 정호웅, 「세계의 폭력성에 맞서는 방식―《초식》론」, 『초식』, 문학동네, 1997, 313쪽

식이 내뿜는 가장 강력한 카리스마로 온 세상을 휘어잡는다. 그것은 바로 피비린내 나는 육식의 향연과도 같은 우리 역사의 현주소를 그대로 보여준다. 이러한 과정 속에서 대중은 '죄의식을 갖지도 책임감을 갖지도 않으며, 결과적으로 반항할 수 없는 상황에 이른'[9]다. 해방 이후 한국 권력과 대중의 관계는 그렇게 이루어져 왔다고 보는 작가의 시선에는 냉소적인 그러나 너무나 날카로운 비판이 비수처럼 들어 있다. 도살이 끝난 직후, '그가 뒤틀린, 입을 떡 벌린 표정으로 천천히 일어나서 어느 허공을 향해 섰을 때', '우리'(부친과 나일 터이다)가 느낀 '환멸'은 모든 것이 농축되어 있는 결정(結晶)이다. 그리고 '불현듯 마음 속의 사람에게 한 표나 던져볼까 하는 의문'을 '망상'이라고 치부하며 그러한 망상을 '유권자'들에게 포기할 것을 권고하는 것은 그 환멸이 가져온 냉소다. 좌절된 부친의 반항에 바치는 한 송이 조화(弔花)다. 그리고 우국지정의 똑같은 연설을 '아무 데서나 자고 아무 데서나 먹으며 일 년 열두 달을 허공에 대고 떠들어대기만 하는 한 사나이', 바로 도수장 주인을 '시의 명물'이라 일컬음은 작가의 가슴 아픈 블랙 유머이다.

「초식」은 현대 우리 한국 사회의 정치 행태에 대한 작가의 날카로운 비판과 냉소적 시각이 응축되어 있는 작품이다. 많은 것들을 냉소적으로 비꼬기도 하고 또한 대놓고 설명하지 않아 독자 스스로 상상력을 발휘해야 하는 부분도 있어 그 독해가 쉽지 않은 작품이기도 하다. 그러나 「초식」은 이제하의 문학 세계가 당대 사회와 여전히 깊숙이 연결되어 있음을 분명히 보여준 작품으로, 그리고 당대 정치 상황에 대한 작가의 비판이 날카로운 통찰을 통해 드러나고 있는 작품으로, 충분히 그 가치를 지니는 작품이라 할 것이다.

---

9) 줄리아 크리스테바, 위의 책, 45쪽

1970년대 저항의 두 지점

― 황석영의 「객지」와 조세희의 「뫼비우스의 띠」 비교 연구―

1. 들어가며

1970년대 문학 특히 소설은 부조리한 현실과 불합리한 인간관계에 대한 실제적 질문과 대응을 모색하는 방향으로 전개해 나간다. 이는 한국 현대사에 있어 가장 엄혹하고 부조리했던 시대의 짓눌림에서 반동적으로 튕겨 올라오는 분출 같은 것이었다. 1970년대는 '분단 자본주의가 정착된 시기라 할 수 있다'[1] 반공주의, 권위주의, 성장주의라는 세 가지 이데올로기에 의해 지탱된 유신체제를 정치적 상부구조로 하고 있는 분단 자본주의의 역기능은 부의 양극화와 그에 따른 상대적 박탈감의 심화, 공동체적 전통의 붕괴와 이익 사회화, 계급 모순의 증폭과 사물화의 진전, 무분별한 개발로 인한 환경오염과 생태계 파괴 등 헤아릴 수 없을 정도이다.[2] 1970년대 한국 사회의 파행성은 그 자체가 역기능 없이는 성장이 불가능한 속성으로 인해 광범위한 반체제운동, 저항을 불러 일으켰다.

---

1) 하정일, 「저항의 서사와 대안적 근대의 모색」(『1970년대 문학연구』, 소명출판, 2000년). 이 글에서 하정일은 '분단 자본주의란 자본주의로의 전반적 경향과 분단이라는 한반도적 조건을 결합한 용어로 한국사회의 보편성과 특수성을 아우르는 개념'이라고 설명한다(위의 책 15쪽).
2) 하정일, 위의 책, 16쪽 참조

이 시기의 소설은 이러한 사회 현실에 대한 인식에서 출발한다. '소설을 통해 사회계층의 모든 측면이 구체적인 현실로 부각되고, 인간관계의 불합리한 조건과 그 속에서 일어나는 문제들이 소설적으로 형상화'[3]된다. 즉 노동자, 도시빈민, 호스테스 등 소외된 하층민이 감당해야 하는 엄혹한 현실을 고발하고 그 과정에서 저항하는 주체를 그리는, 주목할 만한 소설들이 생산된다. 그러한 작가들 중에서 특히 1970년대 대표적인 작가로 황석영, 조세희를 꼽을 수 있다. 전태일 분신 사건의 충격이 영향을 주었다는 「객지」[4]나 실제 도시 철거민과의 마지막 식사 때 받은 충격, 그 분노와 좌절이 쓰게 만들었다는[5] 『난장이가 쏘아 올린 작은 공』은 1970년대를 대표하는 작품이라고 할 것이다.

하지만 그 당대에서나 지금까지도 그 두 작품의 거리는 실상 그리 가까워 보이지 않는다. 이문구와 더불어 '자본주의적 근대화의 최대 희생자인 농민, 도시빈민, 노동자의 삶을 집중적으로 다룬 작가들'로, '민중을 역사의 객체가 아니라 당당한 주체로 그려냈다. 뿐만 아니라 이들은 70년대 리얼리즘과 모더니즘의 가능성을 극한까지 밀고 나간 당대의 문학적 전위들이었다'[6]라는 평가를 동시에 받으며, 또한 '억압하지 않는 문학은 억압하는 모든 것이 인간에게 부정적으로 작용하는 것을 보여준다. 인간은 문학을 통하여 억압하는 것과 억압당하는 것의 정체를 파악하고, 그 부정적 힘을 인지한다. 그 부정적 힘의 인식은 인간으로 하여금 세계를 개조하지 않으면 안 된다는 당위성을 느끼게 한다'[7]

---

3) 권영민, 『한국현대문학사 1945−1990』, 민음사, 1994, 288쪽
4) 황석영, 「황석영이 황석영을 말하다」, <작가세계> 2004. 봄, 22쪽 참조
5) 조세희·이경호, 「2.5세계의 불안한 나날」, <작가세계> 2002. 가을, 23쪽 참조
6) 하정일, 위의 책, 21쪽
7) 김 현, 「한국문학의 전개와 좌표」, 『문학과지성』, 1975년 겨울 1088쪽. 이 글에서
   김현은 '문학은 저항한다는 구호에 의해서, 명백한 고발에 의해서 억압에 대해 생각

는 당대의 평가에 두 작품 공히 해당될 수 있음에도 불구하고, 두 작품에 대한 평가는 일정한 거리를 두고 진행되어 왔다고 할 수 있다.

그러한 거리가 담고 있는 구체적 내용이 무엇이며, 그것은 어떠한 오해와 왜곡에서 비롯되었는지를 밝히는 것이 이 논문의 일차적 목표라고 할 수 있다. 이 작업은 기존 논의에 대한 꼼꼼한 이해와 분석을 통해 이루어지게 될 것이다. 기존 논의의 내용은 진실과 오해를 동시에 안고 있는 경우가 많다. 그 오해와 왜곡은 특히나 『난장이가 쏘아올린 작은 공(이하 난쏘공)』의 독해에서 더욱 두드러지는 바, 그에 대한 논의에 좀 더 집중될 것인데, 『난쏘공』의 올바른 독해의 모든 것을 담고 있는 것은 『난쏘공』연작 소설 중에서 가장 먼저 발표된 것이기도 하면서, 프롤로그의 역할을 하고 있는 「뫼비우스의 띠」이므로 그 작품이 지니고 있는 서사원리의 분석을 통해 『난쏘공』전체를 새로이 조망하고자 한다. 다시 말하면 왜 「뫼비우스의 띠」가 『난쏘공』을 읽는 데에 열쇠, 혹은 설계도의 역할을 하는지를 밝혀 『난쏘공』에 대한 일면적 해석, 편견을 극복하고 이를 통해 「객지」와의 소통, 연결을 도모하고자 하는 것이다. 이후 두 작품의 넓어진 거리를 좁힘으로써 오히려 현실 변혁의 주체에 대한 인식의 폭을 확장해 1970년대 민족문학 논의의 확장을 이루는 데 하나의 계기로 제시해보고자 한다.

하게 만드는 것이 아니다. 그것은 인간을 억압하는 기존질서와 그것이 만들어 내는 우상숭배적, 물신적 사고를 파괴함으로써 억압에 대해 생각하게 만든다'고 하면서, '김정한이나 신동엽의 저 목청 높은 구투의, 형태보존적 노력보다 최인훈이나 이청준, 김수영이나 황동규, 정현종의 형태파괴적 노력을 높이 평가하지 않을 수'없다라고 주장한다. 김현을 비롯한 문학과지성의 모더니즘적 경사를 보여주는 대목인데, 이러한 관점이 당시 「객지」와 『난장이가 쏘아올린 작은 공』의 거리를 만들어낸 것이 아닌가 생각되는데, 그 거리를 좁혀 1970년대 저항의 서사의 폭과 깊이를 오히려 확장해보고자 하는 것이 본 논문의 목적이라고 할 수 있다.

2. 「객지」와 『난장이가 쏘아올린 작은 공(이하 난쏘 공)』의 거리

여기서 우리는 「객지」와 『난쏘공』에 대한 기존의 평가를 정리해볼 필요가 있다. 이러한 정리를 통해 우리는 지난 30여 년 간 두 작품에 대한 평가는 크게 달라지지 않았음을 알 수 있는데, 특히 「뫼비우스의 띠」에 대한 협소한 이해(어쩌면 그것은 반대로 『난쏘공』에 대한 단일한 해석에 기인한 「뫼비우스의 띠」에 대한 선험적 해석일 수도 있다.)로 인한 『난쏘공』 전반에 대한 오해가 가장 논의의 대상이 된다고 할 수 있다.

1978년 『창작과 비평』 가을호에 실린 좌담회 「내가 생각하는 민족문학」에 보면 두 작품에 대한 평이 나와 있는데, 이 좌담회에서 백낙청은 「객지」에 대해서

> 문학사적으로 「객지」가 획기적이었던 것은 도시 변두리의 뜨내기나 날품팔이 또는 창녀, 이런 인물들이 아니고 집단적으로 노동하는 노동자들의 이야기를, 그것도 노동자의 신변 이야기가 아니라 노동현장에서 노동조건을 두고 정면으로 대결하는 이야기를 다루어서 그만큼 훌륭한 소설을 써낸 예가 없었다고 볼 수 있는데[8]

라고 평가하고, 『난쏘공』에 대해서는 아래와 같이 평가한다.

> 그러나 리얼리즘에서 흔히 강조하는 사회현실에 대한 관심이라든가 그 현실을 묘사함에 있어 되도록 순탄한 묘사방법을 요구한다든가 하는 것이, 단순한 방법상의 고집이 아니라 남들과 함께 사는 세상에서 함께 겪는 일을 함께

---

8) 좌담회, 「내가 생각하는 民族文學」, 『창작과비평』, 1978, 가을, 33쪽

이야기하고 전달하려는 어떤 뜨거운 열정에서 불가피하게 우러나오는 것이라고 한다면, 조세희 씨의 실험적 수법에 대해서 어떤 불만을 느낄 수도 있을 것 같단 말입니다. 현장과 작가의 관계에서 어떤 거리가 있지 않은가, 현장을 세밀히 알고 거기 대해 작가 나름으로 분노하고 공감하고 열심히 생각하고는 있지만 그 바닥 자체의 뜨거움 속에서 울려나오는 것은 아니지 않는가 라는 느낌을 준다는 겁니다. 쉽게 말해서 노동자문제를 다루면서도 노동자들은 읽기 어려운 일종의 지식인소설에 그치고 있지 않느냐는 건데, 다수 노동자들의 독서능력이 높으냐 낮으냐는 문제를 떠나서 집단적으로 노동하고 단결하여 투쟁하는 인간들의 체질에는 근본적으로 안 맞는 걸 느끼게 해요.[9]

이러한 평가를 보면, 「객지」의 성과는 노동자 주체의 선명성과 현장성이라고 보고 있다는 것을 알 수 있다. 이것은 그대로 『난쏘공』의 결함으로 지적되고 있는데, 실험적 수법이라는 형식이 작가와 노동자, 도시 빈민 간의 거리에서 생겨난 것으로 보면서, 현장에서 노동하는 노동자들에게 공감을 얻기 어렵다는 지적이다. 즉 지식인 소설에 그치고 있다는 것이다.

우리는 같은 시기에 위와는 상반되는 다른 평가를 접하게 되는데,

여기에서 마지막에 쟁의의 평화적인 전개를 지휘하던 동혁이 입에 <한 개의 남포>를 물면서 해보는 다짐은 대단히 의미 심장하다. 왜냐하면 쟁의가 폭력의 난무로 끝나지 않게 하기 위해서 그토록 노력했던 동혁이 마지막에 자신의 몸의 폭파를 통해서 <상대편 사람들과 동료 인부들 모두에게 알려 주고>자 결심하기 때문이다.

여기에서 마르쿠제가 그의 『해방론』에서 현실 개혁의 모든 투쟁에서 노동자는 마지막까지 그 수행을 감당할 수 있는 세력이 아니라고 한 것을 상기할 필요가 있다. 말하자면 장씨가 마지막에 약간의 노동 조건 개선의 약속에 벌써 인부들의 성공을 내다보는 것과 마찬가지로, 노동자의 쟁의는 단순한 동기

---

9) 위의 책, 37쪽

와 대단히 감정적인 요인을 갖고 있다. 왜냐하면 노동자는 생존권만 보장되고 자기네들이 내건 조건이 어느 정도 만족되면 그것으로 자신들의 승리감에 도취하게 되기 때문이다. 그래서 마르쿠제가 노동자를 최후의 세력으로 보지 않고 있는 것이고 황석영 자신도 그러한 현실을 간파한 것이다. 그런 의미에서 동혁이란 인물은 결코 순수한 노동자라고 볼 수 없고 이들과 함께 있는 지식인이라고 보아야 옳을 것이다. (중략) 그들의 의식의 사물화, 상품의 물신숭배 사상은 그들의 책임이 아니라 그들이 살고 있는 세계의 책임인 것이다. 여기에서 동혁의 마지막 결심은 결국 지식인의 끈질긴 논리적 전략적인 노력이 쟁의에 절대적으로 필요하지만 결정적인 순간에 자기 희생을 통하지 않고는 그의 논리가 완성될 수 없음을 이야기하는 것이다.[10]

동혁을 순수한 노동자가 아니라 노동자와 함께 하는 지식인이라고 보는 위의 입장은 앞서의 백낙청의 논의와는 다른 인식을 보여준다. 여기서 주목할 부분은 앞에서 지적한 것처럼 동혁을 노동자와 함께 하는 지식인이라고 보는 것, 즉 '노동자는 생존권만 보장되고 자기네들이 내건 조건이 어느 정도 만족되면 그것으로 자신들의 승리감에 도취하게 된다'는 것, 곧 즉물적 존재로 노동자를 파악하는 인식과 함께, 노동자들의 의식의 사물화, 상품의 물신 숭배사상은 그들의 책임이 아니라 세계 곧 사회의 책임이라는 것, 따라서 지식인의 역할이라는 것이 논리적 전략적 노력에만 있는 것이 아니라 결정적 순간의 자기희생까지 확장되어야 한다고 보는 것이다. 동혁을 지식인으로 보는 것, 그 연장선상에서 지식인의 역할을 확장하고 있는 것은 백낙청의 논의와는 다른 지점을 보여준다. 이러한 양상은 당시 『창작과비평』과 『문학과 지성』의 입장의 차이에서 기인하는 것이라고 볼 수 있는데, 이러한 두 진영의 입장의 차이가 두 작품에 대한 상이한 평가로 이어지고 그것이 계속 이어져오고 있다는 것이 필자의 판단이다.

10) 김치수, 「산업사회에 있어서 소설의 변화」, 『문학과지성』, 1979 가을, 894-895쪽

그 중에서 「객지」에 대한 평가는 『창작과비평』 중심에서 이후 민족주의문학 진영에서 간간이 이어져왔는데, 그것은 크게 달라지지 않고 동일하다고 할 수 있다. 「객지」에 대한 평가가 동일하다는 것은 곧 『난쏘공』에 대한 평가 역시 동일하게 반복되고 있음을 의미한다. 「객지」에서 보이는 민중적 주체 곧 노동자 주체의 선명성과 집단적 조직적 투쟁의 선도적 형상화, 미래에 대한 확실한 주체적 전망 등은 이후 노동소설의 전범을 이루고 있다는 것 반면 『난쏘공』은 실험적 수법으로 새로운 인식적 변화를 통해 한국 소설의 경계를 넓히고는 있으나, 비관적인 현실 인식과 그로 인한 비현실적 공간으로의 도피, 그것이 가져오는 현실 대립의 무화, 단순한 선악 대립에 근거한 윤리주의적 노선의 협소함으로 인해 한계를 지닌다는 것이다.

1970년대에 있어 황석영은 '『삼포 가는 길』에서 『무기의 그늘』에 이르기까지 자본주의를 극복한 대안적 체제의 가능성을 끈질기게 탐색한다'[11]한 작가로, 「객지」는 '현실의 비극성을 최고조로 고양시키는 동시에 저항의 잠재력을 극대화하는' 유토피아적 충동이 집약된 작품으로, 민중 주체를 형상화하고 있다고 평가되는 반면에 『난쏘공』은 극단적 선악 대립을 보여주는 바, 작가가 계급 관계를 지극히 윤리주의적 시각에서 바라보고 있다고 평가된다. 따라서 조세희에게 있어 '자본주의적 현실은 절대 악 그 자체이며, 난장이 일가가 꿈꾸는 이상향은 현실에서는 실현 불가능한 유토피아'[12]라는 것이다.

> 『난쏘공』의 선악 이분법적 대립 구도 속에서 가능한 저항이란 사실 살인
> 이외에는 달리 없을 터이다. 왜냐하면 『난쏘공』의 관점에서 보자면 자본주의

---

11) 하정일, 위의 책, 27쪽
12) 하정일, 위의 책, 33쪽

적 착취 구조는 합리적 토론이나 합법적 노동운동을 통해서 극복될 수 있는 성질의 것이 결코 아니기 때문이다.

물론 살인이라는 극단적 길로 내몰아 간 선악 이분법적 대립 구도에 대해서 여러 가지 비판이 가능하다. 무엇보다 현실을 단순화시켰다는 점과 윤리주의에 빠져 있다는 점을 지적할 수 있을 것이다. 현실을 단순화시켰다는 것은 다양한 저항의 방법에 대한 고민이 부족하다는 뜻이며, 윤리주의에 빠졌다는 것은 현실을 선과 악 사이의 윤리적 대립으로 바라보고 있다는 말이다. 현실의 단순화와 윤리주의는 서로 긴밀하게 얽혀 있는데, 말하자면 현실을 선과 악의 윤리적 대립으로 이해하다 보니까 저항의 방법 역시 악에 대한 응징이라는 윤리주의적 노선으로 협소해질 수밖에 없었고 테러는 그로부터 나온 필연적 결과였던 것이다.[13]

위와 같은 논의의 종결점은 바로 다음과 같은 평가일 것이다.

평가자의 많은 논자들이 <이항대립>이라 불러온 그 적대적인 두 세계의 견고성은 쉽사리 화해될 성질의 것이 아니다, 『난장이…』는 난장이의 자살이나 난장이 아들의 살인 행위로써 성급하게 그 견고성을 무화시키고 있는 듯하다. 난쟁이/거인의 대립축에서 마침내는 한쪽 축이 달나라로 떠나버림으로써 무게 중심이 붕괴되고, 대립 자체가 무화되는 비현실적인 공식이 되고 있는 것이다. 이 경우 <사회의 객관적인 갈들의 모습이 은폐될 때 공동체적인 생존의 근거는 쉽게 추상화되거나 도식화될 우려도 있다>(이경호, 서정의 공간과 다성의 공간, 작가세계, 1990, 겨울, 104)는 논지에서 공감되는 바, <삶의 추상화>에 대한 우려가 지적될 수 있다.[14]

이러한 평가는 타당한 면과 그렇지 못한 점을 동시에 갖고 있다. 『난쏘공』에 대한 기존의 논의를 꼼꼼하게 살펴볼 수밖에 없는 이유는 그러한 타당한 지적과 오해가 섞여 있다는 점 때문이다. 자본주의적 현실

---

13) 하정일, 위의 책 35쪽 참조
14) 강상대, 「불구적 삶의 신화 ─ 조세희론」, <작가세계>, 2002 가을, 102쪽

을 절대 악으로 보는 작가의 의식과 따라서 난장이 일가가 꿈꾸는 현실은 그냥 현실이 아니라 자본주의적 현실에서는 불가능한 것이라는 지적은 타당하다. 그것은 당연히 현실을 선악의 대립으로 보는 데서 기인한다는 지적도 타당하다. 하지만 선악의 대립이라는 이분법적 구도는 자본주의적 현실이 그러한 구조를 생산하고 있기 때문이라는 것이 조세희의 인식이고, 또한 더 나아가 사실은 자본주의에 있어 그러한 선악의 대립은 결국 모두 악한 존재가 될 뿐이라는 것이 작가의 인식이다. 자본가는 악하고 노동의 편에 선 사람은 선하다는 이분법적 사고만이 조세희가 보이는 인식의 전부는 아니다. 「뫼비우스의 띠」에서 보이는 작가적 인식의 분명한 이해 없이는 올바른 『난쏘공』의 이해는 어려우며 따라서 『난쏘공』이 지니고 있는 한계를 올바로 지적하는 것 또한 가능하지 않다.

「객지」와 『난쏘공』에 대한 기존의 논의가 타당한 점을 지니고 있음에도 두 작품 간의 거리는 상이한 입장 혹은 작품 자체에 대한 오해 등으로 인해 상당히 먼 것임을 알 수 있다. 김치수가 지적한 「객지」에 대한 평가 즉 노동자와 함께 하는 지식인, 그리고 지식인의 자기 희생은 「객지」의 노동자 주체의 선명성을 희석시키는 논의가 아니라 노동자와 지식인의 연대가능성으로 확장될 수 있는 논의임과 동시에 『난쏘공』을 제대로 이해할 수 있는 근거가 됨에도 불구하고, 당시 김치수의 논의는 『문학과지성』의 입장을 드러내는 것으로 논의되고 또한 그렇게 받아들여짐으로써, 「객지」가 보이는 노동자 주체의 투쟁성에 대한 몰이해로 평가되었던 경향이 있으며, 자본주의적 현실의 강고함, 따라서 오히려 노동자, 도시빈민으로만 이해되는 민중적 개념을 확장한 민중의 인식 전환과 변혁의지의 촉구, 실천을 지향하는 『난쏘공』의 입장이 단순히 이분법적 선악 구조로 제한되어 이해됨으로써 주체와 실천성의 부분에서 한계를 보이는 작품으로 평가되어왔다고 할 수 있다. 기실 두 작품의 거리는 작품 자체의 엄밀한 해석에서 기인하기보다는 논자들의 입장에서 비롯되었던 측면이 강하며, 그것은 1970년대뿐만 아니라 이후 민족문학 논의 자체를 협소화시켜 버리는 결과를 가져온 게 아닌가 하는 생각을 갖는다. 『난쏘공』에 대한 오해는 「뫼비우스의 띠」에서 비롯되며 그 오해를 풀어내는 열쇠 또한 「뫼비우스의 띠」에 있다. 그것을 찾아내어 「객지」와 『난쏘공』의 거리를 좁혀, 함께 1970년대 저항의 연대를 확장하고 풍부하게 하고자 하는 것이 본 논문의 목적이다.

3. 구성을 통해 본 현실 인식

『난쏘공』에 대한 기존 평가에서 가장 핵심적 내용은 이 작품이 자본가와 노동자의 근원적인 화해불가능성을 담고 있으며, 따라서 그것은 방화, 살인 등의 폭력적 행위로 귀결되는 바, 그러한 점은 막힌 전망, 비관적 현실인식을 보인다는 것이고 그러한 한계 때문에 더 이상 나아가지 못한다는 것이다. 그러한 논의의 중심은 『난쏘공』이 이항대립적인 이원론에 근거하고 있다는 것이다. 하지만 이것은 「뫼비우스의 띠」를 단순하게 파악한 결과라고 할 수 있다.

「뫼비우스의 띠」에서 우리가 주목할 것은 '굴뚝 이야기'와 '뫼비우스의 띠'를 소설 「뫼비우스의 띠」 구성과 함께 살펴야 한다는 사실이다. 뫼비우스의 띠는 액자형 구성을 갖고 있다. 이것은 매우 중요한데, 「뫼비우스의 띠」의 액자식 구성은 사실 『난쏘공』 전체를 감싸 안고 있는 구성방식이다. 『난쏘공』은 도시빈민, 철거민과 노동자의 이야기를 다루고 있지만 그것은 액자 안에 놓여 있다. 중요한 것은 작가가 그이야기를 누군가에게 하고 싶어 한다는 것, 그 작가의식이 드러난 방식이 액자형 구성이고 그것이 정확하게 구현되고 있는 것이 「뫼비우스의 띠」라는 사실이다.

> 뫼비우스의 띠라든가 클라인씨의 병과 같은 것은 내부와 외부를 엄격히 가르는 전통적 이원론을 근본에서부터 전복시킨다는 데 그 의의가 있다. 그리고 이러한 전복의 과정은, 조금만 시야를 확대해서 생각하면, 단지 내부와 외부의 이분법에 대해서만 적용될 수 있는 것이 아니라, 본질과 현상, 질서와 무질서, 선과 악, 기의와 기표, 중심과 주변 등등 실로 수많은 종류의 이분법에 대해서도 폭넓게 적용될 수 있는 것임이 드러난다. 그렇다면 뫼비우스의 띠나 클라인씨의 병은 오늘날 흔히 이야기되는 해체의 이념과 직결될 수 있고, 그런 점에서 심원한 인식론적 의의를 갖는 것이다.[15]

이동하의 위의 논의는 이전 논의들에 비해 뫼비우스의 띠가 지닌, 전통적 이원론의 전복이라는 의의를 제대로 파악하고 있다. 하지만 같은 글에서 결국 1970년대 당시에 조세희는 그러한 인식에까진 이르지 못했고, 따라서 당시 조세희가 뫼비우스의 띠를 갖고 이야기하려했던 문제는 윤리적인 차원에 한정되었던 것, 즉 단절과 몰이해만이 있는, 소통부재의 이항대립적 현실을 드러냄과 동시에 그러한 현실이 일거에 전복되도록 하고 싶다는 열망만을 드러내는 데 그쳤다고 평가한다. 이동하의 논의 역시 『난쏘공』의 비관적 현실인식과 그에 기반한 환상적 세계의 필연적 결과를 이야기하는, 앞 절에서 살펴 본 기존 논의들과 마찬가지의 결론에 이르고 마는 아쉬움을 남긴다.

「뫼비우스의 띠」는 '『난장이』의 전체를 규율하는 작가의 일차적인

---

15) 이동하, 「어두운 시대의 꿈 ─ 조세희론」, 『작가세계』, 1990 겨울, 47쪽

관심을 확인할 수 있는 열쇠'16)이며 「뫼비우스의 띠」 앞부분에서의 굴뚝과 뫼비우스의 띠에 관한 선생의 담화가 '기존의 보편성에 의거한 내부와 외부의 구분에 집착할 것이 아니라 사물을 옳게 이해할 수 있게 하는 인식틀을 확립하려는 노력이 절대적으로 필요하다는'17)것을 보여준다는 류보선의 평가는 뫼비우스의 띠가 가지는 해체론적 관점에 주목한 이동하의 논의와 마찬가지로 타당하다. 나아가 「뫼비우스의 띠」가 『난쏘공』연작 전체에서 어떠한 역할과 중요성을 지니고 있는가에 주목하고 있으며 「뫼비우스의 띠」가 지닌 작가의 의도를 제대로 파악하고 있다는 점에서 기존 논의들에 비해 돋보이는 점이라 할 수 있다.

　하지만 「뫼비우스의 띠」에서의 굴뚝 이야기에 대한 '만약 이 두 아이가 지배자와 민중, 공부한 자와 못한 자, 지배계층과 소외계층(노동자계층)의 환유적 표현이라면, 『난장이』는 두 계급 사이의 소통체계란 불가능하며 동시에 어느 계급도 타락한 가치로부터 자유롭지 못한 상황이라고 판단하고 있는 셈'18)이란 타당한 지적에도 불구하고, 그것이 어떤 작가의 의도와 연결되는 것인지에 대해 더 논의가 진전되지 못하고, 더 나아가 그것을 논리적 난맥을 드러내는 부분으로 파악하는 것은 아쉬운 점이라 하겠다. 작가는 '이 타락한 상황에서 벗어날 수 있는 가능성은 어느 계급의 어떠한 삶의 원리에 있는가 혹은 지배자와 피지배자 혹은 자본가와 노동자 중 어느 존재가 보다 진실에 다가설 수 있는 계급인가 하는 판단을 유보하기 힘든 문제에 대해서 판단을 정지한 상태'19)에 있지 않다.

---

16) 류보선, 「사랑의 정치학―『난장이가 쏘아올린 작은 공』을 통해서 본 조세희론」, 『1970년대 문학연구』, 소명출판, 2000, 390쪽
17) 류보선, 위의 책,391쪽
18) 류보선, 위의 책, 393쪽
19) 류보선, 위의 책, 393쪽

「뫼비우스의 띠」는 주지하다시피 분명한 액자형 구성을 갖추고 있다. 외화는 한 수학교사가 마지막 수업 시간에 들어와 정규수업 내용 대신에 엉뚱한 수수께끼 같은 이야기를 하는 것으로 되어 있다. 그리고 내화는 그러한 외화에 비추어 더욱 생뚱맞게 앉은뱅이와 꼽추라는 철거민의 이야기로 되어 있다. 그 둘의 연관관계를 제대로 밝히지 않으면 『난쏘공』을 제대로 이해할 수 없다.

「뫼비우스의 띠」를 포함한 『난쏘공』의 중심 서사는 난장이 일가를 포함한 철거민, 즉 도시빈민과 노동자의 힘겨운 삶에 대한 기록이고 부당한 자본주의적 현실에 대한 고발이다. 하지만 그러한 고발에만 그치는 것은 아니다. 그 부분이 「객지」와 갈라지는 부분이라 할 수 있는데, 「객지」가 악덕 자본가와 일용노동자 간의 맞대응을 기본 구도로 하고 있다면 『난쏘공』 전체는 도시철거빈민과 악덕 중개인, 노동자와 악덕 자본가를 기본 구도로 하고 있되 그것을 하나의 대상으로 삼고 또 다른 관계를 설정한다. 그것은 작가와 독자, 혹은 작가와 독자를 포함해서 도시빈민과 노동자, 자본가 대 시민 혹은 대중의 관계를 놓는다. 그러한 작가의 의도가 액자형 구성으로, 그리고 자본주의적 현실 속에서 누가 주체가 되어 도시빈민, 노동자의 삶을 어떻게 인식하고 무엇을 할 것인가에 대해 제시하고 있는 것이 굴뚝 이야기와 뫼비우스의 띠이다. 굴뚝 이야기와 뫼비우스의 띠는 앞서의 논자들이 지적한 대로 인식론적 전복을 우선 의도하고 설정된 것이다. 그것을 통해 작가는 이항대립적 사고의 부조리함을 깨닫고 새로운 시각으로 세상을 바라보는 것이 필요하다는 점을 역설한다.

수학 교사는 마지막 수업 시간에 들어와 뜬금없이 굴뚝 이야기를 꺼낸다. 같이 굴뚝 청소를 한 두 아이 중 한 아이는 얼굴이 새까맣고 다른 아이는 깨끗하다. 교사는 누가 씻을 것인가에 대해 학생들에게 질문한다. 그에 대한 교사의 마지막 답은 똑같은 굴뚝을 청소한 두 아이 중 한 아이는 더러워지고 다른 아이는 깨끗해지는 일은 있을 수 없다는 것이다. 이것은 어떤 한 사안에 대해 미리 주어진 전제조차도 오류가 있을 수 있으니 그 전제조차도 다시 검토해볼 수 있는 비판적 시각을 가질 것을 의미한다. 한 굴뚝에 들어간 두 아이 중 어떤 아이는 깨끗하고 어떤 아이는 더럽다는 전제 자체가 오류임을 알지 못할 때, 두 아이 중 누가 세수를 할 것인가라는 이분법적 사고에 빠지고 결국 옳지 못한 답을 구하게 될 뿐이다. 이러한 새로운 인식의 요구는 뫼비우스의 띠도 마찬가지다. 뫼비우스의 띠는 안과 밖을 구별할 수 없는 이차원적 곡면이다. 우리가 밖이라고 생각했던 것이 결국 안이었고 안인 것처럼 보였던 것이 또한 밖이었음을 깨닫게 하는 뫼비우스의 띠는 단순한 과학적 곡면을 넘어서서 갈등과 대립, 차별과 억압의 인식론적 바탕이 되어 온 이항대립적 사고방식을 전복하는 혁명적 인식론의 근거로 작용한다.

그렇다면 조세희는 황석영처럼 간척지 공사장에 모인 뜨내기 노동자들의 얘기를 바로 하지 않고 앉은뱅이와 꼽추라는 도시 철거민의 이야기를 액자 안에다 넣고선 전혀 맥락이 닿지 않는 수업 시간 교사와 학생 간의 대화를 액자로 설정한 것일까?

그것은 도시 철거민의 이야기를 작가가 누군가에게 전달하고자 하는 것임을 소설 속에서 분명히 드러내고자 하기 때문이다. 그리고 굴뚝 이야기와 뫼비우스의 띠는 그러한 철거민의 이야기를 그 누군가가 어떻게 읽어야 하는지 방법론의 역할을 한다. 『난쏘공』의 앉은뱅이, 꼽추, 난장이 일가를 중심으로 한 도시 철거민과 노동자의 이야기는 『난쏘공』 전체에서 하나의 대상으로 놓여져 있다. 작가는 그것을 '누군가'에게 분명히 전달하고 있음을 「뫼비우스의 띠」를 통해 밝히고 있고 '어떻게’ 읽어주길 또한 제시하고 있다.

굴뚝 이야기와 뫼비우스의 띠는 그런 점에서 단순히 이항대립적 사고를 넘어서야 한다는 인식론적 차원에만 머무는 것은 아니다. 거기엔 1970년대 도시 변두리 철거민의 삶이라는 구체적인 시대적 상황과 사건이 놓여져 있다. 그렇다면 사건의 본질을 제대로 파악할 수 있는 비판적 사고, 이항대립적 사고를 넘어서서 안이라고 믿었던 것이 밖이 되고, 밖이라고 믿었던 것이 안이 될 수 있는 상황에 대한 유연한 해체론적 사고가 도시 철거민의 억압적 상황을 바라보는 데 어떤 관계가 있는가가 문제가 될 것이다.

굴뚝 이야기와 뫼비우스의 띠에 앉은뱅이와 꼽추의 이야기를 대입시켜 보면 좀 더 분명히 드러난다. 앉은뱅이와 꼽추로 대변되는 철거민과 악덕 중개업자가 굴뚝에 들어간 두 아이라고 한다면, 굴뚝은 자본주의 체제라고 할 수 있을 것이다. 한 굴뚝에 들어간 두 아이 중 어느 한 쪽만 깨끗해지는 상황이 생길 수 없다는 말은 자본주의 체제에서는 모두 더러워질 수밖에 없다는 것을 말한다. 어느 한 쪽이 깨끗하다는 전제는 거짓, 현실의 왜곡, 어느 한 쪽의 조작에 의해 비롯된 것이다. 어느 쪽이 옳다는 것인가. 굴뚝 이야기를 뫼비우스의 띠와 연결시켜 보자. 뫼비우스의 띠는 앞에서 말한 바, 내부와 외부의 구별이 없는 곡면이다. 즉 내부라고 믿었던 것이 외부가 되는 인식적 전복이 일어난다. 앉은뱅이와 꼽추, 그들을 속여 자신의 이득을 챙기는 중개업자, 그리고 이어지는 앉은뱅이와 꼽추의 강도짓과 방화, 살인. 여기에서 가해자는 누구이고 피해자는 누구인가, 즉 악한 자는 누구이고 선한 자는 누구인가. 여기에서 『난쏘공』에서 의도하는 작가의 의식이 단순한 이항대립, 분명한 선악 구도에 있지 않음을 알 수 있다. 중개업자의 농간은 분명히 악한 행위이다. 하지만 그것은 가진 자의 논리, 힘 있는 자의 논리가 선이 되는 자본주의 사회에서 묻혀 드러나지 않는다. 더욱이 중개업자 자신은 자기가 악한지 모른다. 앉은뱅이와 꼽추는 자본주의 사회에서 자본, 즉 돈을 가지지 못한 열등한 존재, 왜소한 존재를 뜻한다. 그들은 아무런 악한 행위를 그 누구에게도 저지른 적이 없다. 그들은 자신들이 가진 모든 것을 농간에 의해 빼앗긴 약한 자이다. 그들은 그저 자기들이 부당하게 빼앗긴 것을 되찾으려 한다. 그러나 그것은 1970년대 비법과 불법이 합법으로 횡행하는 시대에 있어 그들이 원하는 합법적인 방법으로는 찾을 길이 없다. 그들은 불법을 행한다. 그들은 중개업자에게 부당하게 빼앗긴 자신들의 몫을 찾기 위해 강도행각을 벌이다 결국 방화로 살인까지 저지른다. 그들은 악한 자가 되어버린 것이다. 선한 중개업자는 악한 철거민에 의해 죽음을 당했다. 그러나 과연 악한 자는 누구이고 선한 자는 누구인가. 중개업자는 선하고 앉은뱅이와 꼽추는 악한가? 아니면 애초에 철거민의 마지막 가진 것마저 농간을 벌여 착취한 중개업자가 악한가? 선하고 악한 것의 기준은 과연 어디에 있는가? 결국 중개업자는 살인을 당했고 앉은뱅이와 꼽추는 살인자가 되었다. 그 결과는 바람직한 것인가? 그 둘 모두 70년대 부조리한 자본주의 사회에서의 피해자는 아닌가? 그렇다면 해결책은 어디에 있는가? 그러한 질문이 「뫼비우스의 띠」가 담고 있는 주제이며 그 주제는 생뚱맞게 보이는 두 이야기를 엮어놓은 액자형 구성에 고스란히 담겨져 있다. 그 구성이 담고 있는, 여러 가지 질문들에 대한 해답에 대해서는 이후 좀 더 자세히 살펴보도록 하자.

　「뫼비우스의 띠」가 갖고 있는 액자형 구성은 기실 앉은뱅이와 꼽추 그리고 중개업자 간의 착취와 복수에 대한 작가의 이성적 거리에서 나온 것이라 할 수 있다. 즉 작가는 앉은뱅이와 꼽추라는 철거민에 대해 좀 더 가까이 다가가 있지만 동일화되어 있지는 않다. 그것은 작가가 그들과 자신을 달리 보고 있다는 것을 의미하지는 않는다. 그들의 상황을 단지 중개업자 간의 쌍방 간의 대결적 양상으로만 보고 있지 않다는 것을 말한다. 그것은 작가가 문제의 근원을 다른 곳에 두고 있다는 것을 의미하며 따라서 해결책 역시 앉은뱅이와 꼽추, 혹은 중개업자에게 있지 않다고 생각하고 있음을 의미한다. 그렇기에 그것을 분명히 하는 데 있어서 액자형 방식은 효과적이다.

그에 반해 「객지」는 같은 삼인칭 전지적 작가 시점을 택하고 있지만, 액자형 방식을 택하고 있지 않다. 「뫼비우스의 띠」에 비해서 「객지」에서 작가는 분명한 입장을 택하고 있는 듯이 보인다. 그것은 노동자와 작가가 동일화되어 있다는 것을 의미한다. 「객지」는 노동자 대 자본가의 대결 구도를 택하고 있으며 그 속에서 해결책을 모색하고 있다. 문제 해결의 주체는 노동자라는 사실을 분명히 하고 있는 것이다. 그런 점에서 「객지」가 노동자 주체의 선명성을 드러내고 노동자의 각성과 행동실천을 변혁의 가장 중요한 동인으로 보고 있다는 평가는 타당하다고 볼 수 있다.

이동혁을 비롯한 대위 등 「객지」에 나타나는 변혁의지를 지닌 인물들에 대한 작가의 심정적 거리는 거의 없다. 특히 주인공 이동혁은 작가의 분신이라고 할 것이다. 그것이 작가가 자신을 노동자로 인식하고 있다는 의미는 아니다. 「뫼비우스의 띠」에서 작가가 도시빈민과 중개업자, 즉 두 주체의 갈등양상을 거리를 두고 바라보고 있는 반면에「객지」에서는 작가가 동혁과 하나가 되어 같은 곳을 바라보고 있다는 것이다. 이미 두 작가의 시선이 다르다. 그것은 현실인식의 차이와 현실변혁의 주체에 대한 상이한 시각을 그대로 보여준다. 동혁을 비롯한 노동자들과 악덕 공장주와 그에 기생하는 감독조 간의 투쟁이 전체 소설적 상황을 지배한다. 이런 점에서 오히려 『난쏘공』에 대한 이분법적 대립은 기실 「객지」에 더욱 합당한 지적이다. 동혁과 대위 등 전위에 나선 노동자들은 선하고 일용직 노동자들을 교묘하게 착취하고 억압하며 그들의 정당한 파업행위조차 무력으로 진압하는 공장측은 악하기 짝이 없다. 「객지」는 그러한 구도를 고스란히 담고 있다. 선한 노동자의 정당한 저항이 부도덕하고 악한 자본가에 의해 어떻게 억압되고 있는가를 선명히 부각시키고 있을 뿐이다.

이렇듯 두 작품의 상이한 구성 방식은 착취와 억압의 구조 관계를 작가가 어떻게 바라보고 작중 인물과 작가가 어떠한 거리에 놓여져 있는가에 대한 차이를 선명하게 보여준다. 그러한 구성방식은 바로 작가의 주제의식과 밀접한 관계가 있는 것이다.

4. 자살과 살인 - 노동자 연대와 올바른 지식

「객지」에서 중요한 것은 동혁을 비롯한 노동자들의 변혁주체로서의 각성이고 실천이다. 황석영은 「객지」를 통해 노동자들, 특히 일용노동자들의 비참한 현실을 고발하고 나아가 자본주의적 억압 상황을 타파할 수 있는 저항주체로서 노동자를 부각시킨다. 노동자는 억압의 주체이므로 당연히 저항의 주체이고 따라서 변혁의지와 그 실천력을 담지하고 있는 주체로 인식된다.

> "어쩌면 자네들은 혜택을 못 받게 될지도 모를 텐데? 돈이 생겨, 술이 생기는가. 도대체 뭘 바라구 이런 짓을 벌이나? 덮어놓고 불평 불만을 터뜨려보자는 식이로군."
>
> "우리가 못 받으면, 뒤에 오는 사람 중 누군가 개선된 노동조건의 혜택을 받게 될 거요."[20]

동혁은 자신들을 회유하려는 공장 측 간부에게 단호히 전망에 대해 말한다. 자신에게 이득이 당장 오지 않는다고 행동을 포기한다면 결국 세상은 달라지는 것이 없고 억압적 상황은 오히려 문제가 없는 듯이, 악하나 선한 허울을 쓴 채 반복될 것이라는 것을 동혁은 잘 알고 있다. 이러한 의식 있는 노동자의 부각은 「객지」가 이후 노동소설의 전범을 이룬다는 평가를 받게 한다.

이것은 공장측과 노동자 간의 대결이라는 압축된 상황 속에서 이루어지는 것이다. 둘은 마주하고 있고, 거기에 제3자는 개입할 수 없다. 자본주의 체제에서 가장 모순적 관계는 자본가와 노동자 간의 갈등관계이기 때문이다. 자본주의 체제에서 둘의 공존 가능성은 존재하기 어렵다. 자본가의 각성은 더더욱 기대하기 어렵다. 피억압 주체인 노동자가 저항하고 투쟁하여 자신의 권리를 찾는 수밖에 없다. 자본주의 체제 자체가 혁명적 방법으로 전복되는 것을 전제로 하지 않으면, 노동자들의 권리 찾기 방법은 합법적 파업 투쟁이 유일하다. 그러나 자본가의 억압과 회유, 탄압 속에서 그 파업 투쟁 역시 차단당하고 노동자는 좌절한다. 당면한 현실 속에서 변화의 기미를 찾기가 어렵다.

> "나는 아주 멀어 보인단 말요."
> 말하면서 대위는, 마을의 불빛들이 들판을 밤열차처럼 요란한 고함을 지르며 미끄러져 달아날 것 같다고 생각했다. 그는 자기가 낯선 곳에 강제로 하차되었으며, 모든 불빛들은 지정된 땅으로 저희들끼리만 발차해 가는 듯한 느낌이었다. (127쪽)

위에 인용한 대위의 말 속에 노동자들의 권리 찾기가 얼마나 멀어 보이는지, 노동자의 암울한 현실, 그리고 미래가 담겨 있다. 안온하게

---

20) 황석영, <20세기 한국소설 25, 황석영 편>, 창비, 2005. 112쪽

밤을 맞이하는 마을의 불빛들이 자신들만 남겨둔 채 달아나는 듯한 느
낌을 대위는 받는다. 자신들은 홀로 세상에서 떨어져 나와 낯선 곳에
강제 하차당한 소외된 인물인 듯 하다. 이 대목에서 가장 중요한 것은
세상으로부터 떨어져 아무도 관심을 보이지 않는 곳에서 고통을 당하
고 있다는 소외감이다. 중요한 것은 소외감을 떨치는 것, 즉 세상에 대
고 자신들도 엄연히 존재하고 있음을 알리는 것이다. 그것은 자신 스스
로에게 자신의 존재감을 알리고 저항의 주체, 변혁의 주체로 스스로 일
어서는 것이다.

> 그의 발길에 뭔가 채어서 굴러갔다. 동혁은 무심결에 그것을 주워올렸다.
> 붉은 종이로 포장된 한 개의 남포였다. 그는 어제 한동이가 지껄이던 농담을
> 생각해냈고, 그것을 심지가 바깥쪽으로 가도록 입에 물어보았다. 꺼끌꺼끌하고
> 두터운 종이포장 때문에 입 안이 건조해졌다. (144쪽)

전태일 분신 사건이 모티프가 되었다는, 동혁이 자폭을 결심하는 소
설의 마지막 부분은 자본가의 논리가 횡행하는, 따라서 자신들에 대해
아무런 관심도 동조도 보내지 않는 세상과 자본가와 그리고 노동자 자
신들의 각성과 실천을 욕구[21]하는 노동자의 순수한 저항을 보여준다.
자살은 노동자가 취할 수 있는 가장 순정한 저항이며 동시에 그것은
소외에서 발생하는 외로운 투쟁이며 그에 대한 고발이기도 하다. 이것

---

21) '욕구에 대한 극적이고 격렬한 긍정은 우리들의 사회적 "욕구"를 질문 속에 던져
　　넣으며 그 욕구를 생산의 물질적, 기호적 체계의 총체에 대한 한층 높은 주체적
　　표현의 기초로 삼는다, 욕구는 사적 소유를 반대하며, 이러한 반대는 자본주의적
　　및/또는 사회주의적 기업들 속에서 실행되는 맹목적인 집단주의의 제 형식에 대한
　　급진적인 부정을 의미한다, 또한 욕구는 통제받는 노동을 거부하며, 이러한 거부는
　　실제로 사회적 생산의 더 높은 차원에 대한 의지를 표현한다.'(펠릭스 가따리 · 안
　　토니오 네그리, 『자유의 새로운 공간』, 갈무리, 1995. 53쪽)

은 저항적 주체는 노동자 자신들뿐이며 노동자 자신들의 각성과 조직화, 투쟁만이 억압적 현실을 타파할 수 있다는 고독한 인식을 보여주는 것이며 또한 현실 변혁은 "꼭 내일이 아니어도 좋다"는 동혁 자신의 말이나 낯선 곳에 강제 하차당한 것 같다는 대위의 생각처럼 쉽지 않을 것임을 보여준다. 황석영의 「객지」를 비롯해서 「삼포가는 길」에는 이러한 비관적 현실인식이 담겨 있다. 비관적이지만 포기할 수는 없는 것, 소외되고 억압당해 온 하층민들의 고뇌, 아니 정확하게 말하면 작가 자신의 고뇌가 담겨 있는 것이다.

갈 곳을 몰라 겨울 벌판에 서서 궁리하는 영달의 모습으로부터 시작하는 「삼포가는 길」에 나타나 있는 것은 아득한 절망감이다. 갈 곳을 몰라 서성이는 영달에서 시작한 「삼포가는 길」은 고향을 찾아가나 그리 잘 살 것 같지 않는 불안감을 가득히 느끼게 만드는 백화와 영달이와 같은 신세, 즉 고향을 잃어버리고 갈 곳 몰라 하는 신세로 전락한 정씨의 무력한 모습으로 끝난다. 상황만 더욱 악화되었을 뿐이다. 거기서 찾아낼 수 있는 것은 일용직 노동자와 무기력한 떠돌이, 그리고 이미 상처만 남은, 그리고 그 상처가 끝내 아물지 않고 고통을 줄 것 같은 술집 작부 사이의 끈끈한 정서적 유대감이다. 그 유대감이 힘이 되어 줄 것인가. 그렇게 낙관적으로 보이지 않는다. 그들의 정서적 유대감 역시 세상의 강한 논리 앞에 무력하다는 것을 그들 자신이 잘 알고 있기 때문이다.

노동자의 주체적 저항의 필연성을 통해 억압적 현실을 고발하는 「객지」는 포기할 수 없는 전망을 자살이라는 순정한 방식을 통해 드러내고 있지만, 거기에는 노동자, 하층민의 외로운 유대감과 강고한 자본주의 논리가 만들어내는 절망적 현실이 놓여 있다. 전태일의 분신은 노동력을 지옥 같은 노동조건과 값싼 임금 속에서 착취당하는 청계천 노동자들과 그 노동자들을 착취하는 자본가뿐만 아니라 또 다른 누군가에게 보이기 위한 것이었을 터이다. 『난쏘공』은 하층민, 노동자의 문제를 황석영과는 다른 지점에서 바라보고자 하며, 그것은 대립적이거나 잘못된 것이 아니라 새로운 가능성을 제시하는 것이다.

'그는 주어진 고통의 현실에 분개하고 동정하고 또 그것을 소설로 재현하지만, 동시에 그러한 현실이 고통당하는 사람에게, 우리 사회에 또 인간에게 주어진 피할 수 없는 유일한 현실인가를 묻는 것처럼 보인다. 이 물음을 가지고 그는 주어진 현실을 여러 다른 대안적 가능성에 비추어서 살펴본다. 이 가능성이 상당 부분 환상이나 공상을 통하여 제시되는 것'22)이라는 평가 역시 타당하지만, 무엇보다 그것은 『난쏘공』이 갖고 있는 형식 자체가 이미 그러한 작가의 관점을 명백히 하고 있다. 그것을 구체적으로 증거하고 있는 작품이 「뫼비우스의 띠」이며 그 작품은 따라서 『난쏘공』 연작의 문을 여는 열쇠이며 설계도라고 할 수 있다.

류보선이 지적하듯, 「뫼비우스의 띠」 앞부분 굴뚝 이야기에서 작가가 더러운 아이와 깨끗한 아이가 서로 상태를 알려줄 가능성, 서로간의 소통 가능성을 애초부터 고려하고 있지 않으며 또한 교사가 두 아이 모두가 더러울 수밖에 없다고 진단한 후, 그럼 어느 쪽의 아이가 얼굴을 닦을 것인가 하는 문제에 대해 답하고 있지 않는 것은 사실이다.23) 두 아이의 소통 재상황은 논자들이 지적하듯, 자본주의적 체제에서 가진 자와 못 가진 자 사이의 소통은 불가능하다고 조세희가 판단하기 때문이다. 자본주의적 체제에서 결국 가진 자와 못 가진 자, 자본가와 노동자는 어느 한 쪽도 깨끗해질 수 없다는 것, 어찌 보면 자본가 또

---

22) 김우창, 위의 글, 54쪽
23) 류보선, 위의 책, 392쪽 참조

한 자본주의적 체제에서 악하게 될 수밖에 없는 피해자인 셈이다. 타고난 천성이 악한 것이 아니라, 자본주의적 체제에서 자본가로서의 그의 계급적 조건이 그를 악하게 만들기 때문이다. 자본주의적 합리성이 기능하는 자본주의적 상황이 존재하고 유지되는 한 벗어날 수는 없다.

이런 점에서 『난쏘공』에서의 작가의 지향 혹은 귀결이 사랑으로 마무리되는 것으로 기존의 논의들이 이야기해 왔는바, 그것은 난쏘공의 '관습화된 인식틀과 담론 체계를 근원적으로 해체'[24]하는 작가의식의 연장선이 어디 있는지를 단순하게 작가와 난장이 혹은 영수라는 등장인물과 동일시해버림으로써 오는 독해였다고 보인다.

작가는 난장이, 혹은 영수 그 외의 다른 인물들과도 동일한 의식을 지니고 있지 않다. '난장이와 영수의 결론이 곧 조세희 자신의 결론이 아니다'[25] 그는 난장이뿐만 아니라 영수와도 일정한 거리를 지닌다. 작가는 오히려 교사이며 학생이다. '『난장이』에서 제시되는 사랑이란 가치판단이 대단히 추상적이며 지나치게 이상적'인 것은 사실이나, 그것은 난장이가 꿈꾸는 세상일뿐이다. 난장이가 곧 작가는 아니다. 오히려 아버지의 생각에 대해 교육의 수단을 이용해 누구나 고귀한 사랑을 갖도록 한다는 것이 나의 생각이라는 영수의 생각이 좀 더 작가의 생각에 가깝지만, 영수 본인은 도시빈민, 즉 철거민의 아들이오, 노동자란

---

24) 류보선, 위의 책, 401쪽
25) 이동하, 「어두운 시대의 꿈 ― 조세희론」, <작가세계> 1990. 겨울. 이 글에서 이동하는 난장이나 영수 모두 조세희의 입장을 그대로 대표하는 인물은 아니라고 지적하면서 그 이유로 영수의 결론이 회장 개인을 죽이는 것이었다는 점을 든다. 그것은 조세희의 결론이 될 수 없다는 것이다. 이어서 조세희가 사랑의 중요성에 대한 신념을 일관되게 지키고 있는 낭만적 성향의 소유자이지만 그것이 강요에 의해 실현될 수 있다고 믿는 사람은 아니며 그의 실제 입장은 <교육>의 비전에 근접해 있는 것으로 판단된다고 밝힌다. 이러한 지적은 매우 타당한데, 이러한 이동하의 지적은 이미 「뫼비우스의 띠」를 통해 제시되고 있다는 것이 본 논문에서 주장하는 내용이다.

계급적 조건에 얽매어 있기에 그의 주체적 역량은 한계가 있다. 영수는 교육을 통해 고귀한 사랑을 갖도록 한다는 자신의 생각이 오히려 순진한 것이었음을 깨닫는다. 그는 사랑을 갖지 않은 사람을 벌하기 위해 법을 제정해야 한다고 믿었던, 즉 사랑이 없는 자들에겐 그에 합당한 벌과 제재를 가해야 한다는 아버지가 옳았다고 자신의 생각을 수정한다. 그것은 영수가 느끼는 세상이란 전망이 없는, 개선이나 개혁의 가능성이 없는 닫힌 세상이라는 것을 보여준다. 그러한 영수의 생각 역시 작가의 생각은 아니다. 난장이의 현실 불가능한 꿈, 영수의 비관적인 좌절이 보상받을 수 있는 세상의 가능성을 타진하는 것, 그것이 작가의 몫이요, 조세희가 보이고자 하는 것이다.

「뫼비우스의 띠」에서 내화에 해당하는 이야기는 앉은뱅이와 꼽추라는 철거민의 이야기다. 그들은 자신들이 부당하게 빼앗겼다고 생각되는 돈을 찾기 위해 중개업자에게 강도짓을 하게 되고 급기야 앉은뱅이는 방화 살인을 저지르게 된다. 난장이의 아들 영수도 결국 회장을 죽이려다 그의 동생을 죽이게 된다. 『난쏘공』에 나오는 이 두 번의 살인은 그러나 조세희의 방식은 아니다. 가해자가 피해자가 되고 선한 작가 악한 자가 되어버리는 닫힌 세상 안에서 벌어질 수 있는 극한적 대립의 결말임을 보여줌과 동시에 그 굴뚝같고 뫼비우스의 띠 같은 현실을 보여주고 있는 것이다.

> 살인사건의 교훈은 사회의 구조적 폭력에 대한 대책은 다른 폭력밖에 없다는 것이라고 할 수 있다. 그러나 다른 한편으로 이것이 소설의 끝이고 노동운동의 결말이라면 그것은 매우 허망한 것이라고 할 것이다. 그러한 결론의 이론적, 도덕적 옳고 그름을 떠나서 그것은 매우 무력한 것이다. 살인 대상에 대한 영수의 착오는 벌써 이것을 나타내준다. 그 어느쪽이 죽었든지 그것이 노동계급의 상황이 나아지고 사회가 개선될 수 있다는 징조는 없다.[26]

세상을 바꿀 수 있는 힘, 주체는 자본가나 노동자가 아니다. 따라서 '지배계층의 만족을 모르는 탐욕이 소외계층을 절대적인 빈곤에 몰아넣으며, 그 결과 소외계층은 자기희생적인 모랄을 유지하지 못한 채 지배자에 대한 복수심을 불태우게 된 것이므로, 자본가만 비인륜적 사고에서 벗어나 인륜성을 회복하면 우리 사회가 안고 있는 문제점은 모두가 치유될 수 있다'[27]라고 작가가 제시하고 있으며 따라서 '『난장이』의 중심 서사는 서서히 역사 자체의 아이러니를 드러내는 데에서 두 계급의 도덕적 각성을 촉구하는 자리로 옮겨간다'는 지적은 올바르지 않다. 만약 그것이 옳다면, 영수가 결국 살인자가 되지는 않았을 것이기 때문이다. 영수의 살인을 통해 폭력적 방법이 올바른 해결책이 되지 못함을 보이고 오히려 그러한 결말을 통해 폭력적 방법이 아닌 도덕적 각성을 촉구하는 데 작가의 의도가 있다고 한다면 그러한 것은 사랑을 외치는 난장이의 꿈보다 더욱 환상적이며 따라서 현실적이지 못한 결말을 작가가 제시하고 있다고밖에 볼 수 없다.

작가에게 있어 영수의 살인은 「뫼비우스의 띠」에서의 앉은뱅이와 꼽추의 방화 살인처럼 지향점은 아니며 자본주의적 사회에서 못 가진 자, 피억압자, 노동자의 어쩔 수 없는 악한 행위, 피할 수 없는, 굴뚝에 들어가는 한 깨끗해질 수 없는, 선하나 악할 수밖에 없는 체제에 기인하는 저항일 수밖에 없는 것이다. 선한 자를 악한 자로 만드는 체제 자체를 전복하는 것, 혹은 인식을 해체시키고 물질적 개선을 이루어나가는 것이 작가의 지향점이고 그러한 세상을 만드는 주체는 자본가나 노동자가 아닌, 지식인 계층이다. 따라서 작가가 보기에 자본주의에 있어서 자본가의 도덕적 각성 자체는 불가능하다고 본다. 자본주의에 있어

---

26) 김우창, 위의 글. 62쪽
27) 류보선, 위의 책, 407쪽

서는 체제로 인해 악한 자이나 선한 자인 듯, 자신의 탐욕을 부풀리는 자본가와 선하나 못 가졌고 따라서 고통 받으며 착취당하는 가운데 결국 악한 복수로 자신의 저항을 드러내는 노동자만이 있을 뿐이다. 문제는 그 두 계급과 무관하지 않으며 그 두 계급의 맞대면식 상황을 일깨우고 어느 한쪽도 선해질 수 없음을 이야기하고 모두가 선해질 수 있는 사회를 함께 도모하자고 양쪽 모두에게 손을 내밀 수 있고, 또한 전망을 제시할 수 있는 제3자가 필요하다는 것이다. 작가가 그러한 책임을 맡기고 있는 존재가 바로 「뫼비우스의 띠」에서의 학생, 곧 계급적 존재가 아닌 계층적 존재인 지식인층이다. 여기서 지식인은 특정 계층의 문제가 아니다. 확대하자면, 그것은 자본가와 노동자 모두를 포함하는 개념일 수 있다. 자본가와 노동자로서의 가능성을 지니고 있는 대중, 서민, 전문직 종사자, 상류층 모두를 포함한다.

「뫼비우스의 띠」에서 이야기를 마친 교사는 학생들에게 마지막 당부를 한다.

차차 알게 되겠지만 인간의 지식은 터무니없이 간사한 역할을 맡을 때가 많다. 제군은 이제 대학에 가 더 많은 것을 배우게 될 것이다. 제군은 결코 제군의 지식이 제군이 입을 이익에 맞추어 쓰여지는 일이 없도록 하라. 나는 제군을 정상적인 학교 교육을 받은 사람, 사물을 옳게 이해할 줄 아는 사람으로 가르치려고 노력했다. (23쪽)

학생은 다양한 계급적 조건과 계층으로서의 가능성을 지니고 있다. 그들은 지식인이고, 동시에 자본가가 될 수 있고 노동자가 될 수 있으며 자본의 논리에 순응한 채 일상에 매몰되어 살아갈 평범한 소시민이 될 수 있다. 그들에게 교사는 '자신이 입을 이익에 맞추어' 지식을 사용하지 말도록 당부한다. 이익관계, 이해관계를 넘어서서 사태를 바라볼 때 객관적 시각이 열린다. 거기에 해결 방안이 담겨 있다. 굴뚝 전체를 바라볼 수 있는, 뫼비우스의 띠가 전하는 해체론적, 다원적 시각을 지닐 수 있는 시각이 필요한 것이다. 굴뚝에 들어간 두 아이의 소통 역할을 할 수 있는, 시커먼 얼굴을 한 아이에게 더럽다고 알려줄 수 있는 주체가 되기를 교사는 학생들에게 당부하는 것이고 그것은 곧 작가가 소설을 읽을 다양한 주체들에게 당부하는 것이기도 하다. 그 주체들은 평범한 가정주부인 신애이고, 지섭이고, 윤호이며, 또한 가진 자의 논리로 세상을 바라보는 경훈이며 자기 아버지의 죽음을 냉정하게 바라보는 경훈의 사촌이다.

> "저희들도 난장이랍니다. 서로 몰라서 그렇지, 우리는 한편이에요."[28]
>
> — 「칼날」, 45쪽

신애가 난장이에게 하는 이 말 속에는 새로운 대안을 찾아내기 위한 작가의 지향이 담겨 있다. 난장이에게 폭행을 가하는 사내에게 대항하는 신애의 '칼은 인간의 깊은 곳에 잠자고 있다가 순응주의의 벽을 깨뜨리고 터져 나오는 도덕적 분노의 상징이다.'[29] 난장이에 대한 신애의 동류의식, 그리고 억압적 세계에 대한 분노, 윤호와 지섭의 의식변화 등은 악한 것에 악으로 저항할 수밖에 없는 자본주의 체제에서 작가가 기대하는 새로운 주체로 부각된다. 자본가의 폭압 앞에 정당한 파업마저 할 수 없는 현실은 노동자를 악한 주체로 만들어내며 결국 파국을 맞게 된다. 조세희는 이런 점에서 황석영과 그리 멀리 있지 않다. 동혁의 자폭, 정씨가 느끼는 허망함이 그러하듯, 앉은뱅이의 살인과 영수의

---

28) 「칼날」, 『난장이가 쏘아올린 작은 공』, 문학과지성사, 45쪽
29) 김인환, 「현실과 도덕 — 조세희론」, 『작가세계』, 2002년 가을호 42쪽

살인은 정당한 방법으로는 새로운 세상이 오지 않을 것이라는 냉혹한 현실 인식을 보인다. 그것을 조세희는 인정한다. 하지만 살인을 정당화하고 그것을 하나의 방법으로 조세희는 이야기하지 않는다. 그것만으로 끝난다면 그것은 충분히 절망적이고 비관적이다. 그렇다면 힘겹게 교사를 내세워 학생들에게 굴뚝 이야기를 하고 뫼비우스의 띠를 보이면서 철거민, 노동자의 비참한 현실을 이야기할 필요가 없다. 작가는 윤호의 입을 통해 자신의 지향점을 말한다. 그것은 살인이 아니다. 노동자와 하층민의 삶을 자신의 삶과 관계 지어 생각할 수 있는 대중, 혹은 시민들의 과제는 바로 '사랑, 존경, 윤리, 자유, 정의, 이상과 같은 것들'[30]이라고 밝힌다.

황석영과 조세희가 달라지는 국면은 바로 주체에 대한 것이다. 그것은 그러나 공존할 수 없는 대립적 관점이 아니라, 오히려 그러한 관점을 통해 우리는 주체의 확장을 볼 수 있다.

5. 70년대 저항 서사의 확장을 위하여 – 주체의 다양성

1960년대부터 본격적으로 이루어진 군부독재의 경제성장 위주의 산업화는 70년대 들어 그 문제점이 숨길 수 없이 드러나게 된다. '산업사회가 체계적으로 파괴하는 것은 이 인간 공동체이며, 또 그것의 연장선상에서 생각해 볼 수 있는 사물과 인간을 포함하는 공존 질서로서의 세계'[31]였다. 서울 시내 한 복판에서 젊은 노동자가 분신자살을 하고, 밥을 먹는 도중에 집이 헐려나가 맨 몸으로 쫓겨나는 도시 빈민의 아

---

30) 「궤도 회전」, 『난장이가 쏘아올린 작은 공』, 문학과지성사, 137쪽
31) 김우창, 「산업 시대의 문학」, 『문학과지성』, 1979, 가을, 827쪽

우성이 처절하게 울리는 시대 상황은 억압과 착취와 그리고 인간에 대한 진지한 물음을 하게 만든다.

현실변혁의 주체가 누구인가, 그리고 어떻게 해야 하는가의 문제는 70년대 군부체제에 의한 천민자본주의가 소수의 기득권자나 권력자들을 제외한 대다수 민중들의 삶을 황폐화시키는 상황에서 매우 중요한 문제였을 것이다. 그것은 민족문학에 있어서도 중요한 문제가 아닐 수 없었을 것인데, 여기에서 작품에 대한 편견과 자신의 정치적 입장에 따른 오해가 발생한다.[32)

「객지」와 『난쏘공』은 각각 다른 방식으로 산업화의 문제를 하층민의 시각에서 다룬다. 두 작품은 억압적 상황에서 악해질 수밖에 없고, 따라서 더 고통스런 현실에 직면해야만 하는 노동자, 하층민의 현실을 세상에 대고 고발하고 변혁의 필요성을 제기하고 그 가능성을 자신의 방식으로 묻는다. 그러한 두 작가의 질문은 대립적이지도 않고 공존할 수 없는 차이를 지니고 있는 것도 아니다. 두 작품의 거리를 넓히지 않고 함께 하나의 길로 확장해내는 것, 그것이 70년대 민족문학의 외연과 내포를 넓히는 것이 될 수 있다.

조세희는 「뫼비우스의 띠」를 통해 본격적으로 도시빈민의 문제를 자

---

32) 이 논문 2절에서 밝힌 바도 있지만, 70년대 당시 김병익은 '조세희의 소설들이 억압된 현실을 각성시키고, 그 억압으로부터 자유로와지고 싶어하는 욕망을 조장시켜 주었다면, 그것은 사실주의의 보수적이고 현상 유지적인 수법을 버리고 기법과 문체를 자유롭게 해방시켜 놓는 그 형태 자체에서 획득된 성과일 것이다'라고 지적한 반면, 백낙청은 조세희의 소설이 그 방법적 기법 때문에 사회적 실감이 살아나지 못한다고 평가한다. 이러한 거리는 70년대 실천적 이론/이론적 실천, 현실에의 몸담음/현실에의 반성적 질문. 민중적 전망/이론적 실천 등으로 그 차이성을 드러냈던 창비와 문지의 차이가 반영된 평가라고 할 수 있을 것인데(이에 대해서는 정희모, 「문학의 자율성과 정신의 자유로움」, 『1970년대 문학연구』, 소명출판, 2000. 참조할 것) 황석영과 조세희를 각각 그 입장을 대변하는 작가로, 「객지」와 『난쏘공』을 대표 작품으로 평가하는 것은 옳지 않다는 생각이다.

기 문제로 인식하고 소설로써 자신의 변혁의지를 드러낸다. 그 도시빈
민은 노동자로까지 이어지고 70년대 피억압의 주체인 주변부의 삶을
총체적으로 보이고자 하였다. 거기서 중요한 것은 조세희가 자신의 이
야기를 들어주고 변혁의 주체로 각성하고 실천하는 주체를 확장하고
있다는 점이다. 조세희는 실제로 철거민 가정에서 같이 식사를 하다가
집이 철거당하는 봉변을 당한 후 『난쏘공』의 집필에 들어갔다고 한다.
「뫼비우스의 띠」에서의 교사는 작가 조세희 자신일 수 있으며 학생 또
한 조세희 자신을 포함한 이 땅에 사는 모두라고 할 수 있다. 강한 자
본가에 맞서는 하층민, 노동자의 힘은 한계가 있으며 그 한계는 결국
파국으로 이끈다. 중요한 것은 그 누구도 왜곡된 사회 체제를 벗어날
수 없다는 것, 자신의 문제로 인식하고 도덕적 가치를 재인식하고 그러
한 가치들이 이루어질 수 있는 사회를 만드는 것이다. 그것은 어느 하
나의 주체만의 문제가 아니다. 여기서 조세희가 이분법적 사고에 근거
한 도덕주의적 관점에 머물러 있다는 결론에 결국 도달하고 마는 것이
아닌가 하는 질문이 생길 수 있으나, 그것은 다른 문제다. 조세희가 겨
냥하는 것은 하층민, 노동자의 동귀어진식의 폭력, 살인도 아니며 그것
을 무기로 한 자본가의 도덕적 각성도 아니다. 그들과 함께 하는, 공존
할 수밖에 없고 관계할 수밖에 없는 다수의 사람들이다. 편견이나 이해
관계에 근거한 이분법적 사고에 물들지 않은, 그렇게 되도록 끊임없이
성찰하고 실천하는 주체를 조세희는 변혁의 주체로 상정하고 있는 것
이다. 그런 의미에서 '조세희의 소설은 현실 참여 계열의 소설이고 이
러한 계열의 소설들이 그렇듯이 극복되어야 할, 그것도 투쟁적으로 극
복되어야 할 어떤 것이라고 말하고 있는 만큼 구극적으로 교훈적인 효
과를 노리는 소설이다.'[33)]

33) 김우창, 위의 글, 840쪽

여기에서 '이 소설이 우리 시대의 현실을 이야기함에 있어서, 다른 현실 참여 소설의 도덕주의적 입장을 구태여 빌지 않았다는 점은 산업 시대의 문학을 이해하는 데 있어서 매우 중요한 시사를 던져주는 것'[34]이라는 지적은 70년대 주체의 확장이란 측면에서 의미 있는 지적 이다. 즉 '소박한 삶의 향유에 대한 권리의 상호 인정. 이것을 통한 인 간 유대감의 확인—도덕의 근본은 이러한 인정과 확인에 있다. 조세희 의 소설은 소설의 주인공 상호간의 이러한 확인을—단순히 심정적인 것을 통해서가 아니라 생존의 필연성을 통해서, 이루어지는 확인을 보 여 주고 또 독자에게 이것을 인정하지 않을 수 없게 한다'는 것이다.

황석영의 「객지」 또한 산업화의 갈등 주체를 자본가와 노동자, 그리 고 변혁 주체로 노동자만 상정하고 있는 것은 아니다. 조세희보다는 노 동자 주체를 선명하게 부각시키고 그들의 외로운 투쟁에 초점을 맞추고 있는 것은 사실이지만, 황석영 역시 거기에 머물고 있는 것은 아니다.

> 동혁이 말했다.
> "개선을 위해 쟁의를 해야지. 원수 갚는 심정으로 벌이다간 끝이 없어요."
> 이러한 동혁의 말투는 오랫동안 노가다판에서 분쟁을 겪어 선택의 감각이 예민해진 고참 인부의 말처럼 들렸다. 그러나 그것은 단순히 그의 성격일 따 름이었다. 그는 대위처럼 스스로가 사건을 만들고 추진해나가는 편이라기보다 는 차라리 결정적인 영향을 주는 성품을 가진 것 같았다.[35]

조세희가 하층민, 노동자의 살인을 어쩔 수 없는 그들의 현실적 투 쟁방안으로 보면서도 그것을 극복하고 그러한 파국을 막고 새로운 세 상을 이루어내기 위해 변혁의 책임과 의무를 다양한 주체들에게 인식

---

34) 김우창, 위의 글, 841쪽
35) 황석영, 『20세기 한국소설 25, 황석영 편』, 창비, 2005, 56쪽

시키고 실천을 끌어내고자 하듯이 황석영 역시 극단적 투쟁, 개인적 복수를 지양한다. 그렇기에 그는 동혁을 자폭시키고, 미래에 대한 전망을 기획하게 되는 것이다. 이런 점에서 김치수가 동혁을 일러, 노동자와 함께 하는 지식인이라 본 것은 「객지」의 노동자주체의 선명성을 폄하하는 논리가 아니라 『난쏘공』과 더불어 70년대 변혁 주체를 확장하는 논리로 받아들일 수 있을 것이다.

> 당시에 「객지」와 같은 작품의 방법론이나 그 세계에 관하여 의견을 달리하는 사람들은 이 소설을 소설이 아니라 르포에 가깝다고 불평하거나, 또는 <네 소설을 노동자들이 읽어야 할텐데 왜 문예지에 발표하느냐>고 이죽거리던 이들도 있었지만, 나는 이렇게 대꾸했던 것이 생각납니다. <당신들이 노동자들과 갖게 될 관계의 과정을 향해서 쓴다>라고.[36]

황석영이 위에서 말하는 당신들이란 누구인가. 조세희가 「뫼비우스의 띠」에서 말하는 학생과 다르지 않은 주체일 터이다. 노동자가 생산주체가 되고 노동자가 독자가 되는 문학 논리는 1970년대 두 작품을 두고 거론되긴 했으나, 거기엔 무리가 있을 수밖에 없다. 1970년대 있어서 중요한 점은 군부독재체제의 정치, 경제 상황에서 누가 피억압의 주체인가를 확장하고 그 주체의 각성과 실천을 이끌어내는 것이 되어야 하지 않았나 하는 생각이다. 소시민, 진보적 지식인과 노동자, 하층민과의 관계 그 속에서 변혁의 열쇠를 찾고자 하는 두 작가의 노력은 한 곳을 바라보는 동지적 유대감으로 묶여질 수 있다.

---

36) 「황석영이 황석영을 말하다」, <작가세계> 2004. 봄, 23쪽

참고문헌

<단행본>
조세희, 『난장이가 쏘아올린 작은 공』, 문학과지성사, 1989
황석영, 『20세기 한국소설 25, 황석영 편』, 창비, 2005
권영민, 『한국현대문학사 1945 - 1990』, 민음사, 1994
펠릭스 가따리·안토니오 네그리 『자유의 새로운 공간』, 갈무리, 1995
민족문학사연구소 현대문학분과, 『1970년대 문학연구』, 소명출판, 2000

<논문>
강상대, 「불구적 삶의 신화 - 조세희론」, 『작가세계』 2002 가을
김우창, 「산업 시대의 문학」, 『문학과지성』 1979 가을
김인환, 「현실과 도덕 - 조세희론」, 『작가세계』 2002 가을
김치수, 「산업사회에 있어서 소설의 변화」, 『문학과지성』, 1979 가을
김 현, 「한국문학의 전개와 좌표」, 『문학과지성』, 1975 겨울
류보선, 「사랑의 정치학 - 『난장이가 쏘아올린 작은 공』을 통해서 본 조세
        희론」, 『1970년대 문학연구』, 소명출판, 2000
이동하, 「어두운 시대의 꿈 - 조세희론」, 『작가세계』 1990 겨울
조세희·이경호, 「2.5세계의 불안한 나날」, 『작가세계』 2002 가을
황석영, 「황석영이 황석영을 말하다」, 『작가세계』 2004 봄, 23쪽
하정일, 「저항의 서사와 대안적 근대의 모색」, 『1970년대 문학연구』, 소명
        출판, 2000
좌담회, 「내가 생각하는 民族文學」, 『창작과비평』, 1978 가을, 33쪽

1970년대 저항의 두 지점
― 황석영의 「객지」와 조세희의 「뫼비우스의 띠」 비교 연구―

1970년대 황석영의 「객지」와 조세희의 『난장이가 쏘아올린 작은 공』 두 작품에 대한 평가는 당대에서나 지금까지도 일정한 거리를 두고 진행되어 왔다고 할 수 있다.

조세희가 겨냥하는 것은 하층민, 노동자의 동귀어진식의 폭력, 살인도 아니며 그것을 무기로 한 자본가의 도덕적 각성도 아니다. 편견이나 이해관계에 근거한 이분법적 사고에 물들지 않은, 그렇게 되도록 끊임없이 성찰하고 실천하는 주체를 조세희는 변혁의 주체로 상정하고 있는 것이다.

황석영의 「객지」 또한 산업화의 갈등 주체를 자본가와 노동자, 그리고 변혁 주체로 노동자만 상정하고 있는 것은 아니다. 조세희가 변혁의 책임과 의무를 다양한 주체들에게 인식시키고 실천을 끌어내고자 하듯이 황석영 역시 극단적 투쟁, 개인적 복수를 지양한다. 그렇기에 그는 동혁을 자폭시키고, 미래에 대한 전망을 기획하게 되는 것이다.

1970년대 있어서 중요한 점은 군부독재체제의 정치, 경제 상황에서

누가 피억압의 주체인가를 확장하고 그 주체의 각성과 실천을 이끌어
내는 것이 되어야 하지 않았나 하는 생각이다. 소시민, 진보적 지식인
과 노동자, 하층민과의 관계 그 속에서 변혁의 열쇠를 찾고자 하는 두
작가의 노력은 한 곳을 바라보는 동지적 유대감으로 묶여질 수 있다.

■ 주제어 ■

객지, 뫼비우스의 띠, 난장이가 쏘아올린 작은 공, 주체, 노동자,
지식인, 대중, 진보, 민족문학

■ Abstract

Two points of resistance in the 1970s
— Comparative research on Suk—Young Hwang's 「Strange Land」 and Sei—Hee Cho's 「The band of Mobius」 —

Ho—Gyu Lee of Dongeui University

The evaluation on two works of Suk—Young Hwang's 「Strange Land(Gaekji)」 and Sei—Hee Cho's 「The band of Mobius」 in the 1970s has been done at a certain interval both at that time and even now.

Sei—Hee Cho was not focusing on reckless violence nor murder of the lower class or laborer, nor moral enlightenment of a capitalist taking violence or murder as his weapon. Sei—Hee Cho is taking the subject not being tainted with dichotomous thinking based on prejudice or relationship of interests while incessantly reflecting on himself/herself and practicing what he/she should in reality in order not to be tainted, as the subject of a revolution.

Suk—Young Hwang's 「Strange Land」 is also considering the subject of the conflict in industrialization not just limited to capitalists and laborers, and the subject of a revolution not only limited to laborers.

As Sei—Hee Cho intended to enable diverse subjects to realize the responsibility and obligation of the revolution and to lead them to execute such responsibility and obligation, Suk—Young Hwang also avoided an extreme fight and personal revenge. That was why he was planning a forecast on the future by making Dong—Hyuk blow himself up.

The important thing in the 1970s was thought to extend the scope of who is the subject of being depressed in a political economic situation under a military dictatorship system, and to lead the subject to be awakened and to practice. The effort of the two authors to find a key of the revolution in the relationship of the lower middle class, progressive intellectuals and laborers, and the lower class can be tied with a kindred—spirited bond that is aimed at the same goal.

━━━━━━━━━━━━━━━ key words ━━━━━━━━━━━━━━━

Strange Land(Gaekji), The band of Mobius, the lower class, laborer, lower middle class, progressive intellectuals, dichotomous thinking, revolution, forecast

제 2 부

불안의 모습을 한 자기성찰

- 채영주 「노점 사내」 -

1. 작가에 대한 기억

2002년 6월 세상에 자신의 죽음조차 알리지 못하게 하고는 한 줌 재로 날아가 버린 작가. 그가 채영주다. 초여름 때문이 아니라 월드컵의 열기로 온 세상이 뜨거웠던 시절, 그래서 한여름의 열기와도 흡사한 들뜸 속에서 온 몸으로 흥분을 하며 야단법석을 떨던 그 때, 어느 날 아침 나는 그의 죽음을 들었다. 이미 그가 죽은 지 일주일 되던 날이었다. 그는 죽은 지 일주일 후, 이미 그의 육신이 한 줌의 재가 되어 부산 해운대 바다와 푸른 하늘로 흩어져 버린 후에야 자신의 죽음을 그의 식구들을 통해 친구들에게 전하게 했고, 그 친구들은 세상에다 그의 죽음을 알렸다.

동국대 앞에 있는 화교 사찰에서 49재, 첫 주 추도식을 하던 날, 날은 후덥지근했다. 오후에 벌어진 그 중국 불교식 49재 의식은 지리했고, 힘들었다. 알아듣기 어려운 중국어 불경 소리와 반복되는 의식 속에서 친구들은 눈물과 땀범벅 속에서 지쳤다. 그 날은 한국과 스페인의 축구 시합이 있는 날이었다. 2시간여에 걸친 의식이 끝났을 때, 우리는 빨리 그 곳을 떠나 술을 먹든, 뭘 하든 해야 할 것 같았다. 그 때 그의 아내가 말했다. 여기서 축구 시합 보고 가라고, TV 마련해 놓았으니 같이 보자고. 그러길 영주도 바랄 거라고. 우리는 순간 당혹했고, 어떻게 해야 하나 고민했다. 결국 우리는 그의 아내와 딸과, 그리고 아내의 중국 친구들과 친지들과 함께 축구시합을 보았다. 그 자리에서 우리는 마치 영주가 같이 시합을 보고 있는 듯, 그가 죽었고, 그의 명복을 빌기 위해 왔다는 사실을 잊은 듯, 축구시합에 몰두했고 모두 같이 소릴 지르고 마침내 승리의 환호성을 질렀다. 시합이 끝난 후, 우리는 정말 시합이 이겨서 다행이라는 생각을 했다. 웃을 수 있었으니까. 그의 아직 젊은 아내는 고맙다고 했다. 우리도 고맙다고 했다. 우리는 그의 아내와 포옹으로 작별했다. 그의 예쁜 딸, 스민이는 참으로 밝은 얼굴이었다. 착하고 맑은 아이.

그와 고등학교 시절을 같이 보냈던 우리, 친구들은 그의 죽음을 실감할 수 없었으나 그 실감할 수 없음이 오히려 그의 죽음을 보다 분명하게 느끼게 만듦을 알 수 있었다. 그는 죽음까지도 그렇게 혼자 감당했던 것이다. 그는 언제나 그랬다. 자신에 관한 일은 친구들로 하여금 그저 지난 후에야 알게 만들었고, 그래서 결국 지켜볼 수밖에 없게 만들곤 했다.

1978년 우리들은 만났다. 그와 나, 우리들은 부산에 있는 고등학교 같은 반에서 만났다. 그는 전교에서 손꼽는 수재였고, 차가운 듯 하면서도 친구가 많았다. 그의 죽음에 망연자실, 회한 속에서 눈물을 삼켜야 했던 친구들이 그 때 거기에 있었다. 그렇게 그는 친구들과 추억을 만들었고, 그러면서 그는 매사에 뛰어났고, 뽐내지 않았지만, 그의 미소는 돋보였다. 그는 너무나 당연한 듯 서울대에 진학했고 그러려니 싶게 정치학과에 진학해서 그가 가야 할 길을 잘 알아서 가는 사람처럼 보였다.

그러던 그가 어느 날, 사라졌다. 4학년 때였다. 그때도 나는 그이니까 그럴 수 있다라는 생각을 했다. 친구들에게도 알리지 않은 채 8월에 휴학계를 내고 대전, 전주, 광주 등지를 떠돌면서 웨이터, 주방 보조, 빵공장 직공, DJ 등의 일을 했단다. 그 때 일을 소재로 한 소설이 「미끄럼을 타고 온 절망」이다. 그는 돌아와 소설가가 되겠다고 말했다. 그가 소설가가 되겠다고, 습작을 한다고, 그렇게 말했을 때, 그가 정말 소설가가 될 것이란 생각을 하지는 않았다. 그는 분명 다른 속셈이 있을 것이라 여겼다.

군대 제대 후, 여전히 그는 소설 습작을 한다고 했다. 그때 나는 그가 소설가가 될 지도 모른다는 생각을 했다. 그이기에 어쩌면 그것 역시 가능할 수 있을 지도 모른다는 생각을 했다. 솔직히 그건 썩 상쾌한 예감은 아니었다. 뭔가 찜찜한, 불쾌하고, 불길한 예감이었다. 왜 그랬을까? 왜 그런 느낌이 들었을까? 난 그 때 그의 습작 소설을 읽지 못했고, 다른 친구의 전언을 통해 들은 바 그다지 믿음을 가지지 않았다. 단지 그것 때문이었을까. 그랬을 것이다. 그때 무엇을 알았겠는가.

그는 1988년 11월 <문학과 사회>에 「노점사내」를 발표하고 소설가가 되었다. 그 소설을 읽으면서 나는 그가 좋은 소설가가 될 수 있겠구나 싶었다. 그는 기다렸다는 듯 연이어 소설을 발표했다. 그렇게 열심히 소설을 써내다 어느 날 또 그 누구에게도 연락 없이 훌쩍 배낭여행을 떠났다는 소식이 들려왔다. 그때 역시 그이기에 그럴 수 있다 생각했다. 그가 하는 일 모두 그이기에 할 수 있고, 그가 하지 않는 일, 그이기에 그럴 수 있다 생각했다. 그게 그를 이해하는 나의 방식이었고, 아마 우리 친구들 역시 그러했을 것이다.

그가 여행에서 돌아와 친구들과 만난 자리에서 긴 생머리에 해맑은 미소를 지닌 화교 출신의 싱가폴 처녀, 주채여(우리는 그녀를 영어식 이름인 에비라고 불렀다)를 데려와 결혼할 여자라고 소개했을 때, 그때 우리가 받았던 놀라움이라니. 우리는 그때도 정말 그이기에 있을 수 있는 일이며, 축복하는 마음으로 그저 받아들이면 된다고 생각했다.

그는 죽기 전 거의 3년 동안 친구들에게 얼굴을 보이지 않았다. 몸이 안 좋다고, 가능하면 집에서 쉬는 게 낫겠다고, 몸이 좋아지면 한 번 보자고 그렇게 말했다. 몸이 안 좋은 줄 알았고 걱정이 되었지만, 여전히 소설은 발표가 되었고, 그것으로 우리는 그가 괜찮으려니 했다. 한 친구의 집들이 때 만난 게 우리 친구들이 본 그의 마지막 모습이었던 듯싶다. 그 자리에서도 그는 많이 힘들어했다. 자주 소파에 기대어 쉬곤 했다. 그때 이미 많이 야위어, 바지자락이 헐렁해 보였다. 그 모습이 이후 내내 눈에 밟혀 마음이 쓰였었다. 그가 가고 난 지금에도.

올해 6월 그가 죽은 지 일년 되는 날을 즈음해 그의 유고집 『바이올린맨』(문학과 지성사)이 출간되었다. 그는 이제 이 땅에 없다. 출간을 기념하며 문학과 지성사 측에서 만든 자리에서 나는 그 사실을 새삼 실감하였다. 그게 슬펐다. 그는 이 땅에 이제 없다는 사실이.

2. 불안의 얼굴을 한 연민, 그 자기 성찰

「노점 사내」는 채영주의 등단작이며, 그의 작가로서의 의식이 어디에서 출발하며 어디에 가 닿아 있는지, 그것은 어디로 뻗어갈 것인지 짐작하게 만드는 소설로, 채영주의 문학을 가늠하는 데 중요한 작품이라고 할 수 있다.

이 소설에 등장하는 '나'는 회사에서 집까지 가는 길에 좌판을 열고 장사를 하는 한 사내에 주목한다. 이 소설은 그 사내에 대한 주인공의 불안, 그 정체와 그 불안의 끝이 핵심이다. 그 불안은 채영주 작가의 자기 찾기, 그가 소설 쓰기를 자신의 업으로 결정하고 그 길 가운데에 머물다, 자신을 소진시키고 사라져간 바로 그 이유일 것이다.

<blockquote>

'나는 어쩌면 그를 외면하기 위하여 한사코 그가 있는 쪽으로 길을 택하는 것인지도 모르겠다.'

　　　　　　　　　　　　　　　　　─『가면 지우기』, 문학과 지성사, 14쪽

</blockquote>

'나'는 가는 길에 좌판을 열고 있는 사내에 대해 이해할 수 없는 불안을 보인다. 그것은 적대의식 같기도 하고, 조급증 같기도 하고, 불편함 혹은 불쾌함 같기도 하다. 그 미묘한 감정의 흔들림이 이상하다. 왜 그런 것일까. 그리고 그는 자신이 말하듯, 그냥 그 길이 아닌 다른 길로 다니지 않고 사내를 만날 수밖에 없는 길을 굳이 다니는 것일까. '외면하기 위해서'란 말에서 그의 이율배반적인 감정의 굴곡을 감지할 수 있다. 문제는 바로 그 딜레마에 있다. 외면하고 싶으나, 외면할 수 없는 것, 아니 외면하기 위해선 맞닥뜨릴 수밖에 없음. 정작 그가 외면하고 싶다는 심정, 그 심정을 확인하기 위해서 볼 수밖에 없는 것, 그러나 보면 괴로운 것, 그것이 무엇일까.

<blockquote>

'고집스럽게 그 쪽 길을 이용해 다녔던 게 어느 정도 익숙해진 때문이기도 할 테지만 내가 사내의 눈길을 덜 의식하게 된 것에는 또 다른 이유가 있다. 날씨가 추워지면서 사내는 조금씩조금씩 웅크려들기 시작한 것이다. 짐을 풀어내리는 동작도 훨씬 빨라졌고 그래서 그 시간도 절반 이상이나 줄어들었다. 점심 식사를 마치고 돌아오는 길에 사내는 벌써 대부분의 짐보퉁이를 내려놓고 있다. 볼 겨를이 이제 사내에겐 없다. 그래서 나는 훨씬 당당하고 관대한 마음으로 사내의 노점을 지나갈 수 있게 되었다.' (15쪽)

</blockquote>

웅크려들기 시작하는 사내의 모습에서 그는 편안해짐을 느낀다. 그리고 좀더 당당하게 그 앞을 지나갈 수 있게 된다. 사내의 약해짐이 오

히려 그에게 힘을 준다. 이러한 도식은 너무 간단하다. 사내는 그에게 적이고 적이 약해질 때 그는 강해진다.

하지만 중요한 건 여기서 사내의 웅크러듦이 사내의 약함을 의미하는 것이 아니라는 사실이다. 그 다음 구절을 읽어보면, 사내의 웅크림은 날씨 탓이다. 웅크러들지만 동작은 빨라졌다. 사내의 변화는 웅크러듦이 아니라 바로 빨라진 동작에 있다. 빨라진 동작은 굼뜬 동작, 게을러 보이고, 나태해 보이고 생각 없어 보이는 무기력함과는 다르다. 사내의 빨라진 동작을 보면서 그가 당당해지고 편안해지는 것은 바로 사내의 움츠림이 아니라 그 빠른 동작, 살아있음을 느끼게 만드는 움직임이다.

'나는 까닭도 없이 치밀어오르는 분노를 느꼈다. 내 속에 숨어 있던 나태와 무감각한 일상이 불쑥 기지개를 켜며 일어나는 것을 보는 느낌이었다.' (16쪽)

날씨가 다시 따뜻해졌을 때, 사내는 예전의 굼뜬 동작으로 다시 되돌아간다. 표정 없는 얼굴로, 바쁜 일 없다는 듯, 게으른 동작을 보이는 사내에게서 그는 분노를 느낀다. 여기서 결국 노점 사내가 그에게 무엇이었는지 확연히 드러난다. 노점 사내의 굼뜬 동작은 그에게 바로 자신의 '나태와 무감각한 일상'을 그래도 보여주는 거울이었던 셈이다.

그 스스로 자신의 일상에 무기력해 있었던 것이다. 나태와 무감각으로, 그저 자신에게 주어진 일상의 무게를 감당하고 있었던 것이다. 노점 사내에 대한 까닭 모를 불안과 안도와 분노, 그 일련의 감정들의 굽이굽이에는 노점 사내가 가지는 사회적 조건이 전혀 관계없다. 좌판을 벌이고 있는 하층민의 그늘진 삶이 그에게 불안을 안겨준 것이 아니다. 하층민의 힘겨운 일상이 그에게 분노를 일으킨 것 역시 아니다. 그는 자신의 모습을 노점 사내에게서 계속 보았던 것이다. 노점 사내의 정체성, 그 속에서 그는 무기력한 자신을 보았던 것이다.

　노점 사내의 힘겨운 모습에서 무기력과 나태를 보아냈던 것, 어쩌면 그것은 지식인인 그의 오만일 수도 있을 것이다. 이 지점이 바로 작가로서 채영주의 출발점이었다. 그렇기 때문에 「노점사내」는 작가 채영주를 읽는 데 중요한 작품이다. 이 소설에서 그는 떠난다. 무기력하고 나태한 자신을 떠나 새로운 자신을 찾아서.

　일상의 편안함을 떠나 방랑자의 길을, 인간의 삶, 그 결과 무늬의 비밀을 찾아 끝없이 헤맬 수밖에 없는 고행의 길을 채영주는 작가가 되기로 하면서 떠나기로 결심했던 것이다. 작가로서 살아간다는 것, 그것은 그에게 있어 바로 그것이었다. 그 작가의 출발을 그는 한 노점 사내에게서부터 시작했다. 누구도 주의를 기울이지 않을 거리의 좌판 장수에게서 그는 자신의 모습을 보았다. 그 모습에서 그는 자신의 무기력하고 나태한 현재를 보았지만, 그의 관심이 아니 눈길이 하찮아 보이는 일상의 모습에, 하층민의 힘겨운 일상에 가 닿아 있었음을 우리는 이 소설에서 느낄 수 있다. 그는 하층민의 무기력한 모습이 삶의 무게에 짓눌린 힘겨움의 반영이라는 것을 알아냈을 것이다. 그 모습을 그는 자아와 타자, 모두에게서 극복해내고 싶었을 것이다.

　　‘과거도 미래도 현재도 아무런 시점도 없이 아무런 희망이나 계획도 없이
　　마치 송충이처럼 노점이라는 솔잎을 갉아먹고 사는 사내의 모습을 보며 나는
　　왠지 네게 편지를 내어야 하리라는 생각을 가졌던 것이다.’ (18쪽)

　그는 떠나리라 결심한다. ‘일상의 무게를 지탱해나가길’ 거부하고 먼 길을 떠날 결심을 한다. 사내의 모습은 바로 자신의 모습. 변화를 두려워하고, 일상의 무게를 고스란히 온 몸으로 받아들이기만 하는 나태와 무기력에 찌든 자신의 모습이다. 그는 사내를 죽인다. 그것은 그의 상

상의 극한이다. 그는 자신을 죽인 것이다. 나태하고 무기력하게 일상의 무게에 짓눌려 서서히 죽어가는 자신, 아니 죽어갈 수밖에 없는 자신을 스스로 앞서 죽여버린다. 그것은 정당하다. 안락사인 셈이다. 그는 사내를 상상으로 죽이고, 자신이 새로 태어날 수 있음을 안다. 그는 이제 떠날 수 있는 것이다.

> '나는 오히려 달라지고 싶다. 때로는 영락도 때로는 좌절도 맛보면서 나의 모든 것을 변화시키고 싶다. 하지만 나 역시 어느 땐가부터 표피적인 질서에 연연해하는 작은 동물이 되어버렸음을 느낀다. 굳게 잠근 뚜껑을 열고 파리와 구더기가 득실거리는 내장 기관을 들여다볼 용기가 나지 않는다.' (23쪽)

채영주는 「노점사내」가 실려 있는 그의 첫 번째 소설집인 『가면 지우기』 책머리에서 '나이가 들자 법관이나 의사 교수와 같은 현실적인 직업들이 매력적으로 다가왔다. 나는 충실한 하인이 되어 그들의 뒤를 좇았다. 그러나 결국 나는 깨닫지 말아야 했을 사실을 깨닫고 말았으니, 그것은 그처럼 숱한 되고 싶음의 욕망들 속에서 정작 나의 본능은 아무 것도 되지 않기를 원하고 있다는 것이었다.'라고 스스로 밝혔다. 그는 얼마든지 법관도, 의사도, 교수도 그가 원했다면 될 수 있었을 것이다.

하지만 그는 그 길을 스스로 벗어났다. 그는 그것을 본능이라 했다. 자신의 본능을 결국 깨닫게 됐고, 깨달은 이상 아닌 길로는 갈 수 없었다는 것이다. 본능이라 하면, 그 누구도 할 말이 없다. 자신의 본능을 따라 산다는 것, 그것이 가장 자유로운 길일 것이니까. 더욱이나 그에게 있어 그 본능이 하나에 얽매이지 않으려 하는 것임에라 더 말해 무엇하겠는가. 그는 '어떤 대상에도 나 자신을 고정시키지 않기'로 했다고 했다. 그렇게 살아왔다고 했다. 예전엔 몰랐지만. 「노점 사내」가 그의 첫 소설인 것은 필연적이다. 그 어떤 대상에도 자신을 고정시키지 않으려 하는 자유로운 영혼의 소유자는 스스로에게 정직한 법이다. 그는 정직하게 첫 소설을 썼다.

노점 사내에 대한 까닭 모를 불안, 다른 길로 우회하지 않고 맞닥뜨리면서도 외면하고 싶던 그 이율배반적 감정이 결국 자신의 모습을 똑바로 보지 못했던, 그리고 회피했던 자신의 비겁 때문임을 안 그는 자신과 당당히 대면하기로 작정하였고, 그 대면이 비겁한 자신을 죽여버리는 것이었다. 그는 이제 자신과 대화를 하기 시작한다. 그에게 있어 대화는 떠남이다. 대화는 소통이다. 소통은 일방적이지 않으며, 고정적이지 않다. 자신과의 대화는 고여 있지 않으려는 자의 유일하고도 강력한 방책이다. 자신과의 대화는 머물지 않음을 의미한다. 그는 이제 먼 길을 떠나려 한다.

채영주는 이 소설을 자신의 작가로서의 출발로 삼았다. 그 의미는 이제 떠난다는 선언이다. 그는 힘든 방랑의 길, 고독한 고행의 길을 떠나 이후 자신과의 수많은 대화를 소설로 써냈다. 90년대 그는 주목받는 신예 작가로, 많은 작품을 연거푸 쏟아냈다. 그의 여행은 더 계속되어야 했다. 그런데, 하늘의 뜻은 그렇지 않았나 보다. 그는 저 먼 곳에서도 그 어느 것에 얽매이지 않은 채, 자신과의 대화를 계속하고 있을지도 모를 일이다. 그가 편했으면 좋겠다. 우리의 기준으로 편한 게 아니라 그 스스로 믿는 편안함, 그 편안함을 그가 만끽하고 있기를 진심으로 빈다.

탈주를 꿈꾸는 이가 말하는 세상에 갇힌 사람들
— 최성배 소설집 『발기에 관한 마지막 질문』 —

진정으로 탈주를 꿈꾸는 자는 무엇이 나의 발을 잡아끌고 있는가에 대해 아주 심각하게, 냉철하게 따져보아야 한다. 그것이 바로 탈주의 시작이다. 그러나 그 탈주가 의미 있는 것은 뒤돌아보지 않고, 그저 눈물을 양 뺨 옆으로 뿌려대며 외로이 어둠을 타고 정처 없이 떠나는 것이 아닐 때 비로소 가능한 것이다.

왜냐하면 탈주의 끝은 '떠남'이 아니라 '돌아옴'이어야 하기 때문이다. 목표가 금의환향인 그러한 방식의 돌아옴은 또한 아니다. 그것은 기존 질서 체제의 순응과 그 이데올로기의 과업 달성이 아니라, 전복의 양상을 띤다. '진정한' 탈주는 허물어뜨리고, 새로 짓는다. 하지만 그때의 허물어뜨림 역시 무자비한 파괴는 결코 아니다. 그것은 모두에게 다 더 나은 창조의 디딤돌로 인식될 수 있어야 한다. 그것은 어느 한쪽에 의해서 다른 한쪽으로 전달되거나 교육되는 것이 아니다. 삶의 모양새의 변화는 인식의 전환에서부터 생성될 수 있다. 인식의 전환을 기꺼이 받아들일 수 있고, 그 인식의 변화가 가져올 실재적 변화의 모양새를 긍정적으로 수용하고 현재화하는 데 주체적으로 참여할 수 있어야 한다.

그러나 대체 누가 그 지난한 사업의 필연성을 이야기할 수 있을 것이며, 그 일의 성패에 우리 삶의 존폐가 함께 걸려 있음을 깨우쳐줄 수 있단 말인가. 세상은 겉으로 보기에 너무나 잘 돌아가고, 문제가 있는 것은 오직 '개인'일 뿐, 그 개인들은 낱낱으로 흩어져 고통의 긴긴 밤을 홀로 지새우고 있을 뿐인데, 그들은 그 고통을 그저 혼자만이 감당해야 하는 고난이요, 응분의 대가라고 받아들일 뿐인데.

여기에 '수다'가 필요하다. 시시콜콜 자질구레한 세상사를 부끄러움 없이, 가슴 속에 잔뜩 응어리져 있는 것을 풀어내는 수다가 공감대를 만들어내는 매개가 될 수 있다. 거기에는 자신에 대한 반성과 세상에 대한 울분과 타인에 대한 원망과 그리고 현재의 불안과 좌절과 함께 희망을 찾고자 하는 눈물겨운 몸부림이 있게 마련이다.

나는 최성배의 소설을 읽으면서 이 시대를 '온 몸으로 밀고 온' 중년 사내의 수다를 보았다. 그러기에 그 수다는 눈물겹다. 하지만 청승이 아니고 세상을 향해 울컥 쏟아내는 물컹한 고백이오, 외침이요, 생산적인 수다이다. 내가 최성배의 진지한 소설을 수다라고 일컫는 것은 그의 진지함이 살아 움직이기 때문이다. 수다는 솔직하고 수다 떠는 행위는 성실하다. 거기에는 진지함과 천박함이 함께 살아 숨쉰다. 삶에 대한 진지함과 수많은 평범한 일상인의 하루하루가 그대로 묻어나는 그런 의미의 천박함이 들어 있다.

말을 바꾸자. 천박함이라는 말이 내가 뜻하는 것과는 다르게 주제의식이 얕고 빤히 드러나 보이는 위선과 겉발림의 함축적 단어로 읽힐까 두렵기 때문이다. 천박함 대신 존재를 억누르는 일상의 가벼움이라고 할까.

이번 작품집에는 8편의 단편과 한 편의 중편 소설이 실려 있다. 1989년부터 10여 년에 걸친 그의 소설 여정이 고스란히 담겨 있는 것이다. 이번 두 번째 작품집에 실린 소설 목록들을 우선 보면서 '참, 부지런히도 썼구나'하는 생각부터 먼저 들었다. 몇 년 휴지기가 있기도 하지만, 일정하게 작품을 생산해 왔음을 알 수 있었다. 그렇게 일정하게 써온다는 것이 그리 쉽지만은 않았을 터인데, 용하다 싶다. 소설은 노동이라는 생각을 하고 있는 나로서는 그래서 그의 소설 여정에서 성실함을 우선 읽는다.

1. 현재적 과거―상처 없는 '육신'이 어디 있으랴

그의 소설에 등장하는 인물들의 현재는 지리멸렬하기가 짝이 없다. 그들에게 현재는 너무나 암담하고 고통스러우며 나은 미래 역시 전혀 보장되어 있지 못하다. 그들은 미로에 갇힌 생쥐 꼴이다. 그저 막힌 벽에다 머리를 찧고는 또 다른 막다른 벽 쪽으로 가고 있을 뿐이다. 그런데 그들이 미로에 갇힌 생쥐보다 더욱 비참한 것은 그들이 가고 있는 이 길이 앞서 머리를 찧어댔던 막다른 벽과 똑같이 여전히 막힌 벽일 것이라는 것을 알고 있다는 사실이다. 그러한 지각은 절망의 다른 이름이다. 그들이 이렇듯 출구 없는 미로에 갇혀 허우적댈 수밖에 없는 것은 그들의 과거 때문이다. 그들은 그 과거에서 전혀 자유로울 수 없다. 왜냐하면 그것은 자기의 의지와 상관없이 이 사회에 의해 규정된 것이기 때문이다. 그들이 자유로워지고 싶다고 해서 자유로워질 수 있는 사안이 아니다. 과거가 현재의 굴레로 작용하는 것은 개인적 문제가 아니라 집단의 문제, 이 체제의 문제이다. 이 체제가, 사회가 그들의 굴레를 벗겨주지 않는 한 그들은 자유로울 수 없다. 거기에 그들의 문제가 공개되어야 할 이유가 충분히 있다. 최성배는 그것을 알고 있는 것이다.

우선 주목을 끄는 작품은 「구겨진 필름」과 「비, 구름, 바람」이다. 「구겨진 필름」은 얼핏 보아 단순한 구성을 지닌 소품이라는 인상을 주지만, 꼼꼼히 읽어보면 구성에 상당한 기교가 발휘되고 있음을 알 수 있다. 두 개의 공간, 거기에 놓여 있는 사람들이 중첩되면서 하나의 서사가 맞추어진다. 듬성듬성 놓여 있는 단서와 이야기 조각들이 하나씩 연결되면서 지금 현실의 풍경이 마치 장막이 걷어지듯이 물러나면서 소설의 속살이 그 모습을 드러내는 것이다.

하지만 그 기교가 충분히 농익어서 작품에 스며들어 있다고 보기에는 아직 미흡한 감이 있는데, 그러다보니 '꼼꼼히'라는 말을 썼듯이 주의해서 읽지 않으면 내용 파악에 혼란을 불러일으키기 십상이다. 이러한 혼란은 현재와 과거의 반복이 선명하게 읽히지 못함에서 오기도 하지만, 시점에서 기인하는 문제이기도 하다.

이 소설의 시점은 작가 관찰자적 시점을 택하고 있는데, 기실 그 방관하는 듯한, 그저 무심히 응시하는 듯한 그 작가의 시각에는 분명히 현재의 장면에서 특정한 누군가를 떠올리는 의도적 선택이 깔려 있다. 그 선택에는 그저 무심히 응시하는 척하는 포즈가 놓여 있다. 이러한 느낌은 전체적으로 소설적 상황을 바라보는 이가 현재에 중첩되어 나타나는 과거, 어느 한 가족의 몰락에 깊이 연관되어 있는 인물이 아닌가 하는 의구심을 불러일으킨다. 그러할 때, 소설의 말미

> 서로가 남남이 되어 버리면 관심은 소멸할 수밖에 없고, 현실이 가파를수록
> 그런 것들은 희미한 기억 속으로 흩어져 버리기 때문이다.

라는 진술은 화자가 곧 서사의 주체, 지난 날 힘겨운 삶의 한가운데에 내동댕이쳐졌던 소년일지도 모른다는 생각을 하게 만든다. 필자가 여기에 주목하는 것은 독자로 하여금 그러한 추측을 가능하게 하는 점,

그것이 이 작품이 결과적으로 얻게 된 구성상의 미덕으로 획득되기 때문이다. 여기서 결과적으로라는 말을 쓴 것은 그것이 작가의 애초의 구성상의 의도라고 보이기보다는 작가의 냉정하지 못한 거리 감각이 오히려 가져 온 성과라고 보이기 때문이다.

시점의 혼란은 과거와 현재가 오가는 부분의 어색한 문장과 더불어 이 작품의 결함임에는 분명해 보인다. 하지만 시점의 혼란은 오히려 작가와 작품 속의 인물과 독자를 연결해주는 가교 역할을 하고 있다. 무심한 작가의 시건이 힘겨운 삶을 운명으로 받아들여야 했던 소년의 시선으로 바뀌는 순간, 우리는 그 삶의 신산함에 새삼 몸서리를 치게 된다. 지금 지난 날의 그 소년을 회상하는 소년의 현재는 그 이전, 소년 시절에 비해 얼마나 더 편안해졌을 것인가. 이러한 결과는 결국 작가가 편안히 이 소설을 써내려가지 못했음을 반증한다. 그것은 작가의 체험 여부의 진부한 질문을 떠나 작가로서 갖추어야 한다고 필자가 믿는 인물에 대한 애정과 연민을 작가가 지니고 있음을 보여주는 것이라 할 수 있다. 하지만 앞서도 말했듯이 현재의 인물과 겹쳐 나타나 서사의 중심을 이루는 인물들을 끌어들이는 이동의 지점에서의 문장은 보다 명확하게 표현되었어야 한다.

「구겨진 필름」은 한 화자의 시선을 따라 일요일 어느 등산로를 훑는다. 그 시선에 먼저 포착되는 인물은 항상 그 자리에 앉아 있는 한 노인이다.

> 인간들이 우주를 넘나드는 세상에 구닥다리 땟국물이 자르르 흐르는 책 몇 권을 밑천 삼아 앉아 있는 것이 꼭 끼니만을 위한다거나, 배운 것이 도적질이어서 습관적으로 이곳에 나온 것만은 아닐 지도 모른다. 그렇다면, 무엇인가 세상을 달관한 듯한 저 노인의 표정에서 또 다른 노인을 겹쳐볼 수 있었다. 다만 시간의 흐름과 영상의 정지가 있을 뿐.

　어두운 과거로 인해 고향을 등지고, 어둠을 틈타 가족을 만나고 가는 사내, 그리고 그 사내로 인해 힘겨운 삶을 꾸려나가고 있는 노인과 아내, 세 명의 아이들, 그 중에서 어린 사내. 그들의 인생행로가 사실 이 소설의 주된 내용을 이룬다. 그들을 과거에서 현재로 끌어내는 매개가 되는 것이 일여일 등산로에서 만나는 사람들이다. 화자는 등산로에서 만나는 점을 보는 노인의 영상에서 우선 사내의 아비, 노인을 본다. 그리고 튀밥 과자를 팔고 있는 소녀에게서 소년을 발견하고, 소녀를 지나 보게 되는 아낙네에게서 소년의 어머니, 사내의 아내였던 여자를 보게 되는 것이다. 그렇게 등산로에서 만나는 사람들과 겹쳐지는 인물들의 내력이 조금씩 중복되면서도 각각 인물에 초점을 맞추어 이야기를 해나가는 방식이다.

　결국 등산로에서 만나는 사람들은 과거 한 가족을 지금 여기에 끌어내기 위한 도구에 불과하다. 그랬을 때 등산로에서 마주치는 현재의 인물들에 대한 설명이 좀 더 간결하게 처리 되었어야 한다. 앞에서 인용한 부분의 경우, 굳이 '그렇다면, 무엇인가 세상을 달관한 듯한 저 노인의 표정에서 또 다른 노인을 겹쳐 볼 수 있었다'라는 문장은 그렇게 유용하게 쓰이지 못한다. 각각 아무런 관계가 없는 등산로의 인물들에게서 한 가족의 영상을 찾아낸다는 것에 작가 스스로 너무나 정당성을 부여하고자 하는 조심스러움이 보이는 것이다.

　등산로에서 자리를 잡고 등산객들을 상대하는 늙은이, 소녀 혹은 중년의 아낙, 그들은 모두 그저 즐기기 위해서, 건강을 위해서 등산로에 진을 치고 있는 것은 아닐 터이다. 그들 모두 각자의 힘겨운 삶의 내력을 지닌 채 지금의 일상을 견뎌내고 있는 것이다. 그들의 그저 그렇게 무심한 듯, 혹은 힘겨운 듯, 권태로운 듯 보이는 모습들만으로도 한 가족의 슬픈 가족사를 알고 있는, 혹은 그 슬픔을 지니고 있는 당사자에게 한 가족의 영상을 떠오르게 하기에는 충분한 것이다. 그랬을 때, 한 가족의 비극이 오히려 지금 현재의 힘겨운 일상을 살아가는 사람들의 삶에까지 확대될 수 있는 것이다.

이 소설에 나타나는 가족의 비극의 근본적인 원인은 사내의 과거이다. 사내의 과거 행적은 자세히 언급되어 있지는 않다. 사내는 이미 호적상 죽은 몸이 되어 있다는 것, 대낮에 고향집에 오지 못할 정도로 숨어 지낼 수밖에 없는 처지라는 것 정도가 나타나 있을 뿐이다. 그 사내는 다른 곳에서 술집 여자와 살림을 차리고 살지만, 거의 폐인과 다름없이 지낸다. 소설 말미에 사내에게 악다구니를 내지르는 술집 여자의 '빨갱이 짓 하던 네 놈'이라는 말에서 우리는 좀 더 확연히 사내의 과거와 만나게 된다. 결국 사내의 비극은 우리 현대사를 관통하는 이념의 비극이 낳은 것이라는 사실을 알게 된다.

지난 시절, 남한에서 소위 빨갱이 짓 하다 집안을 풍비박산으로 만들어 버린 경우, 그 당사자의 행로는 한 마디로 '전락', '파멸'이라 할 것이다. 닫힌 사회에서 다른 생각을 지닌다는 것, 그리고 그것을 현실화하려고 시도한다는 것은 단연코 배제, 축출의 대상이기 때문이다. 배제, 축출의 구체적 모습은 한 사회에서 정상적인 인간으로 살아갈 수 없는 것으로 나타난다. 그리고 가족들 역시 사회 내에서 일반인들이 누릴 수 있는 기회와 권리 모두를 가질 수 없음을 의미한다. 그것은 징벌이다. 그 징벌은 본보기로서 작용하고 타인들에게 경계의 대상, 훌륭한 교훈이 된다. 그들은 한 사회에서 역병을 지닌, 격리되어야 할 존재들이다. 타인들은 그들을 지탄하고 소외시킴으로써 자신들이 이 사회에서 안정을 보장받을 수 있음을 감각적으로, 경험적으로 알고 있다. 정말 심각한 문제는 결국 이 땅에서 살아가는 사람들을 서로 적으로 만들어버린다는 데 닫힌 사회의 무서움이 있다는 사실이다. 노인의 죽음은 차치하고라도 소년의 어머니의 죽음, 그리고 사내의 비참한 죽음과 소년의 어둡고 고통스러운 삶은 닫힌 사회가 만든 황량한 인간관계의 산물이기 때문이다.

어디론가 가버린 소년의 형과 누나는 그 어디 사회의 어두운 그늘에서 세상과 사람에 대한 분노를 곱씹으며 고통스러운 삶을 이어나가고 있을지 아니면 스스로 이 세상과 결별을 고하고 말았을지 알 수 없다. 그러한 상상이 우리를 책임에서 벗어날 수 없게 만든다.

「비, 구름, 바람」은 「구겨진 필름」과 4년 정도의 시간차를 가지고 있는 작품이지만 그 모티브는 상당히 유사성을 보인다. 하지만 상대적으로 이후에 씌어진 것이라 그런지 좀 더 내밀하다. 주인공의 내력과 그가 겪어야만 했던 과거가 긴밀히 연결되어 나타나면서, 단순하게 상황의 힘겨움뿐만 아니라 한 인간으로서 감당해야 했던 심적 고통의 굽이굽이가 잘 드러나 있다.

'나'는 몇 십 년 만에 다시 땅끝 마을, 지난날의 아픔이 고스란히 되살아날 마을을 다시 찾는다. 호주로 이민 간 작은 누님이 죽기 전 남긴 편지에 담긴 어머니의 죽음에 대한 비밀을 듣고, 새삼 부모님의 무덤을 돌아보기 위해서이다.

어머니의 한 많은 인생, 자기 또한 힘겹게 헤쳐 나가야만 했던 인생의 질곡들이 새삼 고향이란 무엇인가, 나아가 시대와 인간들의 함수관계에 대한 마치 짙은 한숨과도 같은 질문이 작품 전반에 흐르고 있다.

'나'가 몇 십 년 만에 들른 고향의 시장터에서 떠올리는 추억은 어머니가 보신탕집 여편네와 한바탕 드잡이를 벌이던 장면이다. 그 장면에서도 그에게 선명히 남아있는 것은 '눈빛'이다. '비아냥거리는 눈빛, 핏발선 눈빛, 침을 삼키며 해해대는 초점, 멀거니 내려다보는 눈빛들…' 그 눈빛은 아마 '나'에게 있어서 어린 시절부터 지금까지 세상

이 자신에게 어떠하였는가를 단적으로 각인시키는 하나의 상징이라고
할 수 있을 것이다.

철저한 타인으로서의 자각을 불러일으키는 눈빛, 한 인물이 동네 사
람들로부터 철저하게 소외되고 있음을 보여주던 눈빛, 그 눈빛을 온 몸
으로 고스란히 감내하며 당하고만 있던 연약한 여인이 바로 자기의 어
머니였음을 확인하는 것은 어쩌면 공포였을 터이다. 그 공포는 자기의
어머니, 자기를 포함한 가족이 사람들로부터 동떨어져 있다는 사실, 자
기 가족이 배제와 축출의 대상이라는 사실을 확인시키는 바로 그 눈빛
에서 분명히 인식되는 것이다. 그에게 가장 먼저 떠오르는 어린 시절의
추억을 끄집어내는 첫 장면이 동네 사람들의 그 경계와 배제의 눈빛이
라는 사실은 참으로 의미심장하다. 그리고 동네 사람들 역시 한 곳에서
오래도록 뿌리를 내리고 살아온 사람들이 아니었다는 사실에서 그들의
멸시와 냉대, 배제와 축출의 눈빛은 우리 사회의 지난날, 사회의 주류,
다수의 동일자들에게서 튕겨나지 않고 어떻게든 편입, 소속되어 버팅기
며 살아가야 했던 우리네 민중들의 서글픈 자화상을 대하게 된다.

그 곳은 토박이가 별로 없는 타향받이들이 모여 이루어진 마을이었
다. 쭉 내리 살았던 가구들도 난리로 말미암아 뿔뿔이 흩어져 버렸다.
아직 전쟁의 상흔은 남아 있었지만, 어수선한 시절이 가라앉을 만하자
여기저기에서 내려온 사람들이 다시 자리를 잡기 시작했다. 섬으로 피
난했던 사람들은 다시 뭍으로 나오고 산 속에서 숨어 살던 이들은 질
펀한 평야에 씨를 뿌렸다. 또한 전혀 이곳과 연고가 없었던 이북 피난
민들까지도 배편으로 내려와 정착했던 것이다.

해방 이후 전쟁이 남긴 상처는 어떤 것이었을까? 그것을 한 마디로
정리해낼 수 있을까? 그 복잡다단한 상처들이 한 마디로 정리되는 순
간, 개인들은 또 다른 상처를 받을 수밖에 없지 않을까? 지난 날, 가장

큰 상처는 우리가 서로를 불신하고 배제하고 파괴시켜야만 했던 것, 그러나 그 상처들이 온전히 치유되지 못하고 또 다른 불신과 배제와 단절로 덮어버리려고 했던 그것이 아닐까? 이 나라의 체제가, 권력이 바로 그러한 단절을 획책했던 것, 그것은 분단이라는 단절을 이용한 권력의 통제 전략이기도 하였던 것이다. 해방 정국과 전쟁으로 인해 서로의 불신을 체험했고 생존을 위한 선택의 논리—배제해야 할 타자를 설정하고 그 타자를 철저히 축출함으로써 닫힌 사회에서의 기득권을 획득해나가는 과정—를 온 몸으로 체득해야 했던 민중들은 바로 자신들의 분노와 좌절과 상처를 다시 이용하는 권력에 의해 더욱 깊은 불신과 소외의 닫힌 사회에서 생존의 절박함에 매달려야만 했던 것이다.

그러할 때, 전쟁 직후 고향이라는 곳은 그러한 현실 체제 논리가 그대로 이루어지고 있는 현장에 다름 아니다. 전쟁은 이전의 모든 안정성을 파괴해 버렸다. 모든 것을 새롭게 이루어나가야 하는 시공간에서 가장 사람들에게 필요한 것은 혼자가 아니라는 믿음의 확보라고 할 수 있을 것이다. 그런데 그 믿음은 어디에서 생겨날 수 있는가. 모두가 이전의 터전에서 떨어져 나간 지금, 새로운 '우리'의 건설은 바로 '우리 아님'의 설정에서 비롯된다. 절대적인 기준이 없을 때는 상대적인 기준이 가장 빠르고도 효과적인 방안이 되는 것이다. '우리 아님'의 기준은 바로 밖에서부터 주어졌다. 즉 남한 권력이 만들어 놓은 '우리', 그것의 기준은 북한이 아닌 것, '우리 아님'의 '아님'이어야 한다는 것이었다.

토박이가 드물었던 동네, 이북 피난민들까지 흘러 들어와 새로운 마을을 이루며 살았던 곳에서 경계와 질시, 배척의 대상은 원래의 고향을 등지게 만들고, 가족을 잃게 만들고 언제라도 다시 정처 없이 헤매게 만들 수 있는 족속들이라 여겨지는 불온한 세력 혹은 그럴 여지가 있어 보이는 사람들이었다. 그들이 있음으로 해서 전쟁이 일어났고 고향을 버려야 했으며 생존의 절박함에 몸을 떨어야 했다고 믿는 것 그리하여 그들에게 다수 민중의 분노는 자연스레 모이게 되는 것이다. 그것을 통해 그들은 분노를 토하거나 삭이고 동시에 '우리'라는 동일화를 이루어내고 거기에 안도하며 안주하게 된다. 체험적 분노와 그를 이용한 권력의 체제 논리가 맞물려 '우리 아님'으로 낙인찍힌 사람은 이 사회의 주변적, 열등적 타자가 되어 소외되고 그것을 응분의 대가로 고스란히 감수할 수밖에 없게 된다. 모든 책임은 자기에게 있다. 그러기에 그들은 원한은 사무친다.

> 어머니가 사람들의 부축을 받아서 우리 집 대청마루에까지 와서 실신하였을 때, 내 눈에 어른거리는 것은 영감님이었다. 아버지라고 부르는 늙은이였다. 지팡이를 짚고 도수 높은 안경을 낀 힘없이 무기력한 노인이 한숨만 내지르고 있었다. 제 여편네는 물어뜯긴 개가 되어 돌아왔는데도 대청 앞에서만 어정거리고 있었다. 마누라보다 더 비참한 눈을 한 늙은 사내가 있었다.

머리가 산발이 되도록 뜯기면서도 큰 소리 못 지르고 그저 당하기만 하고 돌아온 어머니에게 늙은 아버지는 아무 도움을 줄 수 없는 무기력한 존재일 뿐이다. 어머니나 아버지, 모두 무기력할 수밖에 없는 이유 그것은 바로 외삼촌이 빨치산이었고 어머니가 부역자였다는 사실 때문이다.

어머니나 아버지가 그렇게 무기력하게 당하기만 할 수밖에 없었던 이유를 '나'는 자신이 세상 속으로 뛰어들었던 때, 그때서야 알게 된다. 그리고 그것이 어머니가 평생 혼자 책임을 져야만 했던 것이 아니라는 사실, 어머니는 그저 불쌍한 희생자였음을 알게 된 것은 그보다도 더 이후 다시 고향을 찾은 지금에서이다.

　　신원부적격자, 배후사상불온자, 그 생소한 낱말들이 내 낙방의 원인이었던
것은 훨씬 후에야 알게 되었다. 어머니 친정 때문이었다. 외삼촌과 외가 때문
이었다. 아니 어머니가 살아온 그 세상 때문이었고 내가 그녀의 자궁 밖으로
나오는 순간 벌써 나를 기다리고 있었던 세상의 음모 때문이었다. 나의 의지
와는 하등에 상관없는 그 굴레는 다시 내 자식들에게도 틀림없이 기다리고 있
을 터였다.

세상의 음모라는 깨달음은 그러나 바로 이어 벗을 수 없는 굴레라는
인식으로 전이된다. 음모를 만들어내는 세상은 너무나 단단하고 음모라
는 것을 알았다 한들 변하는 것은 아무 것도 없다. 오히려 알고 당하
는 무력함만이 더해질 뿐이다. 이러한 깨달음은 절망적이다. 부모님의
무덤을 돌아보고 내려오는 길의 '나'의 모습은 스산하기만 하다. 그에
게 있어 과거는 이미 지나간 것이 아니다. 어머니의 불행했던 삶, 자연
적 죽음을 앞에 두고서도 스스로 죽음을 택할 수밖에 없었던 어머니의
그 삶이 그저 자식으로서 느끼는 안타까움의 대상만이 되지 않음은 단
순히 자신의 젊은 날, 한때 겪어야 했던 사회에서의 차별과 냉대, 배척
의 기억 때문만은 아니다. 과거는 여전히 지속되고 있기 때문이다. 차
별과 배척과 그로 인한 힘겨운 일상은 현재형인 것이다.

　　더구나 이 어머니에게 이 고향이란 데는 얼마나 모질었던가. 가슴이 메어지
는 혹독한 아픔만을 안겨준 곳이 아닌가. 세상이, 시대가 그들을 아프게 하였
다고 말해버렸다. 거의 대부분의 사람들은 그 세상살이는 누구나 어쩔 수 없
이 그렇게 살아갈 수밖에 없었다고 말했다. 그 세상은 도대체 누가 만들었지?

세상과 인간에 대한 이러한 '나'의 놀랍고도 진지한 통찰조차 허공에
울리는 메아리의 울림, 그 이상의 힘을 지니고 있지 못하다. 젊은 날의
그 힘겨웠던 삶은 상처뿐인 영혼과 육신만을 남겨 놓았을 뿐이며, 나아

가 그 고통의 대물림까지 예견케 하고 있는 것이다.

지금 내가 혼자인 것처럼, 어머니도 영감탱이 아버지도 혼자일 것이다. 모
든 사람들은 계속 혼자 스러질 것이다.

'빅 브라더'가 움직이는 사회에 놓여 있는 개인의 무력함에 대한 깨
달음이 너무나 분명하게 보이는 부분이다. 이러한 깨달음이 이 소설의
말미에 놓여 있다는 것이 이 소설이 미학적으로 거두고 있는 미덕 중
의 하나이며 최성배의 소설이 힘겹게 읽히는 가장 큰 이유이기도 하다.
어쩌면 이 소설의 '나'나 어머니 같이 겉으로 확연히 드러나 있는 상처
를 지니고 있는 사람들은 말할 나위도 없거니와 이 땅에 그저 죽으나
사나 살 수밖에 없는 수많은 이들 모두 혼자 애쓰다 그렇게 혼자 무거
운 마지막 숨을 토할 밖에 없을 것이라는 인식은 완전한 무기력, 좌절
보다는 새로운 가능성의 깨달음으로 보인다. 자기만이 상처를 입으며
살아가고 있지는 않다는 인식, 그것은 다른 사람들의 속내에도 관심을
기울이기 시작함을 암시한다. '나'는 비록 배척과 소외를 당했지만 다
른 사람들 역시 외롭게 세상과 맞서다 스러질 뿐이라는 깨달음은 이해
와 포용의 가능성으로 보이고 있는 것이다. 이러한 생각들이 최성배로
하여금 보다 현실을 넓게 볼 수 있게 한 힘이었을 것이다.
　이것은 천성일 것이다. 당하기만 하면서도 다른 사람들의 아픈 속내
를 보는 사람, '그래, 너도 힘들고 외로워서 그러는 구나'라고 속 깊은
생각을 하는 사람. 그게 억지로 될 것인가. 엉뚱한 듯 싶지만 필자는
「비, 구름, 바람」 가운데에서 '나'의 어린 시절 추억의 한 토막, 어머니
와 함께 쌀을 꾸러 갔을 때 혼자 마당 한 귀퉁이에서 감꽃을 모으는
장면을 떠올린다. 그 장면은 어른들의 시름 많은 일상을 배경으로 한
채 너무나 가슴 아릿한 정서적 반응을 동반한다. 어머니가 쌀을 가지러

광 안쪽으로 들어가서 다시 나올 때까지 소설은 오로지 '나'가 이슬비 내리는 마당에서 감꽃을 줍는 장면으로 채워진다.

필자는 이 장면에서 「메밀꽃 필 무렵」의 눈이 시리게 아름다운 풍경 속에 숨겨 있던 삶의 진한 애환을 다시 본 느낌이었다. 삭막하고 힘겨운 일상을 이렇듯 가슴으로 깨닫게 하는 탁월한 능력은 작가 자신이 정말로 따뜻한 감성을 지니고 있음을 알게 한다. 그 감성이 결국은 '자기'라는 한계를 넘어서 타인들의 아픔을 보게 하였을 터이며 결국 서로 보듬어내야 할 '우리'들이 이 땅에 너무나 많이 외따로 흩어져 가슴앓이를 하고 있었음을 깨닫게 하였을 것이다. 무엇이 이들을 이다지도 망가뜨리고 상처입고 꺼지게 하였는가. 이제 이 질문은 보다 진지하게 탐색되어야 할 이유를 가지게 된 것이다.

2. 정체 혹은 하강 – '기분 나쁨'의 리얼리티

최성배의 소설은 기분 나쁘다. 읽는 내내 가슴이 답답하고 다 읽고 나면 그 답답함이 울화로 치민다. 인물들은 상처뿐인 과거에 질질 끌려 다니고 내세울 것 하나 없는 현재의 일상에서 허덕댄다. 최성배에게 포착되는 것은 그렇게 궁상스런 인생의 뒤안길이다. 그의 소설의 키워드는 그래서 정체 혹은 하강이다. 그 정체 혹은 하강은 그의 소설에서 독가스처럼 범위를 넓혀 간다. 그는 아예 작정을 한 모양이다. 앞 절에서 얘기했듯 그의 시각은 배타와 경계의 시각이 아니라 동질감과 포용의 시각으로 타인에게 확대된다. 여기서 중요한 점이 눈에 띄는데, 97년에 발표한 「몰래 카메라」와 「틀림없는 술」을 기점으로 소설적 변모가 이루어지고 있다는 사실이다.

그의 소설의 큰 축을 이루고 있는 것은 뚜렷하게 전면화되어 나타나고 있지는 않지만, 중요한 본질적 근거로써 작용하고 있는 분단 상황, 그로 인해 빚어진 이념의 문제, 권력의 부정적 지배 논리가 생산해낸 불신과 소외, 그리고 소시민들의 팍팍한 일상이라고 할 수 있을 것이다. 「몰래 카메라」와 「틀림없는 술」을 기점으로 그는 자신이 무엇을 어떻게 써야 할 것인가를 정한 듯이 보인다. 그리고 그것은 올바른 선택이라고 여겨진다.

앞 절에서 살펴 본 「구겨진 필름」과 「비, 구름, 바람」외에 「몰래 카메라」와 「틀림없는 술」이전에 발표된 소설은 「겨울 바람」(1991), 「잡소리 1985」(1992) 등이 있다. 이 소설들은 최성배의 '자기 소설'에 대한 방황을 보여준다. 특히 「잡소리」와 「몰래 카메라」는 안으로 쏠리던 작가의 시선이 밖으로 향하면서 자신의 눈에 포착된, 이제는 함께 해야 할 이 땅의 소시민들에 대한 애정이 당대 현실에 대한 분노와 맞물려 생산된 작품으로 보인다. 이것은 작가로서 역량을 확대시키고자 하는 그의 의도적 생산으로 보인다. 그의 자연스러운 내적 변화를 작품으로 일구어내고자 하는 생산적 발상의 구체적 표현이라고 할 수 있겠다.

오 헨리의 「20년 후」라는 단편을 연상하게 만드는 「겨울 바람」은 최성배 소설의 진면목을 보여주기에는 어정쩡한 작품이다. 그것은 단순히 소품이라는 형식적 열세에서 기인하는 것은 아니다. 소품이라는 것 자체가 열세의 전제일 수 없음은 당연한 것, 무엇보다도 소설에 깔려 있는 여러 장치들의 지나친 작위성이 작품 전체의 긴장감을 떨어뜨리고 결말을 맥 빠지게 만들어버린다. 운동권 수배자를 쫓는 기관원이 된 형 그리고 어릴 적 집을 나가 그 후 행방을 몰랐다가 바로 그 수배자가 되어 나타난 이복동생 점복이와의 해후는 한 편의 음울한 흑백 영화를 떠올리게 하지만 그 이상 가슴에 쟁여지는 것은 그렇게 많지 않다.

특히 그가 처음 연극을 보러 가는 장면은 충분히 개연성이 있음에도 불구하고 그 개연성을 작가 스스로 무시함으로써 오히려 작위적이라는 혐의를 덮어쓰는 꼴이 되고 만다.

이 소설에서 중요한 것은 기관원과 수배자라는 엇갈린 상황의 대비 그 자체라기보다는 엇갈린 형제의 동일성, 결국 둘 모두 부조리한 사회의 희생자라는 인식 그러한 깨달음이 훨씬 중요한 본질이라 여겨지는데, 그러한 판단조차 확신이 서지 않는다. 좀 더 작가는 무게중심을 확고히 했어야 했다. 그 중심은 어쩌면 이 사회의 기득권자 혹은 정의의 수호자라고 여겨졌던 형과 반정부적이며 반체제적인 이복동생 모두 커다란 권력의 체제 논리 속에서 조작되고 배척당하면서 인간적 삶을 박탈당한 희생자였음을 분명히 드러내는 것일 터이다. 이 소설 전반에 흐르는 기관원인 형의 일상이 보이는 그 음울함, 수배자인 동생의 그늘 속에 감춰진 삶의 힘겨움이 더욱 뚜렷하게 부각이 되었어야 했다.

「잡소리 1985」와 「몰래 카메라」는 외부로 향하는 작가의 관심이 보다 다양한 삶의 모습들을 포착해내고자 하는 작가의 의욕이 표면화되어 있는 작품들이다. 「겨울 바람」보다는 덜 음울하며 더 생생하다. 이 두 작품은 작가의 관심이 바야흐로 어떻게 확대되어 나갈 것인가를 보여주는 면에서 최성배의 소설 여정에서 의미 있는 작품들이라고 할 수 있을 것이다.

그러나 이 두 작품 역시 소설적 미학의 측면에서 볼 때 그리 성공하고 있지는 못하다. 충분히 여물지 못한 풋과일의 텁텁함이 혀끝에 싸하게 느껴지는 듯하다. 최성배의 소설을 찬찬히 보면 상당히 상황의 미학을 추구하고 있는 듯하다. 등장인물들은 많지 않고 그들의 관계는 표면적으로는 너무나 단순하다. 많은 것들은 숨겨져 있으며 행동이나 대화에서조차 잘 드러나지 않는다. 그들은 마치 정해진 무대 위에서 움직이는 배우들과도 같다. 「겨울 바람」이나 「잡소리 1985」, 「몰래 카메라」 같은 작품은 특히 연극적이다. 「잡소리 1985」의 소설적 공간은 도시 변두리 보신탕집으로 제한되어 있고 「몰래 카메라」의 공간 역시 그렇게 넓지 않다. 제한된 공간에서 인물들의 제한된 대화와 행동을 통해 부분적으로 군사정권 상황을 드러낸다. 그러한 소설적 방식은 현장감을 높이는 효과를 가져오기도 하지만 인물들의 대화나 행동이 그 인물의 정체성에 충분히 녹아들어 있지 않으면 정체불명의 익명의 인물들의 단순한 나열에 그칠 공산이 크다. 「잡소리 1985」에 나오는 네 명의 남자와 보신탕집 여주인의 캐릭터는 살아 움직이지 못하고 그들이 풀어놓는 삶의 내력들은 그 누가 아니라도 상관없는 평이한 넋두리에 머물고 있다. 기실 작가가 '잡소리'라고 능청을 떨어도 그들의 푸념들이 그저 잡소리만은 진정 아닐진대, 그것이 독자들에게 받아들여지기에는 힘이 떨어진다.

그러한 약점은 「몰래 카메라」 역시 갖고 있다. 곤충(바퀴벌레인 듯한)의 눈에 포착된 지하상가 사람들의 속내, 그리고 우연히 보게 된 사람들의 치부는 그러나 「잡소리 1985」에 비해 장황하지 않으면서도 익명의 도시에서 허물어져 가는 소시민들의 일상을 상징적으로 보여준다. 오히려 제목이 그러한 상징성을 스스로 약화시키고 있는 것은 아닌가 하는 생각이 든다.

현대 사회에서 '몰래 카메라'는 표피적이다. 거기에는 이해와 포용이 없다. 거리감만이 존재하며 왜곡된 관음증의 폭력적 시선만이 존재한다. 하지만 「몰래 카메라」의 시선은 단순히 '보여주기'에만 그치고 있지 않다. 그러나 제목이 '몰래 카메라'인 이유는 작가가 스스로 관심과 공감 이상으로 나아가지 못하고 있기 때문이다. 사물과 인간에 대한 작가의 관심은 소설적 대상을 포착하게 만들지만 그 관심이 '왜' 그리고

‘어떻게’라는 문제의식과 어우러져 명확하게 자리매김 되지 않는 한, 독자에게는 단순히 ‘몰래 카메라’를 보는 행위 그 이상의 의미로 다가오기 어렵다. 작가 스스로 자신의 한계를 알고 있었던 것일까?

그러나 그렇지는 않다. 제목의 한계를 내용은 넘어서고 있기 때문이다.

> (그러나)인간들을 보면, 막연한 삶의 행위에 관한 한계의 벽에 부딪치면 신음소리 같은 게 새어 나옵니다. 내가 보기엔 다들 비슷하게 살아가는데, 유독 자신만이 모든 불행을 다 당한 것처럼 다독거리는 이중성을 내포하고 있습니다. 똑같은 길이와 부피를 지닌 시간조차 느끼기에 따라 다를 텐데 말입니다. 불행에 있어서 불특정 다수의 사람들은 우선 내가 아니기를 바라는 것 같습니다. 그리하여 아슬아슬한 턱걸이의 선에서 안도의 한숨을 쉴 겁니다. 대강의 사람들은 늘 그럴 것입니다. 자신은 그물 밖에 있다고, 그물의 안과 밖 모두가 물 속에 있다는 사실을 잊어버린 채.

곤충이 보여주는 이러한 인식은 앞서 살펴보았던 작품들에서 보이지 않던 확연히 진전된 작가의식을 보여준다. 자신만이 그물 밖에 있다는 생각, 그것은 당대 사회의 기득권 보지에 관한 권력의 동일화 과정이 빚은 자기 환상이요, 체제 유지의 방어선을 구축하는 이데올로기가 될 것이다. 탈주의 시작은 ‘그물의 안과 밖 모두가 물 속에 있다는 사실’을 깨닫는 데서부터 시작한다. 즉자적 ‘나’에서 대자적 ‘우리’로 확대되는 인식은 그물이 아니라 물을 보게 만드는 것이다. 그리고 그러한 인식은 ‘내가 아니기를 바라는’ 수동적이며 소극적인 상태에서 벗어나 스스로 지금과는 다른 상태를 주체적으로 만들어나가는 것으로 확대된다.

이러한 인식은 작가 스스로에게도 시선의 확대를 가져온 듯 하다. 안으로 집중되던 시선이 「몰래 카메라」 같은 우회로를 거쳐 안으로의 시선과 새로이 보게 된 그리고 획득하게 된 밖으로 향하는 시선이 결합하면서 최성배만의 소설적 영역을 구축해 나가는 작품들이 90년대 후반부터 가장 최근에 씌어진 미발표 중편 「발기에 관한 마지막 질문」
이라고 할 수 있다. 이러한 작품들은 최성배 자신의 체험적 영역과 동
시대 타인, 즉 '대강의 사람들'에 대한 연대의식에 기초한 연민과 공감
이 한데 어울려 이 시대 소설의 새로운 린얼리티를 이루어내고 있다.

3. 탈주의 이유 그리고 그의 방식

「틀림없는 술」(1997), 「혼자 사는 사람들」(1999), 「소주 한 잔을 위
한 기억」(2000) 그리고 「발기에 관한 마지막 질문」(2001)은 최성배 개
인의 체험적 영역이 동시대 소시민들에 대한 연대의식으로 확장되면서
새로운 최성배 소설의 성취를 보여주는 작품들이다.

이 작품들은 뚜렷한 공통성을 지니고 있다. 그것은 주인공이 지니고
있는 내력이다. 이 작품들의 서사적 주동인물은 국가 기관에서 일했던
전력이 있거나 현재 경비원이라는 직업을 갖고 있다. 이전의 작품들에
서도 이러한 전력을 지닌 인물이 주인공으로 나오는 작품들이 있었다.
그러나 그 경우에 대개는 그의 과거와 그 과거에 이어진 현재의 자기
정체성에 관한 질문이 주된 서사적 내용을 이루고 있었다. 즉 '내가 누
구인가. 지금 이렇게 있는 나는 어디서 어떻게 왔으며 무엇인가'라는
질문이 과거의 힘겨운 반추에 의해 이루어지고 있었다. 거기에는 한국
현대사의 질곡이 황량한 황무지처럼 깔려 있으며 그 황무지에서 척박
한 삶을 일구어온 인물의 절망과 좌절이 있었다. 한 개인의 슬픈 가족
사, 권력과 체제의 논리에 의해 억압되고 소외되어 온 인물의 과거만이
도드라져 있었다.

1990년대 후반에 들어 발표된 그의 일련의 소설들에는 그러한 '과

거'에 초점이 맞추어져 있지 않고 '현재'에 중심이 놓여 있다. 이런 소설적 전략은 작가의 관심이 지금 여기로 맞추어져 있다는 현상학적 사실 너머에 있는 새로운 작가의 힘을 느끼게 한다.

한 특정인의 삶―그것이 비록 우리가 살고 있는 이 체제의 속성이 빚은 부조리한 것이었다 하더라도―의 속내를 들여다보게 함으로써 연민, 어쩌면 공범의식에서 오는 일종의 죄책감을 우리들 모두에게 감당하게 했던 이전의 소설들 역시 그러한 강점을 지니고 있었지만 거기에는 엄연히 거리가 존재하고 있었음을 부인할 수는 없었다. 우리에게는 현재적 과업이 주어져야 한다. 그것이 작가가 독자에게 안겨주어야 할 진정한 부담이다.

「틀림없는 술」 이후 발표된 소설들은 작가가 우리에게 단지 안겨주기만 해서 우리로 하여금 답답한 체증에 걸리게 했던 문제를 현재와 연결지음으로써 체증의 원인이었던 거리를 스스로 없애고 있다. 이제 '그들'은 '우리'로 지금 눈 앞에 서 있다.

필자는 솔직히 최성배 작가의 개인적 내력은 잘 알지 못한다. 그러한 정보가 긴요하다거나 혹은 전혀 불필요하다거나 하는, 그 어느 쪽에도 필자는 서 있지 않다. 하지만 「틀림없는 술」 이후 소설들을 보면 공통의 근저를 발견하게 되는데, 거기에서 작가의 개인적 체험의 자장을 짐작할 수 있지 않을까 싶다.

이제 소설적 인물은 지나간 체제의 희생양이 아니라 오히려 체제에 편승한 기득권자로서의 과거를 지닌 인물이다. 체제의 희생양이었던 인물과 권력 집행의 하수인으로서의 인물 사이에 놓인 그 엄청난 거리의 하찮음이 최성배 소설이 거두고 있는 주요한 성과라고 할 수 있다. 그 거리를 하찮게 하는 것이 바로 권력 집행의 기능인, 체제논리의 집행자였던 인물의 '현재'이다.

그들은 군 정보요원 혹은 국가정보 기관원이었던 전력을 가지고 있으나 현재는 파산했거나 경비원으로 일상을 꾸려 나간다.「틀림없는 술」의 사내는 군 정보요원 출신이나 지금은 아무 것도 가진 것이 없다. 아내는 사내를 파산시키고는 미국으로 도망가 버렸고, 그 뒤처리 탓에 남은 것이 없어져 버린 사내는 결국 아이들을 미국 아내에게 보내기로 결정한다. 그는 이제 이 한국 사회에 홀로 버려진 것이다. 일도 가정도 그리고 삶의 의미조차도 그에게 남은 것은 없어 보인다. 이러한 절망적인 상황은 다른 소설의 인물들에게도 마찬가지다.「혼자 사는 사람들」의 '나'는 현재 경비원으로 근무하고 있다. 아내와는 이혼한 상태고 그역시 남은 것은 힘들게 꾸려가야 할 남은 인생뿐이다. 경비원인 '나'가 취직자리를 알아봐야 할 정도로 가진 것 없기는 마찬가지인 32살의 조카 역시 되는 것은 아무 것도 없다. 기한 없는 공무원 시험만이 그의 일상을 지탱시키는 이유이다.

이제 그의 인물들은 지리멸렬한 현실 앞에 너무나 무력하다. 상처뿐인 과거의 늪에서 이제는 벗어나고자 허덕대는 인물들이 아니라 밑바닥으로 굴러 떨어져 모든 것을 잃어버려 다시 존재의 이유를 스스로 찾아 헤매는 인물들이다. 그들에게 새로운 삶의 이유는 찾아질 수 있을까? 그 방법은 어디에 있는 것일까. 문제의 핵심은 바로 거기에 있다. 그것을 작가는 찾아냈는가? 지금 찾고 있는 중인가? 그는 지금 그런 듯 하다. 그것도 열심히.

> 그랬다. 모든 일은 늪에 빠지는 것처럼 천천히 잘못되었을 것이다. 우리들이 택한 민족과 국가와 국민이라는 말의 명분, 시간이 지나면서 점점 우리들에게 걸맞게 맞추어 나갔으리라
>
> —「소주 한 잔을 위한 기억」

　　사실 지나간 몇 년 동안 자신이 마지못해 했던 일이라도 그것은 공무원으로서 행했던 것이다. 따라서 조직에 대한 충성은 조국에 대한 충성이었고 뭇 국민에 대한 헌신적 희생이라고 여겼던 터이다. (중략―필자) 통치자는 국민의 대표이므로 그의 수족 노릇 역시 국민에게 절대 봉사인가? 거기까지 생각이 오면 언제나 바람벽이 있었다.
―「발기에 관한 마지막 질문」

　그들이 권력의 라인에서 물러날 수밖에 없었던 이유는 무엇인가. 그것은 변하지 않는 진리라는 것이 있다고 믿었던, 그 진리가 항상 권력의 편에 있다는 생각이 착각이었음을 깨달았기 때문이다. 그것은 정확히 말해 자기 자신의 허위의식을 스스로 발견하고 그것을 인정하는 것이다. '민족과 국가와 국민이라는 말의 명분'이 '늪에 빠지는 것처럼 천천히' 그렇게 잘못되었던 것은 애초에 권력이 내세운 명분이 권력만을 위한 것이었기 때문이고 권력이 내세운 명분을 하나의 사명처럼 믿었던 순수한 열정이 현실 앞에서 배신당할 수밖에 없음을 그대로 받아들이며 무기력한 권력의 하수인으로서 일상을 유지해왔기 때문이다. 그들이 그러한 무기력한 일상에서 탈주하지 못한 것은 이 일상이 지니고 있는 권력의 단맛에 길들여져 있었기 때문이다. 그것은 정착민의 오랜 습관이기도 하다. 황량한 벌판을 가로지르며 새로운 개척지를 찾아 헤매는 유랑민, 유목민의 순수와 열정을 다시 찾기에는 지난한 어려움이 마치 쏟아지는 폭풍우처럼 끈적이는 습기처럼 목 타게 만드는 열기처럼 온 몸을 조일 것이다. 탈주가 어려운 이유는 바로 그것이다. 우선은 살아야 하기 때문이다.

　그러나 마침내 그들은 탈주를 감행하였다. 그들이 믿고 있었던 명분이 권력에 의해 그리고 그 권력의 단고물을 먹고 있었던 자신에 의해 정작 그들이 처음 믿었던 '민족과 국가와 국민'이라는 명분이 왜곡되고 훼손되는 상황을 깨닫게 되면서 그들은 탈주를 시도한다. 「소주 한 잔을 위한 기억」의 '나'는 수배자를 놓친 책임을 혼자 짊어지고 군 정보기관에서 나온다. '서로 살 길 찾자고 눈치만 실실 보는 그들에게 정나미가 떨어질 대로 떨어'졌기 때문이다. 「발기에 관한 마지막 질문」의 '그'가 국가정보 기관원을 그만 두게 된 상황은 단순히 사명감을 상실하고 권력의 하수인으로서 기득권 유지에 급급한 동료들의 치졸한 처세 때문만은 아니다. 그것은 훨씬 문제적이다.

「발기에 관한 마지막 질문」은 중편이라는 단지 양적인 차원에서만은 아닌, 문제를 파고드는 작가정신이 다른 단편들에서보다 훨씬 진중한 작품이다. 그의 단편들은 이야기들이 행간에 깊숙이 깔려 있음에도 그것을 제대로 드러내고 있지 못하다. 당시 현역 장교의 신분으로서 발표에 따른 문제가 있었는지는 모르나 이것은 총체적인 아쉬움이다. 어쩌면 최성배의 숨은 역량은 아직 발현되지 못하고 있는 게 아닌가 하는 판단을 가능케 하는 대목이다. 이러한 판단은 작가에게 있어 여러 가지 의미를 지닌다. 그것은 엄격히 말해 발표작들에 대해 작가에게 우리가 안기는 부담감이 될 것이고 반면 작가에게 거는 우리의 기대감이 되기도 할 것이다. 기대감이란 발표작들이 가지고 있는 그 행간의 많은 이야기들 때문이다. 그 이야기들을 작가가 좀 더 진핍하게 탄탄한 올과 결로 엮어 낸다면 우리는 참으로 이 시대에 필요한 그리고 우리 스스로를 냉정하게 되돌아보게 만드는 힘을 지닌 소설들을 만나게 될 것이다.

「발기에 관한 마지막 질문」의 '그'는 국가정보기관의 기관원으로서 수배자를 쫓아 검거하는 임무를 주로 했다. 최영수라는 운동권 수배자를 강원도 탄광에서 잡아와 그를 취조하는 도중, 그는 다른 기관원들이 최영수에게 인간적 모욕을 가하는 장면을 목격하게 되고 그것을 저지하게 된다. 결국 최영수는 스스로 목을 매달아 자살하는데 그 사건의 책임을 지고 그는 파면을 당하게 된다. 다른 기관원들은 잠시의 좌천을 거친 후 바로 복귀하고 권력의 하수인으로서 오히려 더 탄탄대로를 걷게 되었으나 그는 '수사에 혼선을 주었고, 상급자의 명령에 불복종했다는 이유'로 파면을 당하고 말았던 것이다.

파면 이후 그에게 남은 것은 아무 것도 없다. 그는 현재 경비원으로서 생활을 이어 나가고 있지만 아무런 의욕도 희망도 남아 있지 않다. 그가 파면 당하자 기다렸다는 듯 아내는 이혼을 요구하는데 이미 그때 아내에게는 다른 남자가 있었다. 세상은 그를 철저히 기만하고 있었던 것이다. 동료 기관원의 비인간적 폭력행위에 대한 반발이 그를 파면으로 몰아간 직접적 이유인데 그의 반발에는 적극적인 탈주의 욕망이 내재해 있었다고 볼 수 있다.

그러나 「소주 한 잔을 위한 기억」의 '사표를 던져버린 그때의 명쾌함은 영원히 나를 떠났는지'라고 되뇌이는 '그'처럼 「발기에 관한 마지막 질문」의 '그' 역시 탈주의 의미를 '현재'의 시공간에서 명확히 찾아내지 못하고 있다. 그것은 안타까운 일이지만 엄연한 사실이기도 하다.

> 이상하게도 그의 물건은 꾸깃꾸깃한 종이 마냥 시들어졌다. 욕망을 채근하면 할수록, 그의 의도가 확고하게 되풀이되면 될수록, 오이와 가지 같은 것은 쭈그러들고 굴복하려 들었다. 무기력함이 낭패스러움과 함께 번졌다.
> ─「발기에 관한 마지막 질문」

이 같은 상황은 그의 절망의 극단을 보여준다. 이 시점에서 그것을 단지 남성 우월주의적 사회구조에서 비롯된 성기 중심주의의 일단에서 파생된 상징이라고 보아 넘기는 것은 참으로 난센스일 것이다. 하지만 이 소설에서 '발기'가 중요한 상징을 이루고 있으며 소설의 전체 내용을 아우르는 제목으로 자리 잡고 있음에 대해 질문을 할 필요는 있다.

인간 생명의 순환 과정에서 자연스레 찾아오는(자연스러움의 기준 역시 이제는 모호해지고 오히려 부정되고 극복되어야 할 것으로 인식되는 측면도 있지만 말이다)현상이 아니라, 정치적이고 사회적인 관계 속에서 다가오는 부작용으로서의 발기 부전은 한 인간의 극단적 소외감과 무력감을 보여주는 데 있어서 분명히 효과적이라 할 수 있다. 단지 그러한 사실 때문에 그가 자살을 택한 것은 아니라는 점에 주목할 필요가 있다.

「틀림없는 술」을 비롯, 「혼자 사는 사람들」, 「소주 한 잔을 위한 기억」, 중편 「발기에 관한 마지막 질문」에 이르기까지 인물들의 현재는 한마디로 나쁘다. 파산과 이혼, 남은 것은 과거에 대한 풀리지 않는 질문과 현재의 생활에 대한 무기력함과 낭패스러움뿐이다. 결국 그들이 택할 수 있는 길은 세상을 스스로 포기하는 것, 자살뿐이다. 과연 그래야만 하는가. 우리는 마지막으로 이 질문을 스스로 가슴에 품을 수밖에 없을 듯하다. 답은 아직 보류상태다. 쉽게 답을 내리기에는 그의 선택이 너무나 현실적이고 우리 자신도 그 선택을 말릴 수 있는 대안을 현재 가지고 있지 못하기 때문이다.

단지 그래야만 하는가라는 질문을 가슴 한 구석에 품음과 동시에 안타까운 마음이 드는 것은 그들의 '탈주'가 가져온 결과에 대해 그들이 갖고 있는 태도 때문이다.

> 추측이 확신으로 변하는 이념에는 폭력이 뒤따르기 마련이었다.
> ―「발기에 관한 마지막 질문」

이러한 놀라운 판단은 그들의 탈주의 결과가 완전히 이 세상에서 소외되는 것이 아닐 수도 있지 않겠는가 하는 생각을 갖게 한다. 여기서 정리를 해보자. 그가 결국 자살을 선택할 수밖에 없었던 이유는 무엇 때문인가. 자신의 과거에 대한 스스로의 참회 때문인가. 자신이 몸과 마음을 다 바쳤던 곳이 그저 자신을 하나의 소모품, 나사로서만 이용하고 있었음을 발견한 데서 오는 자괴감, 절망감 때문인가. 그도 아니면 기득권을 상실해버리고 밑바닥 인생으로 전락한 현실을 견딜 수 없었기 때문인가. 국가와 민족에 대해, 기관에 대해 스스로 유연하지 못한, 경직된 확신을 가졌던 것은 아닌가. 그렇게 되도록 그가 길들여졌다면 그렇지만 채 길들여지지 못했던 숨겨진 야성이 그를 그 경직된 울타리에서 탈주하도록 하였다면 그 모든 것, 자신과 자신이 몸담았던 기관과 확신으로 변한 폭력적 이념과 그에 휘둘리는 세상이 모두 엄정한 비판의 도마 위에 올랐어야 할 것이다.

소설에 있어 우리가 경계해야 할 것 중의 하나가 실재와 당위의 문제일 것이다. 그렇다는 것과 그렇게 되어야 한다라는 두 가지 축은 우리를 곤혹스럽게 할 경우가 많은데 최성배의 소설을 읽을 때 역시 우리는 그러한 곤혹스러움을 맛본다. 그것은 우리에게 참으로 힘겨운 짐임에 틀림없다. 실제는 그러한데 그렇다면 당위는 어떻게 이루어질 수 있는가. 최성배 역시 이러한 문제에 심히 봉착해 있다고 생각된다. 그런데 그는 그러한 곤란한 질문을 포기할 것 같지는 않다. 지금까지 그랬고 앞으로도 그럴 것이다. 그는 그것을 자기 문학의 관건으로 여길 것이다. 해서 우리는 좀 더 지켜볼 수밖에. 다음 소설집이 세상에 나올 때, 우리는 여러 가지 것들을 확인할 수 있을 것이다. 그것은 분명히 기대 이상일 터이다.

'겨울 저편'을 가로질러 '작은 새'여, 너의 노래를 불러라

— 한정배 소설집 『너의 노래를 불러라』 —

1. 세상에 고통은 너무나 많다.

한정배의 소설에는 너무나 많은 고통이 넘실거린다. 그건 이 세상에 넘실대는 고통을 그냥 외면할 수 없다는 작가의 착한 심성에 기인하는 듯 하다. 한정배 소설집을 찬찬히 읽으면서 필자의 가슴에 와 닿았던 느낌은 슬픔이었다. 그는 세상에 넘쳐나는, 무자비하게 공격적이며 파괴적이고 냉정한 고통을 너무나 직설적으로 우리에게 들이민다. 그런 그의 잔인함이 그의 소설의 힘이다. 그 잔인함이 진정 힘이 될 수 있는 것은 그 잔인함 속에 커다란 슬픔, 인생을 돌아보고, 함께 인간으로서 살아가는 이 땅의 사람들의 고통을 깊숙이 들여다보는 가운데 우러 나오는 슬픔이 고스란히 담겨 있기 때문이다. 그는 우리에게 나약하고 순수한 영혼들의 고통을 흉기로 우리에게 들이밀려고 하는 것이 아니다. 그저 그 고통을 깊숙이 들여다본 자로서의 슬픔을 속으로 혼자 삭이기에 버거울 뿐이고, 그 슬픔을 토해내는 가운데 고통 받는 자들에 대한, 우리들 상처 입은 영혼에 위로를 하고 싶을 뿐이다. 연민과 위로, 그것은 거리를 수반하는 감정일 지도 모르기에 조심스러워야 한다. 한

정배 소설에 담겨 있는 연민과 위로엔 딱한 눈을 한 거리감은 존재하지 않는다. 그의 소설이 거부할 수 없는 부드러운 힘으로 다가오는 것은 그 때문이다. 이 작품집에서 뚜렷하게 드러나는 작가의 소설적 특성이 잘 살아나 감동을 주는 몇 몇 작품들을 살펴봄으로써 고통은 어디에서 오는 것이며 무엇으로 치유될 수 있는가 라는 작가의 진실하면서도 간곡한 호소에 귀 기울여 보고자 한다.

2. 죽음이 불러온 삶에의 의지

「가을 매미」의 영호는 자살을 하려 한다. 삶이 권태롭기 때문이다. 이렇게 말하면 영호라는 인물은 참으로 한심한 인물로 보일지도 모르겠다. 그러나 그의 삶에 대한 권태는 삶을 치열하게 살아온, 이 세상 속에서 혼자 존재이유를 찾으려고 무던히도 애썼던 사람만이 공감할 수 있는 권태로움이다.

자신의 출생에 대해 전혀 아무 것도 모른 채 고아원에서 자라난 영호에게 삶은 기억할 수 있는 처음부터 외로움이었다. 그러한 외로움은 순수하게 좋아하던 같은 고아원에서 만난 상미로 인해 치유될 듯 하지만 상미마저 병으로 저 세상으로 가버리자 그의 고독은 그의 삶 자체가 되어버리고 만다. 애초부터 내성적이고 고아라는 자신의 처지로 인해 스스로 외부와 담을 쌓고 외톨이로 지내던 영호에게 상미는 유일하게 마음을 나눌 수 있는 대상이었다. 그런 상미의 죽음은 그에게 커다란 상처가 되어 남는다.

홀로 이 세상에 살아남기 위해 그는 세상과 진정한 소통을 포기한 채 세상과 고독하게 맞서며 살아왔다. 고아원에서의 어린 시절, 고학으로 점철된 대학시절과 힘겨운 취업에 이르기까지 그의 삶은 힘겨운 세상과의 싸움, 삶에 대한 열정이 이루어낸 성공이라고 할 수 있으나, 그건 목표 없는 돌진, 의미 없는 생존에 불과했다. 진정 그가 바란 것은 그 자신도 깨닫지 못했던 것, 바로 인간다운 삶, 사랑이었기 때문이다.

그가 지금 인생의 한 고비를 넘겼다고 느낀 순간 삶의 허망함과 일상의 권태로움 속에 무기력하게 젖어들어 자살을 결심하게 된 것은 지금까지 자신의 삶의 목표라고 여겼던 것이 너무나 허망한 신기루 같은 것이었음을 온 몸으로 느꼈기 때문이다. 느낌이란 인식보다 더 절실한 법이다.

> 이제 모든 것이 영호의 뜻대로 이루어졌다. 그런데 느닷없이 찾아온 공허함은 무엇 때문인가. 모든 것이 허탈하고 허망할 뿐이었다. 자신이 이 곳에 도달하려고 그 고난을 인내하며 지내왔단 말인가. 그리고 이제 어쩌자는 말인가. 원장의 말대로 고등학교를 졸업하고 취직을 하는 것이나 무엇이 다르다는 말인가. 다음 목표는. 그리고 그것이 이루어진다면 또 다른 목표를 세울 것이다. 그리고 그 뒤엔. 또 그 뒤에 이어서 그림자처럼 붙어올 커다란 구멍을 메울 자신이 없다.
>
> —「가을 매미」, 『너의 노래를 불러라』, 한정배 소설집, 이소북,
> 2003, 225쪽, 이하 쪽수만 기재

그저 한 몸 이 세상에서 살기 위하여 앞 만 보며 고독하게 살아온 영호에게 직장생활이 주는 안정이란 단조로운 반복일 뿐이고, 그것은 목표를 상실한 권태로움으로 인식되는 것이다. 애초에 '함께' 사는 의미를 알지 못했던, 유일하게 그 의미를 느끼게 해주었던 상미마저 잃어버린 영호에게 삶의 안정은 앞만 보고 달려오느라 애써 외면했던 외로움을 뼈저리게 느끼게 한 것이다. 삶에 대해 허망을 느낀 영호에게 더 이상 삶은 의미가 없다. 그래서 그는 자살을 선택한 것이다.

그런 그에게 느닷없이 확실한 죽음의 경고가 내려진다. 우연히 받은

신체검사 결과, 식도암 판정을 받게 되는 것이다. 자신의 의지로 죽음을 맞이하려 했던 그에게 자신의 의지를 벗어난 신의 경고를 받게 되는 것이다. 그것은 영호에게 새로운 사실을 일깨워준다. 자신이 삶에 대해 전혀 아무런 미련이 남아 있지 않았다고 생각했던 것이 잘못이었음을. 자신의 마음 깊숙한 곳에 다른 사람들과 마찬가지의 삶에 대한 의욕이 남아 있었음을 깨닫게 되는 것이다. 자신의 의지와 상관없이 죽음조차도 결정될 수 있음을 알았을 때, '가을의 맑은 햇살'은 온 세상에 따뜻하게 내리비치고 있음을 알게 되고 거기엔 '생명이 찬란히 빛나고' 있음을 보게 되는 것이다. 그러한 영호 내면의 변화를 극적으로 이끌어내는 대상이 바로 가을 매미이다. '자연순리에 어긋나게 태어나서 제대로 날지도 울지도 못하는 매미'를 보면서 '바람 앞에서 불꽃을 지키려고 온몸으로 버티는 촛불처럼 가는 생명에서 나오는 경이로움'을 본다. 그 모습 앞에서 영호는 자신에게도 삶의 의미가 분명히 있을 것이라는 자각을 하게 된다. 그때 갑자기 느껴지는 식욕, 식욕을 느낀다는 것만큼 삶에 대한 의지가 분명하게 드러나는 것이 또 있을까? 영호에게 암은 오히려 삶에 대해 새로운 자각을 하게 만드는 계기가 되고 있으며, 가을 매미는 그것을 더욱 분명히 인식하게 만드는 결정적인 요인이 된다. 초기의 식도암은 지금까지 살아오면서 그 누구에게도 사랑을 받지 못해 고독 속에서 헤매야했던 영호에게 하늘이 준 최고의 선물이 아닐까. 그 선물의 가치를 가을 매미를 통해 드러내 보이는 것 역시 하늘의 뜻일 터이다. 삶이란 소중한 것, 영호는 이제 스스로 다른 이들에게 사랑을 먼저 줄 수 있는 인간이 될 것이다. 삶이란 소중한 것이고, 사랑은 줄 때 받을 수 있는 것이라는, 결코 버리고 싶지 않은 진리, 믿음을 작가는 영호를 통해 우리에게 다시금 일깨운다.

가을 매미는 그렇게 그 어떤 여름 매미들도 하지 못한 소중하고 가치 있는 일을 한다. 가을 매미 역시 삶의 이유는 있었던 셈이다.

잘못 태어나 제 철을 못살고 스러져가는 가을 매미가 영호에게 삶의 의미를 일깨우듯이, 「바람 까마귀」에서 바람 까마귀는 가은에게 진정한 삶의 의미를 일깨워 순수한 예술의 길을 보여준다. 여기서 우리는 「가을 매미」의 영호와 가은이가 같은 고통을 받고 있었던 것이었음을 알게 된다. 그 고통은 무늬는 다를지라도 욕심이라는 씨줄과 아집이라는 날줄로 이어져 있다. 영호에게 그러한 고통은 버림받은 인간으로서 받아들여야 했던 세상의 냉정함에서 비롯된 것으로 영호 스스로 불러낸 것은 아니었지만, 영호의 고독 속에서 자라난 세상에 대한 울분과 냉소가 분명 거름이 된 것은 분명하다. 그로부터 영호는 고통을 먹고 자라난 셈이었다. 영호에게 고독은 세상과의 소통에 대한 거부로 나타났고, 급기야 진정한 사랑을 통한 소통을 희망하는 자신의 내면조차 스스로 돌아보지 못하게 하였던 것. 소통에 대한 거부와 포기는 이제 삶에 대한 아집으로 나타났고, 그 아집이 대상을 잃었을 때 영호는 자살을 택하게 되었던 것이다. 영호가 암을 선고받으며 자신의 아집에서 깨었을 때 세상은 영호에게 손을 내미는 것처럼 보였지만 사실은 영호가 세상에 손을 내밀었던 것이다. 세상의 훈훈한 온기 속으로 자신을 이제 맡기고자 하였던 것이다.

가은 역시 마찬가지다. 그녀는 춤으로 최고를 이루고자 한다. 그래서 그 누구보다 더 노력을 한다. 하지만 '빈사의 백조'를 출 발레리나 발탁과정에서 그녀는 번번이 선생으로부터 '안되겠다'는 말을 들으며 좌절한다. 아무리 연습을 하고 노력을 해도 그 마지막 백조가 고통스럽게 죽어가는 모습을 제대로 표현해내지 못한다.

'일인자가 되어야 한다. 이인자는 곧 패배자다. 남보다 앞서려면 그보다 더

많은 시간을 노력하는 데 써야 한다.'

—「바람까마귀」, 42쪽

가은이의 한계는 바로 이러한 욕심, 아집 때문이다. 누구보다 앞서기 위해, 경쟁에서 이기기 위해 춤을 추는 것은 진정한 예술혼이 아니다. 슬비와의 경쟁에서 이겼다고 해서 예술이 완성되는 것은 아니다. 타인의 아픔을 진정 함께 아파할 수 있는 마음을 가졌을 때, 자신 스스로 모든 욕심과 아집, 속된 나를 버리고 대상과 하나가 될 때 예술은 완성될 수 있는 것이다.

가은에게 그러한 가르침을 준 대상이 바로 산책길에서 우연히 발견하게 된 상처 입은 새 한 마리, 곧 바람까마귀였다. 가을 매미가 영호에게 새로운 삶에 대한 의욕을 불러 일으켰듯이 가은은 죽어가는 바람까마귀를 통해 진정, 아픔을 느낄 줄 아는 마음을 알게 되었고, 그 마음으로 모든 욕심과 아집에서 벗어날 수 있게 되는 것이다. 바람 까마귀에 슬비의 좌절이 겹쳐지면서 가은이는 '빈사의 백조'춤을 완성시키게 된다. 그것은 가은이가 동정이 아닌 타인에 대한 사랑, 곧 연민을 가슴 깊이 깨달았기 때문이다. 진정한 연민은 타인과의 구별에서 오는 감정이 아니다. 타인과 내가 하나가 될 때, 그리하여 타인의 아픔 속에서 나 자신의 아픔을 볼 때, 가능한 것이다.

> 나는 그때 슬비가 느꼈던 어깨의 통증을 이해하지 못했다. 다만 고개를 아래로 푹 숙인 채 연습실을 나가던 슬비의 모습이 가슴에 새겨져 잊혀지지 않았다. 슬비의 허망해 하는 눈이 바람 까마귀의 눈빛과 같았다.

—「바람까마귀」, 45쪽

슬비가 느꼈던 어깨의 통증을 가은 자신의 통증 속에서 깨달을 때, 슬비의 좌절과 바람 까마귀의 죽음은 바로 자신의 아픔으로 하나가 되어 머리가 아닌 가슴으로 전해져 오는 것이다. 머리로 추는 것이 아니라, 경쟁심과 아집으로 뭉쳐진 번민으로 추는 춤이 아니라 모든 속된 욕망을 벗어난 순수한 연민과 타인뿐만 아니라 자신에게 보내는 순수한 연민과 사랑으로 춤을 출 때, 비로소 진정한 예술은 꽃피울 수 있는 것이다. '죽어가던 새의 모습이 떠올랐다. 날개 꺾였던, 지금 나의 모습과 같은 슬비의 모습도 떠올랐다. 가엾은 바람까마귀의 영혼을 달래주고 싶었다.'라는 가은의 말은 가은이 참다운 연민을 느끼게 되었음을 분명하게 보여준다. 가은이는 이제 비로소 고통에서 벗어나 영혼의 춤을 출 수 있게 된다. 그는 춤을 추면서 '바람 까마귀의 영혼을 달래주는 것이 아니라 나의 영혼이 가벼워지는 것'을 느낀다. 대상과 내가 하나가 되는 경지에 이른 것이다. 선생님 앞에서 춤을 추는 이 소설의 마지막 장면은 가장 극적이다. 모든 욕망과 잡념에서 벗어나 대상과 내가 온전히 하나가 되는 상태, 곧 물아일체의 최고 경지엔 적막이 있을 뿐이다. 참다운 연민은 곧 자신의 헛된 욕심을 버리는 것, 이기심과 허욕, 가식과 허위를 버리는 것이다. 그럴 때 진정한 행복, 가슴 충만한 희열은 오는 것이다.

3. 진정한 연민

「너의 노래를 불러라」에 나오는 나, 곧 선미엄마의 고통은 진정한 연민의 상실, 자신을 찾지 못하고, 위선과 가식에 자신을 매몰시켜 버린 데서 오는 것이다. 하나 남부러울 것 없다고 자부해 온 삶이 정박아 선미로 인해 붕괴될 지도 모른다고 불안해하던 선미 엄마, 그때의 그녀는 진실과 허위의 경계선에서 위태로운 외줄 건너기를 하고 있는 상태라고 할 수 있을 것이다. 그녀가 선미를 입양아로 속이는 길을 택했을 때, 그 외줄의 건너편엔 끝이 없는 허위만이 있을 뿐이다.

　화장은 그녀에게 있어 자신의 진실을 숨기기 위한 방편 같은 것, 선미의 출생이 불행으로 여겨지고, 그녀가 자신의 완벽한 삶에 치명적인 결함이 될지 모른다는 생각이 그녀로 하여금 자신의 얼굴에 덧칠을 하게 만들었던 것이다. 문제는 화장 자체가 아니라 그 화장을 자신의 진실을 숨기는 방편으로 인식하고 있는 그녀의 심리가 문제인 것이다. 점점 더 그녀의 화장은 짙어질 것이다.

　장애아를 자식으로 둔 이 땅의 어느 어머니인들 처음부터 속이 편할까? 어쩌면 왜 나에게 이런 불행이 찾아왔느냐고 어느 신에게라도 항의를 하는 것이 순수한 인간의 모습일지도 모른다. 천형(天刑)이란 말을 가슴에 새기면서 말이다. 우리나라에서 장애인이 산다는 것은 에스키모인이 낯선 열대 정글에서 살아남기만큼 힘든 일이고, 아마존 원주민이 북극에서 살기만큼 어려운 일인 것이 우리의 현실이다. 지금도 많은 장애아들이 부모로부터 버려지고 있고, 이 땅에서 살기 힘들어 고통스러워하고 있다.

　선미 엄마, 그녀의 선택은 세상에 대한 기만이기에 문제적이다. 그리고 더욱 문제적인 것은 그 기만이 결국 자신의 양심을 속이는 자기기만으로 귀착된다는 사실이다. 자기기만은 자기 자신뿐만 아니라 그 누구도 진실로 사랑할 수 없게 만든다. 남에게 보이는 모습이 진정한 자기 모습이 아닐진대 거기에 진정한 사랑과 연민이 깃들 수는 없는 것이다. 한 가지 거짓말을 하게 되면 그 거짓말을 감추기 위해 일곱 개의 거짓말이 또 필요하다고 한다. 거짓은 거짓을 낳고 점점 커지는 거짓은 자신을 옥죄는 형틀로 변해 간다.

그녀는 오랜 동안의 치밀한 계획과 실천으로 선미를 입양아로 둔갑시키는 데 성공하고, 보란 듯이 사람들을 초대해 자신이 얼마나 완벽한 사람이며, 착한 사람임을 과시한다. 선미를 버리지 않은 자신이 그래도 괜찮은 사람이라는 가식에 찬 자기위안을 하면서.

아들의 원망과 질책이 어린 태도에도 불구하고 남편의 이해 속에서 모든 일이 다 자기 뜻대로 풀렸다고 생각했던 그녀는 그러나 마지막 한 사람, 바로 자신을 속이지는 못한다. 세상 모두를 속일 순 있어도, 아들의 원망을 모른 척 넘길 수는 있어도, 남편이 안 쓰런 이해를 곧 이곧대로 위안으로 삼을 수는 있어도 자신의 양심을 속일 수는 없었던 것이다.

그녀가 잔치를 치른 그 날 꾸게 되는 꿈은 그녀 마음 깊숙한 곳에 진정한 자기를 찾고 싶다는 자기 연민이 살아 있었음을 보여준다. '화운데이션만 흰 페인트처럼 번들번들 칠해져 있고 눈, 코, 입이 없는' 얼굴을 한 자기의 모습, 친구도, 부모님도, 남편, 아들도 모두 알아보지 못하는데, 오직 정박아인 선미만이 알아보고 엄마라고 부르며 다가오는 꿈. 현실에서 사람들이 알아보는 자기는 결국 진정한 자기 얼굴을 잃어버린 자기였던 셈이다. 꿈에서 얼굴이 없는 자기를 알아 본 선미는 결국 자기 양심인 것이다. 그녀는 이제 '모든 것에서 벗어나 너의 노래를 부르라'는 자기 양심의 소리에 귀기울인다. 그녀는 할 수 있을 것이다. 자기 자신을 이제 진정 사랑할 수 있는 힘을 그녀 스스로 갖게 될 것이다. 그 힘은 선미를 진정 사랑하는 어머니의 모습을 자신에게 찾아줄 것이며, 후회하지 않는 삶을 살게 할 것이다. 한정배 소설은 이렇게 우리 스스로에게 정직하기를, 그것이 잘 사는 길임을 가르친다. 잘 산다는 것, 그것은 다름이 아니라 사랑으로 세상과 소통하는 길임을 한정배는 소설을 통해 보여준다.

「자전거」의 마지막 부분에서 흐느끼는 아내 역시 그러한 사실을 뒤늦게, 그러나 아직은 늦지 않게 깨달은 사람이다. 이 소설에서 아내와 같은 상황에서 시험에 빠지지 않을 사람이 그리 흔할까? 심장병이 있는 남학생과 역시 심장병이 있는 여학생과의 만남과 사랑, 그 모든 과정을 지켜보았던, 아픈 친구를 옆에서 보살피고 함께 했던, 심장병을 앓던 여자의 친구였던 여자. 아픈 두 사람의 사랑을 지켜보는 입장이었다가 이제 그 남자의 아내가 되어, 심장병이 있던 여자가 이 세상에 남긴 단 하나의 생명을 거두어 아들처럼 키우는 남편을 바라보는 여자. 그러한 여자가 모든 것을 열린 마음으로 받아들이기는 어려운 일임에 분명하다. 결국 그 아이마저 저 세상으로 떠났을 때, 그녀는 회한 속에서 흐느낀다. 하지만 그건 '누구의 잘못이 아니었다'. 단지 아내는 사랑하는 법을 제대로 알지 못했을 뿐이다.

일년 여 동안의 보육원 봉사활동을 통해 아내는 죄책감이나 회한 때문이 아니라, 그저 사랑하는 마음으로 죽은 아이, 준호처럼 심장 판막증을 앓고 있는 아이를 입양할 것을 결심한다. 그 아이를 준호라는 이름으로 호적에 올린 것은 단순한 대리만족이 아니다. 「자전거」는 그렇게 우리에게 사랑이란 의무감도, 죄책감이나 보상심리에서 나오는 것도 아님을 일깨운다. 아내는 이제 진정한 연민을 가슴으로 알게 된 것이다. 한정배 소설의 주제는 바로 고통 속에서 우리는 어떻게 살아야 하는 것인가 하는 질문이다.

4. 연민이 없는 세상은 침묵할 수밖에 없다?

사랑이 없는 세상은 외면할 수밖에 없다고 믿지 않는다. 작가는 우리가 서로에게서 돌아설 때, 거기엔 더 깊은 외로움과 고통이 따름을 알려준다. 세상은 사람과 사람들이 부대끼며 사는 곳이고, 그러기에 윤활유 같은 사랑이, 서로에 대한 연민이 없으면 사막의 모래 같은 서걱거림이 존재 사이에 끼어들어 마침내 세상은 그 돌아감을 멈출 수밖에 없음을 이 소설집은 보여준다. 그러기에 「침묵의 문」은 작가가 우리에게 간곡히 내미는 기도이다.

사생아로 태어나 어릴 때 생모랑 헤어져 이미 아내와 이복 누나와 형이 있는 집에서 외롭게 살아야 했던 '나'는 유일하게 자신을 사랑해주었던 할머니가 돌아가시자, 가출을 한다. 그의 출생에 대해선 자세히 나오지 않지만, 그의 생부의 잘못으로 인한 것임은 분명해 보인다. 그렇기에 '나'는 이제 그를 데리고 와서도 아내 눈치 보느라 애정을 주지 못했던 아버지도 용서하고, 생모가 아닌 어머니와 이복 형, 누나 모두를 미워하지 않으려 한다. 그들에겐 그 상황이 힘겨웠을 뿐이다. 그리고 어떻게 해야 할지를 몰랐을 뿐이다. 우리는 얼마나 잘 못 알고 있으면서도 잘 알고 있다고 착각하고, 모르면서도 안다고, 그래서 자기가 하는 일이 최선이고 잘하는 거라고 고집을 부리며 살아가는가. 거기에서 소외가 생기고 미움이 생기고, 끝내는 화해할 수 없는 깊고도 넓은 강을 만들게 되는 것이다.

「침묵의 문」의 주인공이 속세를 떠나 수도원으로 가기 전에 알았던 마지막 한 사람, 빈민가에서 만나 결국 임종까지 했던 할머니의 사연과 주인공이 속세를 버리고 '침묵의 문'으로 들어가게 되는 상황은 역설적으로 작가가 우리에게 전하는 애절한 기도이다. 여기서 피는 물보다 진

하다라는 진부한 언술이 다시금 재확인되고 있다고 애써 소설의 흠을
찾아 따질 이유를 난 모른다. 그건 또 다른 건널 수 없는 강을 우리
사이에 만드는 결과를 가져올 것이기 때문이다. 유일하게 자신을 감싸
안아주었던 할머니의 사랑이 혈연적 사랑이었다 하더라도, 그 할머니에
대한 주인공의 기억, 그 속에 담긴 사랑은 편협하지 않다. 비록 자신이
낳지 않았어도 사랑으로 키웠던 아들이 자기를 저버린 현실 앞에 침묵
으로 맞섰던 빈민가의 할머니를 보살피는 주인공의 마음은 세상으로
열려 있다. 죽기 전 주인공에게 말을 건넴으로써 침묵을 깨뜨린 할머니
의 진정이 그 증거이다. 자신을 키워준 어머니가 돌아가셨다는 얘기에
냉정하게 돈으로 해결하려는 아들이 비록 이제 주인공을 침묵의 문 안
으로 들이밀었다 할지라도, 우린 주인공 역시 언젠가는 침묵을 문에서
다시 세상 밖으로 나올 것을 믿는다. 그러기에 난 이 소설이 작가가
우리를 위해 올리는 간절한 기도라고 생각한다. 우리 모두가 침묵의
문, 저쪽과 이쪽으로 갈라서지 않도록 간절히 비는 기도 말이다.
　한정배의 소설은 정직하다. 그만큼 순수하고, 자신이 하고자 하는 이
야기를 솔직하게 얘기한다. 그것은 구성상의 단순함에서도 그대로 배어
있다. 그것은 그의 장점이기도 하지만, 약점이 될 수도 있다. 나는 작가
의 순수하고 착한 마음이 진하게 배어 있는 그의 작품들이 좋다. 화려하
진 않지만, 그 속엔 소박한 마음을 가진 사람의 소망이 담겨 있고, 그것
은 그대로 다 보인다. 그게 한정배의 힘이다. 난 그것을 믿게 되었다.
　다음 소설집엔 그 힘이 어떤 강함과 부드러움 속에서 다시 드러날지
기대해 본다.

고전의 현대적 패러디 임상보고서
- <쾌걸 춘향>의 인물 패러디와 대중성의 상관관계 -

1. 들어가며 - 춘향전의 현대화

<쾌걸 춘향>은 2005년 1월 3일에 첫 방송을 시작하여 2005년 3월 1일 17회를 마지막으로 막을 내렸던. 신세대를 겨냥한 미니 시리즈였다. 끝날 무렵에는 30%가 넘는 시청률을 기록할 정도로 인기를 끌었던 작품이었으나 시작할 당시에는 그다지 큰 기대나 인기를 끌게 될 것이라는 것을 짐작한 사람은 드물었다고 한다. 춘향이 누구인가. 우리나라 사람이라면 남녀노소를 불문하고 잘 알고 있다고 스스로 생각할 정도의 유명인사일 터이다. 고전이란 제대로 읽지 않았음에도 잘 알고 있다고, 그래서 새삼 다시 읽을 필요가 없다고 착각하게 만드는 것이라고 했던가. 판소리 춘향가 완창도 제대로 한번 들어본 적 없고, 판소리계 소설로 활자 텍스트화된 춘향전 역시 제대로 읽어 보지 않았음에도 우리나라 사람 대부분은 춘향이를 너무나 잘 알고 있다. 그렇게 생각한다. 그러기에 기실 대중적 패러디는 가능하고 그런 만큼 위험부담도 따르기 마련이다.

춘향전을 영화나 드라마로 만드는 것은 일장일단을 지니고 있다. 대중들이 대부분 잘 알고 있다고 생각하기 때문에 일단 따로 설명이 필요 없을 정도로 높은 인지도를 선취할 수 있겠으나 오히려 그래서 대

중들의 새로운 호기심을 유발하기란 쉽지 않다. 특히나 춘향의 경우에는 지금까지 다수의 영화와 드라마로 만들어졌었기 때문에[1] 기존의 방식으로는 대중들의 다양하고 변화무쌍한 취향에 맞추기는 어려운 일이 아닐 수 없다.

임권택 감독이 과감하게 원래 춘향과 몽룡의 나이대인 신인을 발굴하여 판소리 춘향전을 영화로 빚어낸 <춘향뎐>은 이후 조승우라는 걸출한 배우를 탄생시킨 것과는 별도로 원래 춘향전이 지니고 있는 특징, 판소리라는 형식의 영화화뿐만 아니라 내용면에서도 원래 춘향전을 제대로 잘 살리고 있다고 보인다. 하지만 지금까지의 춘향전을 새로이 각

---

1) 지금까지 만들어진 영화나 드라마를 대강만 살펴보아도 다음과 같이 많이 제작되었음을 알 수 있다. 여기에는 고전극 형식의 춘향전뿐만 아니라 패러디 영화도 상당수 있음을 알 수 있다.
영화 : 1. 춘향전. 1923 감 독 조천고주(일본) 출연진 김조성(변사), 한 룡, 최영완 변사 (무성영화) 2. 춘향전. 1935 감 독 이명우 출연진 문예봉, 한일송, 김연실, 노재신 (최초 발성영화) 3. 그 후의 이도령, 1936 감 독 이규환 출연진 독은기, 이진원, 문예봉 성춘향을 변사또에게서 구해준 이도령이 이후에 암행어사활동을 하면서 겪는 이야기. 4. 춘향전. 1955 감 독 이규환 출연진 이 민, 조미령, 노경희, 전택이, 김금룡, 석금성 5. 대춘향전, 1957 감 독 김 향 출연진 박옥진, 박옥란 6. 춘향전, 1958 감 독 안종화 출연진 최 현, 고유미, 전 옥 6. 탈선 춘향전, 1960 감 독 이경춘 출연진 박복남, 복원규, 김해연 7. 춘향전, 1961 감 독 홍성기 출연진 김지미, 신귀식, 김동원, 양미희, 8. 성춘향, 1961 감 독 신상옥 출연진 최은희, 김진규, 도금봉, 허장강, 이예춘, 양 훈, 구봉서, 김희갑, 최 걸, 석운아, 조 항 9. 한양에서 온 성춘향, 1963 감 독 이동훈 출연진 신영균, 서양희, 조미령 이도령과 춘향이 변학도를 물리친 뒤 한양으로 올라간 뒤의 이야기. 10. 춘향, 1968 감 독 김수용 출연진 홍세미, 신성일, 박노식, 11. 춘향전, 1971 각 본 이어령 감 독 이성구 출연진 문희, 신성일 12. 방자와 향단이, 1972 감 독 이형표 출연진 송 해, 서영춘, 사미자, 여운계, 박노식, 신성일, 방자와 향단이가 주인공이며 시대배경도 조선시대가 아니라 1970년대인 코미디영화. 13. 성춘향전, 1976 감 독 박태원 출연진 장미희, 이덕화, 장욱재, 14. 성춘향, 1987 감 독 한상훈 출연진 이내성(이나성), 김성수, 연규진, 사미자, 15. 춘향뎐 (ChunHyang, 1999) 감 독 임권택 출연진 이효정, 조승우, 이정헌, 김성녀, 16. 성춘향뎐, 1999 감 독 ANDY KIM 장르 애니메이션
드라마 : KBS 특집극 춘향전 출연 : 김희선, 이민우(이상 한국영상자료원 자료 참조)

색한 영화나 드라마들은 원 텍스트의 춘향전의 시공간을 그대로 가져와 가장 원형에 가까운 영화나 드라마를 만들어내는 데에 초점을 맞추어왔다. 그러면서도 강력한 멜로드라마적 성격을 지니고 있었기 때문에 원 춘향전에 흡사하면서도 기실 춘향전의 외피를 입은 멜로드라마에 불과했다는 혐의를 벗기 힘들다고 생각된다. 춘향과 몽룡 대 변학도라는 분명한 선악구도에다가 춘향의 정절과 그로 인한 공주형 동화식의 남성중심적 해피엔딩이라는 구도에서 벗어나지 못했다.

<쾌걸춘향>이 지명도 높은 스타를 기용하지 않으면서도 성공할 수 있었던 것은 다양한 이유가 있을 수 있겠지만 춘향전의 현대적 해석을 설득력 있게 한 점이 가장 중요한 요인이라고 할 수 있을 것이다. 이것은 단지 시공간을 현대로 옮겼다는 것을 말하는 것은 아니다. 고전 춘향전에 등장하는 인물들의 캐릭터를 최대한 보존하면서 거기에 현대적 상황을 제대로 접목시켰다는 점이다. 여기서 원래 춘향전의 등장인물들이 지니고 있는 캐릭터를 최대한 보존하고 있다는 것은 모방의 차원을 넘어선다. 거기엔 고전 춘향전의 인물에 대한 작가의 섬세하고도 올바른 해석이 자리하고 있다고 판단된다. '현대와 고전을 오가며 색다른 구성과 인물설정으로 큰 인기를 끌었다'는 당시 세간의 평가는 그런 점에서 타당하다. 하지만 거기에 대한 구체적인 분석은 그 당시에도 지금까지도 이루어지지 않았다. <쾌걸춘향>의 구성과 인물 설정에 대한 올바른 분석은 이후 고전의 현대적 드라마화에 대한 하나의 모범적 임상 사례가 될 수 있을 것이다. 고전에 대한 가장 충실하고 올바른 해석과 동시대 문화 트렌드에 대한 이해가 고전의 현대적 패러디화를 성공적으로 이끄는 가장 핵심적인 사항임을 <쾌걸 춘향>은 여실히 보여주었다. 이 논문은 <쾌걸 춘향>의 인물을 중심으로 그 패러디 양상과 의미에 살펴 보는 임상 보고서이다.

2. 춘향과 몽룡, 변학도－새롭지 않다, 충실한 해석 그래서 올바르고 오히려 새롭다.

패러디에서 인물에 대한 해석은 가장 본질적인 요소라고 할 수 있을 것이다. 이런 점에서 <쾌걸춘향>은 기존의 그 어떤 춘향전 드라마나 영화보다 고전 춘향전이 담고 있는 인물의 캐릭터를 충실하게 재해석하고 있다. 그것이 바로 현대적 패러디로 직결되고 있음을 지적하지 않을 수 없다.

<쾌걸춘향>의 배경은 현재, 남원으로 설정되어 있다. 춘향은 남원에서 살고 있는 고등학생이다. 그녀는 밤무대에서 가수로 활동하는 홀어머니와 단 둘이 살아간다. 춘향은 공부도 최상위권이며 손재주가 좋아 특히 전통 문양을 응용한 액세서리를 만들어 팔기도 하고 광한루에 나가서 사진 아르바이트 등을 하며 굳세게, 밝게 살아간다. 홀어머니와 함께 힘겨운 생활을 해나가면서도 무엇이든 똑 부러지게 해나가는 춘향의 모습은 주체적이고 긍정적인 사고를 지닌 바람직한 신세대의 모습을 구현한다. 몽룡과의 우연한 만남 이후 서로 알게 되는 과정에서도 춘향의 이러한 성격은 더욱 선명하게 부각된다. '신경 끄서' 등의 유행어를 낳기도 했던 춘향의 적극적이고 당찬 성격은 몽룡과의 관계에서 결코 수동적이지 않다. 춘향이 몽룡과의 사랑에 있어서 소극적인 것은 오히려 춘향의 주체적인 사고방식에서 비롯되는 것이다. 몽룡과의 결혼이 두 사람의 진정한 사랑으로 맺어진 결과가 아니라는 사실이 춘향으로 하여금 몽룡에게 적극적 사랑을 펼치지 못하게 한다. 이것은 소극적이라기보다 사랑에 대한 춘향의 올바른 판단에 기인한 것이라고 할 수 있다. 즉 춘향은 몽룡과 채린이 서로 사랑하는 사이라고 생각하고 몽룡이 자신과 결혼하고 자기 옆에 머물러 있는 것이 진정한 몽룡의 자발

적이고 주체적인 판단에 의한 것이 아니라고 보았기 때문이다. 상황이나 조건으로 맺어진 두 사람의 결합은 불완전하며 따라서 고쳐져야 하는 것, 두 사람이 진정한 사랑으로 맺어질 때 비로소 완전해지고 올바른 모습을 이룰 수 있다고 판단하고 있는 것이다.

이러한 것은 채린에 대한 몽룡의 사랑이 성인으로서 새롭게 느끼는 진정한 남녀 간의 사랑이 아닌 어릴 때 연상의 누이에게서 느낀 애정에 다름 아니란 사실과 몽룡에 대한 채린의 사랑이 일방적일뿐더러 소유욕에 지나지 않음을 깨닫고 몽룡이 진정 사랑하는 사람은 바로 춘향 본인이라는 사실을 확인한 순간, 채린에게 당당해지는 춘향의 모습에서 분명히 알 수 있다. 몽룡의 마음을 알게 된 이후, 그리고 몽룡과의 사랑에 대한 결심을 굳힌 춘향은 채린이 보는 데서 채린이 몽룡에게 선물한 목걸이를 되돌려주고, 또한 몽룡의 휴대폰을 채린이 보는 앞에서 망가뜨려 버리면서 다시는 몽룡에게 연락하지 말라고 당당하게 요구한다. 이러한 춘향의 모습에 몽룡은 얼떨떨한 모습을 하면서도 춘향의 당당함에 더욱 큰 매력을 느낌과 동시에 자신에 대한 춘향의 마음을 확인한 데서 오는 만족스러운 웃음을 짓는다. 춘향으로 인해 서울에서 망나니 같았던 문제아 이몽룡이 건실한 청년으로 변모하고 명문대에 진학하게 되고 이후 검사로까지 나아가게 되는 것이다. 그 과정에서 춘향은 제 스스로 악세사리 사업체를 일구어내고 당당한 CEO로 자수성가하게 된다. 단순히 내조형에만 머무는 것이 아니라 스스로 자신의 재능과 능력을 발휘하여 독립적 주체로 성공하는 춘향의 모습은 '정치적으로 올바른' 현대 여성의 모습을 보여준다. 이러한 춘향의 모습은 고전 춘향전의 현대적 패러디라고 할 수 있을 것이다. 하지만 거기에는 고전 춘향전에 대한 작가의 올바른 해석이 자리하고 있어서 주목할 만하다.

고전 춘향전에 대한 몇 가지 세간의 오해를 우선 지적하지 않을 수 없다. 그 오해는 크게 두 가지를 들 수 있는데, 물론 그 두 가지는 긴밀히 연계되어 있다. 하나는 춘향의 정절에 관한 것이고 다른 하나는 춘향전이 멋진 왕자에 의해 선택되어 신분 상승을 이루는 신데렐라의 한국판에 불과하다는 것이다. 이렇게 되면 춘향이의 정절이 신분상승을 위한 일종의 전술이 되는 셈이다. 원전 춘향전에 그려져 있는 춘향이란 어떤 인물인가. 그것에 대한 올바른 해석이 전제가 될 때, 춘향이에 대한 올바른 현대적 해석, 나아가 패러디가 가능해질 터이다. 춘향이는 처음 몽룡과 광한루에서 만나는 그 날, '도련님은 귀공자요 소녀는 천인이라 일시 호탕 못 이기어 한번 보고 버리시면 임자 없는 이 내 몸이 춘향 백발 혼자 늙기 그 아니 원통하오. 그런 분부 마옵소서'[2]라고 몽룡의 청을 완강히 거절한다. 몽룡과 만나는 첫 장면에서 알 수 있듯이 춘향은 비록 기생신분이지만 뭇 남성들의 노리개가 아닌 하나의 자존적 인격으로서 일부종사하는 것을 꿈으로 지니고 있는 주체적인 여

---

2) 이 글에서 원전 춘향전은 박희병, 「춘향전의 역사적 성격 분석」, (『전환기의 동아시아문학』, 창작과비평사, 1985)에서 인용하고 있는 경판본의 부분을 다시 인용함을 밝힌다. 박희병은 이 글에서 '비기생계 이본의 대표적인 완판 84장본을 텍스트로 삼지 않고 다수본인 기생계 이본군을 텍스트로'하고 있음을 밝히는데, 그 이유는 '84장본은 신재효본 『남창 춘향가』와 함께 춘향의 신분을 고귀한 양반의 서녀로 무리하게 격상시켜 놓고선 그에 맞추어 각 인물의 성격이나 스토리 전개를 변개시키고' 있기 때문이라는 것, '춘향이 신분이 기생으로 설정되는 것은 중대한 의미를 지닌다. 즉 그것은 봉건 사회 신분 구성에 있어 최하층의 천민신분인 기생을 주인공으로 내세움으로써 민중의 요구와 이상을 보다 절실하게 대변하게 한 의미를 지닌다'고 보기 때문이다. 본 논문에서는 원전 춘향전에서 춘향이 기생이냐 아니면 양반의 서녀냐 하는 문제는 논의의 대상은 아니다. 하지만 박희병의 문제제기에 개인적으로 동의하고 있음을 밝히는 바이다. 이런 점에서 <쾌걸춘향>에서 춘향의 아버지가 소위 재벌이라든가 혹은 재벌 2세, 밤무대 가수인 어머니는 그 남자의 내연의 관계 혹은 인정받지 못한 며느리 식의 설정이 아니라는 점 또한 요즘 드라마에서는 참신하면서도 현실성있는 설정이 아닌가 생각된다. 본 논문에서 춘향과 몽룡, 월매, 변학도 등 원전의 인물에 대한 해석은 박희병의 해석을 따른다. 이는 박희병의 해석에 전적으로 동의하고 있기 때문이다.

성이라고 할 수 있다. 여기서 일부종사를 당시 상황과 연결하여 보자면, 일부종사 곧 정절이란 조선 시대 여성들의 가장 큰 덕목이라고 할 수 있을 것이다. 근데 춘향은 왜 그것을 굳이 내세우는 것인가. 그것은 춘향이 기생신분, 곧 정절을 오히려 요구할 수 없는 비천한 신분이라는 점이다. 즉 춘향의 입장에서는 자기가 남자를 고르고 또한 일부종사하겠다는 의지를 천명할 수 없다. 이러한 천한 신분에 있는 춘향이 몽룡에게 당당히 한 때의 노릿개감이 될 수 없음을 밝히는 것은 대단한 주체적 행동이라고 하지 않을 수 없다.

그러한 춘향이가 몽룡에게 마음을 주고 그를 받아들이게 되는 데에는 몽룡의 배경 곧 남원 사또의 자제라는 조건이 중요한 요인으로 작용하고 있지 않다. 아름답고 또한 멋진 한 쌍의 청춘 남녀가 서로에게 호감을 갖는 것은 자연스러운 일일 것이다. 그러나 춘향은 너무나 차이가 나는 신분상의 문제 때문에 처음에 몽룡의 구애를 거절하는 것이다. 기생의 신분에 안주하면서 몽룡 같은 인물을 만나 부나 신분상승을 꾀하는 인물이라면 몽룡의 구애는 오히려 만나기 힘든 기회가 될 것이다. 그러나 춘향의 꿈은 진정으로 흠모할 수 있는 그리고 자신을 단 한사람의 정인으로 받아줄 수 있는 사람을 만나 일부종사하는 것, 따라서 몽룡은 부담스러운, 거부해야 할 존재일 뿐인 것이다. 그런 몽룡의 마음을 받아들이게 되는 것은 몽룡의 사람됨, 그리고 자신에 대한 몽룡의 마음이 순간의 욕정, 지나가는 바람이 아님을 몽룡의 끈질긴 구애를 통해 확인할 수 있었기 때문이다. 몽룡의 불망기를 받고 춘향은 마음을 허락하게 된다.

이렇듯 원전 춘향전에서 보이는 춘향의 모습은 수동적이지 않다. 자신의 처지에 순응하고 만족하며 살아가는 모습이 아니다. 적극적으로 자기 의사를 당당히 표현하고 자신의 처지가 가진 사회적 편견이나 불합리에 대해 인식하고 있고 그러한 편견이나 조건에서 자기 자신을 지키고자 하는 소신과 믿음을 지니고 있는 여성이다. 이러한 점에서 <쾌걸춘향>은 원전 춘향에 대한 해석이 기존의 고전극 형식의 각색 춘향전에 보이던 춘향의 모습보다 오히려 더 원전 춘향의 모습에 가깝다고 할 수 있다. 밤무대 가수로 활동하면서도 어리숙하고 철이 덜든, 사고뭉치 홀어머니와 함께 살면서 그런 어머니를 오히려 챙기고 아르바이트를 해서 생활비를 마련하고 공부 또한 최상위권을 유지하는 밝은 성격의 춘향은 원전 춘향의 모습을 올바르게 해석한 바탕에 불우하지만 능동적이고 적극적이며 독립적인 신세대 젊은 여성의 모습을 잘 형상화해내고 있다고 할 수 있다. 몽룡의 부모 도움을 거절하고 대학 진학을 포기하는 모습이나 몽룡을 위해 과감히 결혼 생활을 청산하는 모습 몽룡의 마음을 알고 난 후 당당하게 변하는 모습, 변학도의 계략에 말려 어쩔 수 없이 몽룡의 장래를 위해 몽룡을 떠나지만 변학도에게 가지 않고 자기만의 삶을 찾아 과감하게 떠나는 모습 등은 신세대적이면서도 원전 춘향의 모습을 닮아 있다. <쾌걸 춘향>의 미덕은 바로 여기에 있다. 원전 인물에 대한 충실한 해석이 현대적 모습으로 재탄생되고 있는 것이다.

몽룡의 모습 또한 원전 춘향전의 몽룡과 많이 닮아 있다. <쾌걸춘향>에서 몽룡은 아버지가 남원의 새로운 경찰 서장으로 부임하게 되면서 자연스럽게 남원으로 내려오게 된다. <쾌걸춘향>에 등장하는 몽룡은 문제아로 등장한다. 서울에서 사고뭉치에다 싸움도 잘하는 문제아인 몽룡은 기실 철이 덜 든 응석받이, 철부지에 가깝다. 담배와 술을 전혀 하지도 못하고 그저 틀에 얽매여 답답하게 사는 게 귀찮고 부담스러운, 다듬어지지 않은 원석이라고 할 수 있다. 이러한 캐릭터는 원전 춘향전의 몽룡 그대로이다. 원전 춘향전에서 아버지를 따라 남원으

로 내려온 사또 자제 몽룡은 춘향을 만날 오히려 <쾌걸 춘향>의 몽
룡보다 더 철부지, 방탕아라고 할 수 있다. '바른 대로 말이지 도련님
이 오입장이러라. 곧 오매지상(烏梅之上)이요, 초병 마개요, 말에 차인
엉덩이요, 돌에 차인 복숭아뼈요, 산 개얌이 밑궁이요, 경계주머니 아들
일너라'라는 몽룡에 대한 방자의 말에서 분명히 알 수가 있다. 광한루
에서 자기의 눈을 사로잡은 여자가 기생 월매의 딸 춘향이라는 기생이
라는 말을 듣자마자 '본(本)이 창녀면 한번 구경 못할소냐'라며 방자를
시켜 춘향을 부르는 것은 춘향에 대한 그의 처음 감정이 탕아로서 가
질 수 있는 순간의 유희적 감정에 다름 아님을 여실히 보여준다. 그러
했던 몽룡의 감정이 춘향이의 당당함과 진실한 사랑에 대한 믿음과 요
구에 의해 진정한 사랑으로 변모해갔던 것이다. 그렇게 변하는 데에는
춘향이의 노력과 시간이 당연 필요했을 것이다. 철없는 권세 양반 자제
였던 이몽룡이 신분에 굴하지 않고 당당하게 자신에게 믿음과 진실한
사랑을 요구하는 춘향을 통해 결국 암행어사에까지 이르고 민중의 뜻
을 헤아리는 청렴한 관리가 되는 과정은 몽룡에 대한 춘향의 사랑이
이해 타산적 신분상승의 전술로서가 아니라 오히려 이몽룡을 당시 속악
한 양반 계층으로부터 벗어나게 하는, 즉 이몽룡을 변화시키는 힘으로
작용하고 있음을 알 수 있다. 이러한 변모에는 춘향의 절개와 믿음뿐만
아니라 몽룡 스스로도 '자기가 소속된 양반 지배층 쪽에서의 계급적 편
견은 물론, 춘향을 둘러싸고 있는 민중 쪽에서 제기하는 배신에의 의혹
과 오해도 헤쳐나가지 않으면 안 되었다. 이 양자를 모두 극복함으로써
만 이도령은 춘향과의 최종적 결합, 그 결속을 굳게 할 수 있었다.'3)
　이러한 몽룡의 성격, 행동의 변화 및 주변과의 갈등 상황을 <쾌걸
춘향>은 올바르게 해석하여 재해석해냄으로써 춘향과는 또 다른 모범

---

3) 박희병, 위의 글, 115쪽

적인 신세대의 모습을 그려내고 있다. 싸움질에, 일탈적인 행위로 서울에서 문제아로 불렸던 몽룡은 춘향과의 만남 이후, 서서히 변모해 나간다. 성적은 좋아지고 일탈적인 행위는 줄어든다. 결국 한국대 법대에 진학하게 되는 것이다. 몽룡의 어머니가 '양반 지배층의 계급적 편견'을 지닌 현대적 인물이라고 할 수 있을 터인데, 그의 어머니가 춘향을 내내 못마땅하게 여기고 몽룡과의 결합에 대해 부정적인 태도를 보일 때, 춘향에게 오히려 고마워해야 한다고 몽룡의 어머니에게 강변하는 몽룡 아버지의 발언은 그러한 점을 분명히 보여준다. 몽룡은 어머니를 비롯한 상류 계층의 편견[4]과 채린과의 관계로 인해 혼란스러운 자신의 감정에 대한 정리, 그리고 방지혁과 한단희로 대변되는 춘향에 대한 '배신에의 의혹과 오해' 모두 몽룡이 극복함으로써 춘향과의 진정한 사랑, 결합에 이르게 된다. 채린에 대한 감정이 어릴 적 품었던 정 이상이 아니고 자신이 진정 사랑하는 사람은 춘향이라는 것을 깨달아가는 과정에서 겪는 혼란은 다분히 멜로적 경향을 보여주지만(이 점에 대해서는 구성부분에서 다시 이야기할 것이다) 그 과정에서 몽룡과 춘향이 겪는 오해와 갈등은 둘 사이의 사랑이 원전 춘향전에서처럼 충분히 서로의 감정이 소통된 이후 이루어지지 않았기 때문에 오히려 설득력이 있다. 원전 춘향전에서도 몽룡이 처음부터 진실한 마음으로 춘향을 대했다고 보기 어렵다. 춘향의 변함없는 믿음과 사랑, 그리고 춘향이 가지고 있는 재능과 당당한 주체성이 몽룡의 삶뿐만 아니라 춘향에 대한 사랑을 가능하게 한 원인인 것이다.

---

4) 드라마에서 두드러지게 나타나진 않는다. 몽룡이 직접적으로 당하고 느끼는 경우보다는 춘향이가 몽룡의 어머니로부터 당하는 수모나 밤무대 가수인 어머니로 인해 겪는 경제적 문제, 대학을 가지 못해 채린의 친구들로부터 당하는 수모, 그리고 몽룡의 어머니가 동창회에 나갔다가 겪는 수모 등을 통해 알 수 있다.

<쾌걸 춘향>은 원전 춘향전에 나타나는 몽룡과 그의 변모 과정을 오히려 더욱 극화하여 보여 준다. 둘의 사랑을 확인하였음에도 불구하고 변학도의 계략으로 인해 춘향이가 잠적해버린 상황에서도 몽룡은 검사가 되어 정의를 구현하는 인물이 된다. 여전히 다혈질의 사고뭉치 검사이지만 그러한 점은 오히려 몽룡의 순수성과 맞물려 몽룡 캐릭터를 더욱 설득력 있게 만든다. 여기서 원전과 다른 점은 원전에서는 춘향만이 곤경에 처해 있고 몽룡이 구출하는 것에 비해5) <쾌걸 춘향>에서는 후반부에 들어 몽룡이 변학도의 계략으로 인해 성추행범이라는 곤경에 처하게 되고 춘향이 몽룡을 버리고 변학도를 택하는 대가로 그 곤경에서 빠져나온다는 점이다. 그렇지만 몽룡은 그 위기를 극복하고 검사가 되어 새로운 인생을 시작하게 되는데 여전히 춘향에 대한 사랑을 간직하고 있다.

<쾌걸 춘향>을 통해 어쩌면 가장 새롭게 패러디되었고 또한 성공을 거둔 캐릭터를 들라면 단연 변학도일 것이다. 엄태웅이란 무명 배우를 일약 스타덤에 올려놓은 새로운 변학도는 신세대들에게 단연 돋보이는 인물이었다고 할 수 있다. 원전 춘향전에 나오는 변학도는 탐관오리의 전형이다. 농민들을 수탈하고 사리사욕을 채우며 아녀자를 농락하는 파렴치한 인간이 변학도이다. 그런데 춘향에 대한 수청 요구에 대해서는 다른 시각이 존재한다.

최인훈은 우리나라 고전을 많이 패러디한 작가 중에 돋보이는 작가

---

5) 원전에서 암행어사임에도 불구하고 옥에 갇힌 춘향에게 자신이 어사임을 밝히지 못하는 상황을 두고, 사사로운 감정보다 공무를 우선하는 청렴한 관리로서의 면모라고 볼 수 있을 것이다. 그런데 김영랑은 <춘향>이라는 시를 통해, 몽룡이 그것을 밝히지 않음으로 인해 춘향이 그날 밤 결국 옥사하고 마는 것으로 패러디하기도 하였다. 시에서 몽룡은 자신이 변학도보다 더욱 춘향에게 가혹하였다고 춘향의 주검 앞에서 자책한다. 이는 김영랑이 몽룡이 자신이 어사임을 숨긴 이유가 사랑보다 명예나 권력을 중시한 데서 온 것이라고 보았음을 말해준다.

인데, 그가 1967년에 발표한 <춘향뎐>에는 춘향에 대한 변학도의 수
청에 대해 이렇게 얘기하고 있다. '여염집 부녀에게 수청을 강요한 것
만 가지고도 폭정이 자명한 것이 아니냐고 하기 쉬우나 그것은 우리
생각이다. 우리처럼 인권이 완전히 보장돼서 관에 의한 사생활의 침해
가 완전히 없는 현대 한국 시민의 생활 감정으로 재어볼 때 그렇다는
것이고 권력에 갇힌 어두운 중세의 밤을 살던 옛 사람들에게는 그 한
가지만 가지도 지방 관장을 좋다 나쁘다 할 수는 없었다는 이야기다.'[6]
즉, 이미 기생인 데다가 전관 사또 제자의 소위 노리개 감이었던 춘향
더러 수청을 들라고 한 그것만으로는 봉고파직당하기는 어렵다는 것이
다. 그렇게 보면, 몽룡이가 변학도를 춘향과는 상관없이 탐관오리로 심
판하고 있음이 이해가 된다. 달리 보면, 춘향이를 살리기 위해서는 변
학도를 봉고파직 시켜야 하는데, 춘향의 일로는 그리 할 수 없으니 변
학도를 탐관오리, 민중수탈의 악한으로 만들어야만 하는 것이다. 이것
이 당시 민중들에게는 자연스레 민중수탈과 열녀 춘향에 대한 성적 수
탈이 연결되어 민중적 지지를 얻게 되는 것이다.

그런데 <쾌걸 춘향>에 등장하는 변학도는 완벽남 그 자체이다. 소
위 현대에 있어서 대부분 여성들의 선망의 대상이 될 만한 조건을 갖
추고 있는 것이다. 새로운 변학도는 대중 사회에 있어 가장 각광받는
직업 중의 하나인 연예 기획사 그것도 전도유망한 미혼의 사장이다. 그
러한 캐릭터 설정이 대중들의 전폭적 지지를 얻게 됨은 완벽한 조건뿐
만 아니라, 고등학생, 일류대학 법대생이라고는 하나 여전히 사랑의 확
신을 갖지 못하고 천방지축 헤매는 몽룡과 대비되는 어른스러움과 안

---

6) 최인훈, 「춘향전」, 『우상의 집, 최인훈 전집 8』, 문학과지성사, 1993, 274쪽, 박희병
   은 위의 글에서 변학도는 사랑수탈을 자행하여 무죄한 춘향이를 하옥한 것으로, 그
   또한 민중 수탈임을 주장한다.

정감, 흔들리지 않는 춘향에 대한 적극적 애정공세가 공감을 얻었기 때문으로 볼 수 있다. 변학도가 권력을 이용하여 춘향에게 수청을 강요하고 폭력으로 쟁취하려 하였다면 새로운 변학도는 실력과 재력, 다정함과 헌신, 그리고 흔들림 없는 자신의 사랑을 표현함으로써 춘향의 사랑을 얻고자 한다.

현대 대중 사회에서 연예 기획사 사장이라는 선망의 직업과 위치에 있는 변학도는 그 세련됨과 남성적 매력, 춘향에 대한 변함없는 애정공세 등으로 인해 더욱 빛을 발하고 비록 악역이지만 드라마에서 가장 대중적 인기를 끌었던 인물이라 할 수 있다. 춘향에 대한 그의 소유욕과 몽룡에 대한 질투조차도 뜨거운 열정의 발로로 여겨진다.

결국 몽룡에 대한 조작극을 만들어냄으로써 이전의 이미지가 훼손되고 그가 몰락할 수밖에 없는 정당성이 부여되고 몽룡이 검사가 됨으로써 멜로드라마의 주인공이 될 수 없는 확실한 상황이 조성되긴 하지만, 그는 결코 고전의 변학도처럼 끝까지 악인으로 남지 않는다. 그는 스스로 몽룡에 대한 것이 조작극이고 몽룡이 누명을 썼었다는 것을 공개적으로 폭로함으로써 춘향에 대한 사랑을 순수한 선으로 완결 짓는다. 사랑은 일방적일 수 없고 서로가 절실히 원할 때, 그런 두 사람이 합칠 때 완전해질 수 있음을 보여줄 뿐, 변학도는 악인이 아니다. 오히려 이루어질 수 없는 외사랑으로 인해 상처받은 가련한 영혼이다. 새로운 변학도는 대중으로부터 돌팔매질을 당하는 것이 아니라 동정을 받는다. 거기에는 멋진 새로운 매력남이 존재할 뿐이다. 엄태웅이라는 무명의 신인 배우가 인기 여가수 엄정화의 동생이라는 후광 혹은 그늘을 벗어나 새로운 스타로 부상할 수 있었던 것은 이러한 변학도의 신세대 대중들의 욕구와 기호에 맞춘 성공적인 인물 패러디의 창출 때문이었던 것이다.

3. 향단과 방자 그리고 월매 — 새로운 시대적 변주의 성공

고전 춘향전의 향단과 방자는 <쾌걸 춘향>에서 한단희와 방지혁으로 등장한다. 그 둘은 애초에 남원에서 춘향이와 같은 학교를 다니면서 항상 같이 다니는 단짝으로 나온다. 그 둘은 서로 좋아하는 사이기도 하다. 하지만 그들이 춘향에게 물질적으로 도움을 주는 입장은 아니다. 그들은 단지 춘향이와 함께 하며 춘향이가 잘 될 때 축하해주고 힘든 상황에 처해 있을 때 걱정해주는 역할에 한정되어 있다. 춘향의 엄마 월매와 마찬가지로 그들은 고전 춘향전에 등장하는 인물들로 고전 춘향전의 캐릭터를 이어받으면서도 새롭게 형상화되어 있다. 조연에 머물면서도 드라마에 주요한 역할을 담당하고 그러한 역할이 새롭게 설정된 캐릭터상에서 비롯되고 있는 인물이 월매 즉 춘향의 어머니와 방자, 방지혁이라고 할 수 있다.

공월매와 방지혁은 특히 원전의 성격을 가지고 있으면서 나름대로 새로운 캐릭터에 성공한 인물이라고 할 수 있다. 원전 춘향전에 보이는 월매는 지극히 현실적인 인물이다. 기생으로 한 평생 살아온 처지로서 어쩌면 그것은 당연한 현실감각이라고 할 것이다. 원전에서 월매는 몽룡을 통해 춘향의 신분 상승을 노리고 그 덕으로 자신도 부귀영화, 한 몫 잡으려고 하는 심사를 노골적으로 드러낸다. '너만 못한 계월이도 임실 아전 수행하여 잘 있더라. 못생긴 박금이도 책방 양반 수청하여 제 몸 호의호식하고 제 어미까지 팔자 좋아. 배부르고 등 더운 게 이 세상에 제일이지. 네 고집 어찌하여 천리이별 보낸 서방 일신 수절하여 늙은 어미 간장 썩이느냐'[7] 라는 월매의 말에서 알 수 있듯이 월매에게 가장 중요한 가치는 일신상의 안녕, 재물과 권력일 뿐이다. 원전에

---

7) 고대본, 박희병 위 글에서 재인용, 121쪽

서 월매가 그렇게 그려지는 것은 월매의 타고난 천품이라기보다 조선 사회에서 기생으로 살다가 퇴기가 된 여자가 자연스레 갖게 되는 처세관이라고 보는 것이 타당하다고 할 것이다.

<쾌걸 춘향>에 등장하는 월매는 원전 춘향전의 월매와 비슷한 캐릭터를 지니고 있다. 일찍 남편을 여의고 딸 춘향을 데리고 사는 월매는 이름 없는 밤무대 가수다. 그것만으로도 그녀가 얼마나 신산한 삶을 살아왔을지 짐작이 되고도 남는다. 그녀에게 있어 유일한 희망이자 살아가는 이유는 춘향이다. 춘향은 또한 그녀의 그러한 희망과 삶의 존재 이유로 모자람이 없다.

하지만 원전 월매와 달리 그녀는 그리 악착스러운 캐릭터로 등장하지는 않는다. 춘향이 알뜰살뜰한데 비해 그녀는 늘 엉뚱하고 실속이 없다. 딸에게서 오히려 용돈을 받기도 하는 철부지 엄마의 모습을 하고 있다. 이러한 점은 춘향을 돋보이게 하는, 좀 작위적인 점이 없진 않으나 비록 과부이자 밤무대가수라는 이미지가 불러오는 상스러운 악착스러움이나 방종 같은 편견을 넘어서고 있다는 점에서 신선하고 재미있다. 비록 <쾌걸춘향>의 월매 역시 춘향이가 소위 가문 좋고 부자이며 능력 있는 집안의 자손과 맺어지기를 바라지만 노골적으로 속물적 행태를 드러내진 않는다. 그런 점에서 몽룡의 아버지와 소위 건설적인 '내통'을 하면서 춘향과 몽룡을 맺어주고자 애쓰는 월매의 모습은 가볍긴 해도 천박하진 않다.

방자의 새로운 캐릭터인 방지혁 역시 몽룡에 대한 의리를 굳게 지킨다는 점에서 방자와 닮아 있지만, 원전의 방자처럼 기회주의적인 면이나 속물적인 모습은 가지고 있지 않다. 애초에 방지혁은 춘향의 친구로 나온다. 그렇기 때문에 방지혁은 춘향과 몽룡을 이어주려고 노력하는 조력자로 등장하지만 그것은 춘향의 행복을 바라는 마음에서라고 하는 것이 옳다. 따라서 원전의 방자는 몽룡이 있음으로 해서 존재할 뿐이지만 방지혁은 독립적이다. 따라서 그렇게 부각되는 캐릭터는 아니지만 새로운 젊은 세대의 또 한 모습을 보여준다. 허영심 많은 한단희를 옆에서 지켜주며 사랑을 이뤄나가고, 한단희가 못 이룬 연예계 진출을 이뤄내고 성공을 거둔다. 춘향과 몽룡의 수족으로서만 머물던 (그 캐릭터의 생동감과는 별도로)방자와 향단이가 새롭게 해석되면서 독립적인 주체로 등장하고 있는 것이다. 단지 아쉬운 점은 한단희의 캐릭터가 살아나지 못한 점이라고 할 수 있다. 연예계 진출을 꿈꾸는 허영심 많은 여고생의 모습에서 더 이상 나아가지 못하고 결국 방지혁의 약혼녀로 머물고 마는 것은 아쉽다고 하겠다. 그런 점과 맞물려 방지혁이 비록 조연이라 서사적 개연성을 밝힐 필요가 없다 하더라도 극 말미에 배우로 성공하는 것은 억지스럽다. 이는 한단희가 연예계 진출을 꿈꾸었고 그런 단희를 따라다니다가 오히려 방지혁이 캐스팅되었다든가 그가 한단희의 꿈을 대신 성취시켜주고자 하는 욕망에 혹은 자신 속에 내재해 있던 배우의 재능을 발산하게 되었다든가 하는 추론을 시청자 스스로 해볼 수 있게 하긴 하지만 그것 자체가 자연스럽지 못하다. 드라마 상에서 고등학교 시절이나 대학 시절, 방지혁이 배우로서의 어떤 가능성이나 연예계 진출에 대한 욕망을 보인 적이 없기 때문이다. 방지혁이란 인물이 이 드라마상에서 그런 점에서 가장 성공하지 못한 인물 패러디라고 할 수 있을 것이다.

4. 채린과 몽룡의 아버지 — 새로운 캐릭터의 창조, 드라마적 서사의 성공

원전에 없는 혹은 원전에서 거의 드러나지 않았던 캐릭터가 몽룡의 첫사랑으로 등장하는 채린과 몽룡의 아버지라고 할 수 있다. 이 둘은 그러나 <쾌걸춘향>의 서사 전개에 있어 핵심적인 역할을 한다. 따라서 이 둘의 캐릭터 설정과 역할은 성공적이었다고 할 수 있다. 채린의 설정은 단순해질 수 있는 구도를 복잡하게 만들지만 그것이 극을 산만하게 만들지 않고 오히려 극의 서사를 더욱 탄탄하게 만든다. 애초에 몽룡이 좋아하던 사람이 있었다는 설정은 춘향에 대한 몽룡 자신의 사랑에 대해 몽룡 스스로 갈등을 겪는 타당한 이유가 되며 그 과정에서 몽룡에 대한 춘향의 소극적 태도 또한 자연스레 설명이 된다. 채린은 몽룡과 춘향의 사랑 얘기를 더욱 멜로적으로 완성시키는 데 주요한 역할을 하고 있는 것이다.

멜로드라마가 기본적으로 '자극 – 고통 – 형벌(벌칙)'이루어지며 이때 자극이란 행동을 작동시키기 위한 원초적인 원인(자극적 힘)을 말하는 것으로 주로 극악한 인물의 질투심이나 탐욕에 의하여 야기되며, 고통은 착하고 순진한 인물이 사악한 것과의 갈등 때문에 겪는 정신적, 육체적 재난을 의미하고 형벌은 최후 순간 반전에서 악당이 자신의 악행 때문에 받는 벌칙을 말한다.[8] <쾌걸춘향> 역시 이러한 구도에서 벗어나 있지 않는 멜로드라마적 서사 구성을 따르고 있는데, 채린은 변학도와 더불어 몽룡과 춘향을 괴롭히는 악당으로 등장한다. 몽룡과 춘향의 사랑을 방해하며 자신의 소유욕을 채우는 데 있어 아무런 주저함도 보이지 않는 욕망의 소유자다.

하지만 앞서 밝힌 대로 애초에 채린이 몽룡을 진정으로 사랑하고 있었던 것이 아니라는 점에서 채린의 욕망은 도덕적으로 시청자들에게 받아들여질 수 없고, 따라서 그녀의 욕망은 형벌을 받을 수밖에 없는 결과를 이미 내포하고 있다. 언제나 자신을 흠모하고 자신의 옆에서 해

---

8) 윤석진, 『한국 멜로드라마의 근대적 상상력』, 푸른사상, 2004, 26쪽

바라기처럼 존재하고 있을 줄 알았던 몽룡이 다른 여자, 그것도 자신보다 여러 가지 현실적 조건 면에서 떨어지는 춘향에게 사랑을 느끼자 훼손된 자존심과 소유욕을 충족시키기 위해 몽룡에 대한 집착을 보이는 것이다. 몽룡에 대한 그녀의 감정은 그녀가 신경질적으로 내뱉는 대사처럼, 애초에 자신의 것이었던 것을 다른 사람에게 뺏길 수 없다는 집착에 다름 아니다. 그녀에게 몽룡은 단지 장난감에 불과하다.

따라서 그녀의 욕망은 좌절되어야만 하는 것이다. 그녀에게 있어 가장 큰 형벌은 그녀의 자존심과 욕망이 좌절되는 것이므로 결국 그녀는 몽룡을 차지하지 못함으로써 가장 큰 고통을 겪게 될 것임을 시청자는 이미 알 수 있는 것이다. 그것은 몽룡과 춘향이 해피한 엔딩을 맞을 것을 알고 있는 것과 마찬가지이다.

채린과 몽룡의 사랑 놀음은 역설적으로 춘향과 몽룡의 사랑이 진정한 사랑이라는 것을 보여준다. 채린에 대한 몽룡의 사랑은 철부지 어렸을 때 누나에게서 느끼는 애정 그 이상이 아님이 춘향을 알게 되면서 몽룡 스스로 깨닫게 되고 몽룡에 대한 채린의 사랑이라는 것 또한 단지 소유욕에 불과할 뿐, 진정한 사랑이 아님이 밝혀지게 되면서 몽룡과 춘향의 사랑이 순수하고 진정한 사랑이라는 것이 분명해지게 되고, 둘의 결합은 사필귀정, 올바른 결말이 되는 것이다.

채린이 몽룡과 춘향의 사랑을 방해하는(사실 오히려 채린의 방해가 춘향과 몽룡의 사랑을 확인시키고 더욱 사랑하게 만드는 효과를 가져오지만)악역이라면, 채린과 달리 원전에 있으나 거의 부각되지 않았던 몽룡의 아버지는 <쾌걸춘향>에서는 중요한 역할을 하는데 긍정적 캐릭터로 등장한다. 그 또한 기존의 극에서 보이던 아버지 캐릭터와 달라 신선하다. 소위 재벌 아들과 하층민의 딸의 사랑 이야기인 경우, 재벌 회장인 아버지는 대개 적극적 반대자로 등장하는 경우가 많은데, 몽룡

의 아버지는 그 누구보다 춘향의 장점을 알아보고 몽룡과의 결합에 적
극적으로 나선다. 대부분의 멜로드라마에서 보이는 구성과는 차별점을
보이는 점 중에 하나가 몽룡 아버지의 캐릭터이다. 기존의 드라마에서
는 상류계층일수록 반대자가 아버지인 경우가 많다. 회장인 아버지의
극심한 반대 속에 아들의 여자를 좋아하지는 않으나 모성애에 의해 아
버지 몰래 아들을 도우는 어머니라는 설정이 많다. 반면 평범한 가정의
경우에는 어머니가 극심한 반대자로 나오고 선량하고 인자한 아버지가
딸이나 아들의 사랑을 감싸 안는 경우가 대부분이다. 이러한 구성에 대
한 분석도 달리 연구되어야 할 부분이 아닌가 하는 생각이 든다. 물론
몽룡의 아버지가 재벌 즉 물질적 인간이 아니고 경찰이라는 도덕성이
요구되는 직업을 지닌 모범적 인물로 설정되어 있다는 점에서 기인할
수도 있을 것이다. 즉 도덕적이면서 따라서 세속적 편견에 좌지우지되
지 않는 인물이라는 점에서 춘향을 단지 조건으로 바라보지 않을 수
있는 타당한 근거가 마련되어 있는 셈이다.

채린과 몽룡의 아버지는 새로 창출된 캐릭터이지만 오히려 방자와
향단이 즉 한단희와 방지혁보다 훨씬 극의 전개에 있어 필수적이며 또
한 그만큼 성공했다고 할 수 있다.

5. 나가며 사족달기―패러디 속에 패러디, 신세대적 사랑법

<쾌걸 춘향>은 고전에 대한 충실한 해석을 바탕으로 현재를 아주
설득력 있게 틈입시켜 신세대뿐만 아니라 폭넓은 세대의 관심과 호응
을 이끌어냈다. 이러한 점은 앞서도 살펴보았듯이 인물에 대한 충실하
면서도 새로운 해석과 창조적 캐릭터가 가져온 성과라고 할 수 있을

것이다. 그런데 그러한 인물과 서사가 더욱 신세대들에게 호응을 얻을 수 있었던 점은 인물뿐만 아니라 드라마 구성에서 보이는 이중의 패러디 장치가 적절하게 활용됨으로써 신세대 시청자들에게 뿐만 아니라 대다수의 시청자들에게 신선한 즐거움을 제공했던 것도 주요했다고 할 수 있다.

매 드라마가 끝날 무렵, 보너스처럼 나오는 패러디는 극 전체가 현대판 춘향전의 패러디라면 그 부분은 시대극 형식에다가 신세대 감각을 담은 퓨전 형식의 패러디로 새로운 형식의 창출을 보여주었다. 그 회분의 내용을 간략하면서도 압축적으로 보여주면서 시청자들의 관심을 끝까지 붙들어 매는 역할을 충분히 해냄으로써 시청률을 높이는 데 있어 주요한 역할을 담당해냈다고 할 수 있다. 시대극 형식에 현대적 대사와 코믹한 설정 속에 담겨 있는 주제 전달이라는 다양한 목적을 충분히 성공적으로 이루어냈다고 할 수 있다.

거기에다가 극의 중간 중간에 다양한 형식의 도입을 통해 재미를 추구하는 데, 너무 지나쳐 난삽해 질 수 있는 위험을 적절하게 시도함으로써 벗어나고 있다. 와이어를 사용한다거나 만화적 요소를 도입한다든가 하면서 끊임없이 신세대들의 욕구에 부응하고 있으며 또한 극의 말미의 패러디뿐만 아니라 극 중간 중간에 동시대 성공한 드라마의 장면을 패러디함으로써 또 다른 재미를 전달하고 있음도 간과할 수 없다.

마지막으로 내용적으로 볼 때 강점이면서 또한 아쉬운 점을 하나 언급하고자 한다. 이 극의 특징은 물론 변학도와 채린이라는 악인이 등장하지만 기실 그들은 분명한 악인이라고 보기는 어렵다. 그것은 극의 말미에 가면서 두 사람 모두 자신의 사랑이 상대방의 의사를 배려하지 않은 자신의 소유욕이었음을 깨닫고 순순히 물러나거나 오히려 몽룡과 춘향의 사랑이 다시 이루어지는 데 결정적 역할을 하는 데서 분명히 드러난다. 그렇게 보면 이 극의 주요한 캐릭터들에 있어 분명한 악인, 즉 고대소설적 혹은 기존의 멜로드라마에서 보이는 완전한 악인은 존재하지 않는 것이다. 그것은 이 극의 주요 캐릭터들이 모두 신세대에게 있어 거부되거나 부정되지 않는 캐릭터임을 보여준다. 일류 대학 법대를 나와 검사가 된 몽룡, 비록 결국 대학을 못나왔지만 성공한 CEO가 된 춘향은 말할 것도 없거니와 젊고 능력 있는 독신의 기획사 사장인 변학도, 좋은 집안에다가 상류대학 출신의 능력 있는 캐리어우먼인 채린 모두 현대 대중 사회에 있어 신세대들이 갈망하는 유형인 것이다. 따라서 그들 중 누구도 완전한 악인은 될 수 없다. 완전한 악인으로 만들지 않음으로써 엄태웅이란 배우는 더욱 새로운 스타로 부상할 수 있었고 신세대들에게 드라마가 호응을 받을 수 있었던 것이다.

이러한 다양한 요소들, 즉 아주 치밀한 인물 해석과 현대 대중 사회의 신세대적 감각에 대한 치밀한 분석이 맞물려 나타난 패러디와 적절한 구성이 스타급 연기자의 부재라는 조건을 넘어서 드라마가 성공할 수 있었던 가장 핵심적인 내용이라고 할 수 있는 것이다. 이러한 점은 앞으로 패러디 드라마의 한 모범적 사례가 될 것으로 보인다.

이 · 호 · 규

부산 대동고 졸업, 연세대학교 문과대학 중어중문학과 졸업, 연세대학교 국어국문학과
현대문학(소설 전공) 석·박사 과정 졸업. 현 부산 동의대학교 국어국문학과 교수

저 서
· 『1960년대 소설의 주체 생산연구』(박사논문)
· 『1960년대 소설 연구 – 일상, 주체 생산, 그리고 자유』
· 『'탈향'에서 '한살림 통일'로 – 이호철 소설론의 지평』

공 저
· 『TV드라마와 한류』

저항과 자유의 서사

지은이 이호규

인쇄일 초판1쇄 2007년 6월 8일
발행일 초판1쇄 2007년 6월 15일

발행처 **국학자료원**
등록일 2006.11.2. 제324-2006-0041호

편 집 박지혜, 이초희, 김나경
총 무 한선희, 손화영, 박지연
영 업 정구형
물 류 박홍주, 김종효

서울시 강동구 암사동 463-25 2층
Tel 441-1762, 442-4623,4,6
Fax 442-4625
www.kookhak.co.kr / kookhak2001@hanmail.net

ISBN 978-89-6137-250-3 *93180
가 격 18,000원

저자와의 협의하에 인지는 생략합니다.